JN084874

本当に強いチームを作るために
リーダーはどうすべきか

リーダーのための
心理的安全性ガイドブック

KPMGコンサルティング
青島未佳［著］

九州大学大学院
山口裕幸［監修］

労務行政

はしがき

本書は、2019～2020年にかけて人事·労務の専門情報誌『労政時報』［労務行政］の本誌ならびにWEB版に掲載した内容を再構成·加筆し、“心理的安全性”という概念とその作り方を分かりやすく理解できるようにすることを目的に、図とともに解説した実務書である。

強いチームを作るために不可欠な“心理的安全性”という言葉に、組織開発や人事の世界で高い興味・関心が寄せられる一方で、その概念の解釈は、言葉自体が持つイメージから幅広く捉えられ、一部誤解も生じているように感じる。

幸い、本書の執筆期間中に心理的安全性の提唱者であるエイミー·C·エドモンドソンの『The Fearless Organization: Creating Psychological Safety in the Workplace for Learning, Innovation, and Growth』の翻訳本（『恐れのない組織―「心理的安全性」が学習・イノベーション・成長をもたらす』［英治出版］）が出版され、本概念の理解が日本でも深まっていくだろうと期待しているが、本書では、高い成果を上げるチームを作るための秘訣として、現場のリーダー自身がすぐに実践できる方法について、重要項目を抜粋して知識編・実践編としてまとめている。

筆者はこれまで高い成果を上げるチームの事例研究や企業調査を行ってきたが、“心理的安全性”は成果を上げるチームの基盤であることが研究から裏付けられている。

バブル崩壊後からリーマンショックまでは“失われた20年”といわれ、日本経済は低迷し、日本の国際競争力は低下の一途をたどった。そうした中で、グローバル化、企業競争の激化だけでなく、多様性の高まりなど、さまざまな変化にしなやかに対応していくためには、これまでのトップが決めて現場が実行するといった硬直的な組織ではなく、上下（現場と経営／上司―部下）・左右（組織間、チーム間）を問わず、共創し、意見を言い合える組織づくりが必要だ。そのためにも、心理的安全性というキーワードの理解と実践が欠かせない。

看護や医療業界では、医療事故の防止に向け、医師以外の医療チームのメンバーが課題を指摘しやすい組織を作るための重要な考え方として、心理的安全性の研究・導入が進んでいる。

また、共創・イノベーションという視点だけでなく、組織の不正や不祥事の防止策にもなり得るため、組織のコンプライアンスの徹底という意味でも必要な考え方である。

もちろん、心理的安全性は、組織づくりのベースであるが、これだけがあればよいというものではない。家づくりに例えると基礎のようなものだと捉えてほしい。

本書では、リーダーの存在が心理的安全性に大きな影響を与えるという研究成果を基に、「心理的安全性の作り方」と「リーダーシップ」の二つの視点で構成している。

現場のリーダーたちは、以前よりもはるかに複雑で高度なマネジメントを強いられて疲弊している。本書が、現場マネジメントに苦労しているリーダーの役に立てれば、これほどうれしいことはない。加えて、最近では心理的安全性を学び、自組織で実践したいという要望も非常に増えているため、そのような方々の一助になれば幸いである。

最後に、本書は、単なる経験則をまとめたノウハウ本ではなく、科学的な研究成果も踏まえて解説をした実務書であることも付け加えておきたい。そのため、理論的な背景を知りたい方は、各項目内に掲載したTipsや第6章の研究録を確認してほしい。

2021年10月

青島未佳

はじめに─本書の使い方

本書は、以下のように6章立てとなっている。

第1章　心理的安全性が必要な背景、考え方
第2章　心理的安全性を高める方法　－知識編－
第3章　心理的安全性を高める方法　－実践編－
第4章　リーダーの心得 12カ条
第5章　テレワークで心理的安全性を高めるコツ
第6章　心理的安全性に関する研究録

さまざまな読者の方を想定しており、各章単独でも読み進められる仕様にしているので、最初から順番に読んでいく必要はない。あなたの関心事に合わせて読み進めてほしい。

以下に、本書が想定する読者を四つに分けたので、読み進める際の参考にしていただければ幸いである。

読者想定①：「心理的安全性とは何か、なぜ必要か？」を改めて学びたいと思っている方　→第1章から順番に！

読者想定②：「心理的安全性の概念」は理解しているので、その作り方を学びたいと思っている方　→第1章は飛ばして第2～3章と5章！

読者想定③：心理的安全性の高い組織づくりに取り組んできたリーダーで、リーダーとしてのマネジメントやリーダーシップの在り方を知りたい・見直したい方　→第4章「**4 実践したいリーダーシップの12行動**」を読んでから、第2章、第3章へ！

読者想定④：実務もさることながら、その理論的背景や考え方を知りたい方　→第1章を読んでから第6章がお勧め。興味があれば第2～3章も！

Contents

第2章

心理的安全性を高める方法 ー知識編ー

第3章

心理的安全性を高める方法 ー実践編ー

第4章

リーダーの心得 12カ条

第5章 テレワークで心理的安全性を高めるコツ

第6章 心理的安全性に関する研究録

第1章

心理的安全性が必要な背景、考え方

TOPICS

1 心理的安全性とは何か？

1 はじめに―発言への恐れ

日々組織やチームで仕事をする中、**［図表１－１］**のような場面で発言をためらったことはないだろうか。あなたが普段、チームの中でコミュニケーションする場面を思い出してチェックをしてみてほしい。

たぶん、ある程度気心の知れた相手ならば、**［図表１－１］**の１、２ぐらいは普通に指摘できるかもしれない。一方で、面識がほとんどない人や自分よりも職位が上の相手に対しては、こんなことでも「言おうか、どうしようか……」とためらってしまったことはないだろうか。また、８～10あたりは、非常に熟慮して発言をする、もしくは言えなかった

［図表１－１］発言の場面

No	質　問	チェック
1	テレワークで、相手の画面共有ができていなかったとき	□
2	自分の名前が間違われていたとき	□
3	上司が漢字を間違って読んだとき	□
4	（単純な見落としで）自己紹介で、自分だけが飛ばされてしまったとき	□
5	自分は言いたいことがあるのに、会議で意見を聞かれなかったとき	□
6	自分だけが持っている情報について、共有したいとき	□
7	良いかどうかは分からないが、自分が思いついたアイデアを共有したいとき	□
8	自分がエラーやミスを起こしてしまったとき	□
9	不正や不祥事につながりかねない同僚の行動を指摘したいとき	□
10	上司のミスを指摘・伝えたいとき	□

という経験もあるのではないだろうか。

あなたのチームのメンバーはどうだろうか。このような場面に遭遇したとき、気軽に指摘してくれるだろうか。

［図表1－1］の各場面などで発言をためらってしまうように、われわれは日々組織の中で、多少なりとも人とのコミュニケーションに対して、一種脅（おび）えながら、対人不安を抱えて仕事をしている。筆者も、この対人不安がなかったらどれだけ仕事がしやすいだろうと感じることも少なくない。筆者だけでなく、皆、余計な臆測をしたり、不必要なことに気を取られたりせず、遠慮しないでコミュニケーションを取って仕事ができれば、どんなによいだろうと思っていることだろう。その一つの答えが「心理的安全性」にある。

2　心理的安全性とは何か？

改めて、心理的安全性とは、どういうことだろうか。

心理的安全性とは、“psychological safety”の日本語訳であり、組織・チームの中で、対人リスクを恐れずに思っていることを気兼ねなく発言できる、話し合える状態を指す。

この概念は、ハーバード・ビジネススクールのエイミー・C・エドモンドソンが発表した論文（1999年）を基に、日本でも『チームが機能するとはどういうことか』（野津智子訳、［英治出版］2014年）において、その重要性が唱えられた。

その後、この言葉をより有名にしたのは、Googleが2012年から約4年をかけて社内で行った実験「アリストテレスプロジェクト」において、「チームの生産性・パフォーマンスを高める最大の要因は心理的安全性である」という結果が公表されてからであろう。

近年では、Google出身者が執筆したビジネス書『世界最高のチーム』（ピョートル・フェリクス・グジバチ、［朝日新聞出版］2018年）やネットのブログ、記事などに登場し、少なくとも人事の業界においては、組織づくりの重要な要素として不動の地位を築きつつある。

本概念の提唱者であるエドモンドソンの言葉を借りてもう少し詳しく説明すると、以下のとおりである。

> チームの心理的安全性とは、このチームでは率直に自分の意見を伝えても対人関係を悪くさせるような心配はしなくてもよいという信念が共有されている状態を意味する。この信念は、メンバー個人としても、チーム全体としてもいちいち注意を払わずに、共有されていることがほとんどである。

有り体に言えば、会議やミーティングの場面で上司や同僚の目を気にせず“言いたいこと・言うべきことを率直に言える状態”である。この“目を気にせず”ということは、どう思われても関係ないという意識ではなく、自分がチームにとってネガティブな発言や他のメンバーと異なる意見をしても、他のメンバーが悪く思ったり、疎ましく思ったりしない、上司からの評価が下がらないと感じているということである。

そして、チームとして、その信念が共有されているということは、メンバーが発言する際に、いちいち「相手がどう思うだろうか？」ということを気にしながら発言をしていない状態、気にもとめていないという状態である。

Point !

心理的安全性ができているとは、発言する際にどう思われるかという対人不安をいちいち意識しないでいられる（＝信念が共有されている）状態である。

3 心理的安全性と安全基地

この「心理的安全性」という概念は比較的新しいが、同じような概念はこれまで存在している。

例えば、ジョン・ボウルビィの愛着理論を基にしたメアリー・エインスワースの安全基地（Secure Base）の概念である。子どもは、「親＝安全基地」という「安心できる場所」があるからこそ、外の世界に興味を持ち、成長していくことができる**［図表１−２］**。

筆者にも幼い娘がいるが、子どもは母親にべったりだった時期を経て、親から見えるところでは外に出て活発に遊べるようになり、次第に姿が見えなくても動き回るようになる。転んだり、けがをすると泣きながら近寄ってくるが、少し慰めると平然としてまた遊びに行く。

子どもにとって、外の世界を探索し、新しい人・ものと出会うことは不安もあるし、大きなエネルギーがいることだろう。不安に思ったとき、何らかの危機を感じたときに助けてもらえるという安心を感じられ、愛情を注いでもらってエネルギーを補給できる「安全基地」があるからこそ、子どもは外の世界に目を向けることができ、個としての自我を形成できるようになる。

［図表１−２］安全基地とは

安全基地とは、心理学者であるメアリー・エインスワースが1982年に提唱した人間の愛着行動に関する概念。子どもは親との信頼関係によって育まれる「心の安全基地」＝「安心できる場所」「帰ってこられる場所」があるからこそ、外の世界を探索でき、つらい体験や危険も乗り越え、いろいろなことに挑戦できるようになる。

子どもにとっての「安全基地」が、組織や集団における「心理的安全性」であるともいえる。この「安全基地」と「心理的安全性」双方の概念に共通することは、第４章の「 3 **セキュアベース・リーダーシップ**」でも言及するが、これらが単純に**安心の場ではなく、それが組織や個人の成長の土台となっている**ということだ。

4 心理的安全性がある組織、心理的安全性がない組織

それでは、具体的に心理的安全性がある場合、ない場合とはどういう状態をいうのだろうか。心理的安全性がなかった場合として、以下の有名な事例を紹介したい。

[1] 心理的安全性がない組織

①アメリカ航空宇宙局（NASA）のスペースシャトル「チャレンジャー号」爆発事故

1986年1月28日、爆発の危険性を技術者から再三指摘されていたにもかかわらず、度重なる発射延期のせいもあり、NASA上層部はそれを無視して発射を強行し、発射直後に大爆発を起こして7人の乗組員が命を落とした事件。当時の旧体制においては、NASAという組織内の官僚的なヒエラルキー構造における“物を言えない文化”が原因の一端とされている。この事件の検証過程で、現場の技術者は「下っ端である自分たちが、これ以上問題点を指摘できる雰囲気ではなかった」とも語っており、チームとして“心理的安全性がなかった”ことが示唆されている。

②第2次世界大戦の戦艦大和の沖縄への突撃

第2次世界大戦下において、航空機の援護もない中、沖縄を目指して撃沈された戦艦大和。2770人以上が命を落とした。この戦いは不毛なものだと分かっていたにもかかわらず、誰もそのことを発することはできなかった。「当時の社会全般の空気では……」や「あの時の空気から言って」と人々が口々に言うことに象徴されるように、皆が目に見えない"空気"というものに支配されて、本来進むべき方向と違った方向へ物事が進んでしまった。

資料出所：山本七平『「空気」の研究』（［文春文庫］1983年）より引用・改変

この二つの例は「集団浅慮（グループシンク）」※1の例として有名だが、集団浅慮が起こる＝心理的安全性がない状態といえる。

※1　集団浅慮とは、心理学者のアービング・ジャニスが提唱した考え方。話し合いによる問題解決や意思決定の場面で、集団の一体感や心地よい雰囲気の維持にエネルギーを注ぎ過ぎるあまり、異論を述べないように圧力をかけたり、率直な意見を述べるのを差し控えたりして、多面的なものの見方ができなくなり、集団として愚かしいほどの不適切な判断をしてしまう現象である。その結果、本質的なパフォーマンスに注意がいかなくなり、質が下がる。

また、医療の現場では、海外でも日本でも心理的安全性の欠如が事故につながっている事例が挙げられる。

某大学医学部附属病院の患者取り違え事件

1990年代後半に起こった2人の患者（心臓手術の男性と肺手術の男性）を取り違えて手術をしてしまった医療事故。手術室で待機していた看護師は、患者の受け渡しの際、目前の患者がAなのかBなのか区別できなかったが、後輩の看護師が近くにおり、術前に訪問をしていたのに患者の特定ができないことを恥ずかしく思い、患者の氏名確認を怠ってしまった。また、不安もあったが、誰か気づいてくれるだろうという安易な考えにより間違った手術室に患者を引き渡してしまった。

これは、自分のミスや自分に能力がないと思われたくないという個人的な不安が大事故につながってしまった典型的な例だ。

企業の現場ではどうだろうか。最近、筆者が目にした例を以下に示す。

【事例１】総合電機メーカーの研究開発チームの事例

ある総合電機メーカーでは、商品開発部の部品設計チームにおいて、検証項目のテストの結果、一部の機能に不具合が生じていることが判明した。テスト担当のメンバーは、その不具合は他の機能に影響があるため、すぐに上司に報告した。プロジェクトは期日が迫っており、少しの遅れも許されない雰囲気があった。翌日の部門長も参加するゲート通過会議において、上司はその状況を報告しなかった。また、その場に居合わせたテスト担当の部下も発言できなかった。

【事例２】介護現場チームの事例

ある通所施設の介護チームでは、施設長のトップダウンで運営が行われていた。恒常的に人材が不足している業界であり、当該施設も書類作成、利用者への対応など、多くの業務に少人数のスタッフが追われていた。

月次ミーティングで、ある部下が思い切って、スタッフの業務が少しでも楽になるように書類の簡素化、送迎ルートの見直しなどの改善策を提案したが、施設長からは一言、「君が心配することではない」と一蹴されてしまった。その後、誰もミーティングで改善提案をすることはなく、その代わりに複数のスタッフから退職届が提出された。

少なくとも、心理的安全性がある職場だったら、**【事例1】**では、ゲート通過会議で上司は自分（自身のチーム）の評価を気にすることなく、きちんと報告しただろう。また、**【事例2】**においても、改善提案に耳を傾ける姿勢を取っていれば、複数のスタッフの離職を防げたかもしれない。

実際に、**【事例2】**で提案した部下へのヒアリングでは、「この職場では、誰も上司に物を言えない。私も、今の状況では、これ以上続けられない、退職してもよいという気持ちで改善提案をした。辞める気がなければ、何も言えなかっただろう」と語っていた。

このように、「発言・指摘しないこと」が、さまざまなプロジェクトや医療現場の事故や問題の引き金となってしまっている。もし、心理的安全性があれば、回避できた失敗や助かった命も少なくないだろう。

［2］心理的安全性がある組織

一方で、心理的安全性がある組織とはどういう組織だろうか。実際には、本当の意味で心理的安全性がある職場は一握りではないかと思うが、もちろんゼロではない。

心理的安全性のある組織として、国内外問わず有名な例はピクサーだろう。

ピクサー・アニメーション・スタジオの「ブレイン・トラスト」

『トイ・ストーリー』や『ファインディング・ニモ』などのヒット作を創り出しているピクサー・アニメーション・スタジオ。ピクサーの共同設立者エドウィンは、ピクサーの成功要因は、率直さ＝ざっくばらんに話すことにあると言う。ピクサーでは、お互いに信頼とリスペクトを持った「ブレスト＝ブレイン・トラスト」というミーティングにより、安心して個人のひらめきやさまざまなアイデアを出し合える仕組みが組織に浸透している。この中では、フィードバックする際には「個人でなくプロジェクトに対して建設的に意見を述べること」「フィードバックは相手に強制するものではなく、共感的であること」などのルールがある。これができない人はどんなに優秀でもチームプレイヤーとして評価されず、会議に参加できないとのことだ。また、失敗を恐れない、失敗から学んでいくという姿勢も大切であるという思想を掲げている。

　このように、それぞれの専門家たちが信頼と尊敬の下でアイデアを出し合うことが大ヒット作を次々と生み出す原動力となっている。

　心理的安全性は、失敗からの学習を促進するという意味合いも含まれている。この概念の本当の目的は、単純に率直に言い合える組織を作ることではなく、その先の“学習する組織”にある。それを体現しているのがピクサーである。

　国内でも素晴らしい事例がある。

人工衛星はやぶさ、はやぶさ2のプロジェクトチーム

　6、7年の長期にわたるミッションを果たして無事帰還した「初代はやぶさ」と「はやぶさ2」。「初代はやぶさ」のプロジェクトリーダーは、開発チームには「年齢や地位にかかわらず、自由にアイデアが飛び交う雰囲気で、絶望的な状況にも決して諦めず、乗り越える原動力」

があったと言っている。また、「はやぶさ2」のリーダーは、「人間はミスをするものだし、100%完璧というのはあり得ない。『はやぶさ2』のチームには、そういう自覚が醸成されていた」と言っている。

どちらのプロジェクトでもチームづくりの秘訣（ひけつ）が垣間見られる。特に、失敗やミスを恐れないという心理的安全性と共通した根底となる考えが醸成されている点は興味深い。

先ほどの「ミスや能力不足を隠したい」という医療事故の事例とは正反対である。

5 スポーツ界に見る心理的安全性

スポーツ界でも、心理的安全性の欠如によってその成否を分けている場合が多い。特に大学スポーツなどでは、監督・コーチと選手、選手の中では１年生から４年生までの絶対的な階級社会が存在しており、権威勾配[※2]がきついことが多いため、心理的安全性の確保が難しくなりやすい。

※２　権威勾配とは、飛行機のコックピットの中での機長と副操縦士の関係を表したもので、航空業界で用いられてきた用語。上司と部下の力関係のこと。権威勾配が緩過ぎるとチームの統率が取れなくなり、またきつ過ぎると一方的な命令ばかりになって他のメンバーから重要な指摘も意見も出なくなってしまう。

2020年前後、スポーツ界ではパワハラ事件が相次いで発覚したが、代表的な事件は2019年に起きた日本大学のアメリカンフットボールの悪質タックル問題（日本大学と関西学院大学の定期戦で、日本大学の守備選手が関西学院大学のクオーターバックに危険なタックルをして負傷させた問題）だろう。本件について、某新聞社は“物言えぬ空気、問題の本質”と題し、「この問題の本質は、守備選手の自己判断力を鈍麻させ、スポーツマンシップが抜け落ちるほどに追い詰めた強い上意下達の体質と、物言えぬ空気を指導陣が形成していたことにある」と言及した。一方で、某大学の陸上競技部（長距離ブロック）やラグビー部など一部のチームでは、１年生から４年生の階層社会を排除し、心理的安全性を確保したことで常勝集団となった例もある。

スポーツ界では、監督・コーチといった指導者のリーダーシップの在り方が、チームの明暗を分ける。

大学スポーツにおいて常勝集団となったチームは、上級生が雑務を行ったり、学年を超えたミーティングで、監督のアドバイスの意図を確認して目的を共有したりするなどの取り組みを実践していた。これらの取り組みや改革の旗振り役は、当然のことながら監督である。

このような改革を推進する監督の意図は、「学生の主体性の確立と自由に発言できる組織を作ること」である。いわゆる上意下達といった「上の言うことに下は黙って従う」上下関係の厳しい体育会系組織とは真逆の組織づくりである。このような取り組みを実践している組織は、学生一人ひとりの自主性・主体性が高まり、チーム全体として勝てるチームへと成長できた。一方、前出の新聞社の記事によれば、日大アメフト部では、「当初は30分間の個人練習でさえ、個々がメニューを決められなかった」というほど主体性を失っていたとのことだ。

それに比べ組織改革を行っている監督は、選手である前に学生である部員に対して、チームとして勝つことだけでなく卒業後に社会で活躍できるように、主体性や自主性、自ら考え行動できる力といった社会人として必要なスキルも同時に育成している。

「学生の主体性の確立と自由に発言できる組織」は、本書のテーマである心理的安全性が高い組織といえる。どのような組織でも強いチームになるためには、チームに属する個々人が主体的に行動することが大切である。よく言われるように、チームとして“１＋１＞２”の状況を作ることが望ましいが、“１＋１”の１の力を発揮するためには、一人ひとりが主体的に行動することが重要になる。心理的安全性の確保は、チーム内で一人ひとりが自分の本来持っている力を遺憾なく発揮するためにも必要な要素といえる。

6 心理的安全性を阻害するもの

心理的安全性を阻害するものは何だろうか。

前掲 **[図表1－1]** のチェックリストのように、単なる指摘でも難しいのに、組織の中で「それは自分の考えとは違います」「実は××という懸念があるんです」「私はこう思っています」というような発言、つまり率直に意見を言うことは、実はとても難しい。

なぜならば、相手の意に反するような発言をしたり、自分の評価が下がりそうなことを言ったりしたら、相手にどう思われるだろうかと気になるからだ。

この他者からどう思われるのだろうかという評価懸念・対人不安が、心理的安全性を阻害するものだ。

エドモンドソンは、心理的安全性を阻害する要因として、**[図表1－3]** の四つを挙げている。

[図表1－3] 心理的安全性を阻害する対人不安の4要件

対人不安	概　要
①無知だと思われる不安	• 質問したり情報を求めたりすることで周りから無知だと思われるリスク • 不安が高まると質問や相談ができなくなる
②無能だと思われる不安	• 間違いを認めたり支援を求めたりすることで技術や能力がないと思われるリスク • 不安が高まると失敗やミスを報告できなくなる
③ネガティブだと思われる不安	• 現在や過去の活動を批判的な目で見ることでネガティブだと思われるリスク • 不安が高まると現状改善のための指摘等ができなくなる
④邪魔をする人だと思われる不安	• 自分の発言によって議論が長引くことで邪魔、押しつけがましいと思われるリスク • 不安が高まると自発的な発言や新たなアイデアの提案ができなくなる

無知だと思われたくないので、知らないことを質問したり聞いたりできない、無能だと思われたくないので、間違いやミスを報告したり訂正したりできない。こんなことはないだろうか。

筆者の同僚も、「若手だった頃、上司から『全然意味が分からない』と抽象的で曖昧な指示やフィードバックを受けていたが、『馬鹿だと思われたくない』『否定されると傷つく』『評価が下がってチャンスが減るのは嫌だ』というネガティブな気持ちが先に立ち、上司の抽象的な指示に対し『分かりました』と答えてしまっていた。そのため、その抽象的な指示の本意を聞くことができず、再度提出した企画書や提案書に対しても『やり直し』と言われてしまうことの繰り返しだった」と言っていた。

読者の皆さんも同様の経験をしたことはないだろうか。部下が上司の評価を気にして、言いたいことが言えなかったり、聞きたいことが聞けなかったりする、このような声を上げられない（Voicing）問題が、心理的安全性が欠如している状態そのものを表している。

これらは、若手や経験の浅いメンバーが感じやすい不安と思われがちだが、前出の患者の取り違え事故における年下の看護師に馬鹿にされたくない先輩看護師の心理に見られたように、職位や専門性が高くなっても生じるものだ。

このような心理が自然と働いてしまうからこそ、先ほどのはやぶさの事例では、いくら専門性が高いメンバーの集まりでも**「人は100％完璧ではなく、ミス＝無能ではない」**という信念を共有していくことが大切だったのだろう。

また、ミスやエラーだけでなく、組織のために必要な指摘や改善は、不確実な時代、現場に知恵が転がっている現代においては非常に重要な要素だ。しかしながら、ネガティブに思われたくない不安や邪魔をする人だと思われたくないといった不安に表れているように、前向きな指摘も、声を上げにくい。なぜならば、課題や改善点の指摘は、これまでそれを作り上げてきた上司のメンツをつぶすことになりかねない。その結果、組織から爪はじきにされるかもしれないからだ。

日本では、これに加えて“出しゃばりだと思われたくない不安”が存在する。過去には、前向きな提案・発言をすると“あいつはああやって、上司に媚(こび)を売っている”と陰口をたたかれる組織も実際にあった。相談したところ、このような会話を聞かされた同僚は、自然と口を閉ざしていく。

また、パート社員が多いある会社で、上司が非常に優秀なパート社員を皆の前で褒めたところ、そのパート社員から上司に「皆の前でそういうことを言わないでほしい」という要望が来たとのことだ。どうも、そういうことを言われると他のパート社員からのやっかみや嫉妬が増えてやりにくくなるとのことらしい。

「出る杭(くい)は打たれる」「能ある鷹(たか)は爪を隠す」ということわざに象徴されるように、日本では発言せずに沈黙することが美徳とされる組織文化が根強く存在する。エドモンドソンは、こうした風潮は日本に限ったことではなく世界共通で、単に“率直な発言をしたがらない、体裁を良くしたいと思っている”心理的安全性が低い文化であるというが、日本人にとってみると、その一面では片付けられない根深いものがあるように思う。この点については後掲「**10 日本において、心理的安全性を作る難しさ**」で論ずるが、われわれは、すべての面で“謙遜”や“控えめであること”が良いことだと思っている節がある。

このように心理的安全性がない組織では、それぞれが他人からの評価、特に上司からの評価を常に気にしながら仕事をしている。そのため、いかに自分の社内の“評判”を良くするかという別のタスクに躍起になってしまっている人が多い。

一方で、われわれは、人間である以上、他人にどう思われるだろうかという評価懸念が生じることは当然のことである。他者の目を気にしないことはなかなか難しく、“他者の目や評価を気にするのは当然である”という前提を持っておくことが大切である。

心理的に安全な場は自然とできるわけではない。だからこそ“心理的に安全な場”を意図的に作っていくことが組織づくりの秘訣であろう。

7 対人不安の結果、生じるリスク

相手の間違いを指摘したり、耳が痛いことを伝えたりすることで、得をするのは誰だろうか。

個人が声を上げない理由の一つは「言ったとしても、それが自分にとって、結果的に得にならない」と思うからだ。声を上げることによって個人が負うリスクについては、さまざまな研究や事例がある。

よくある事例として、以下のようなものが挙げられる。

- 組織のためになると思って、上司とは違うアイデアを伝えた結果、上司に盾突くやつだと思われて人事評価を下げられるリスク
- パワハラの事案で、上司の言い方がきついので他の担当者に相談したところ、それが上司に伝わってしまい、さらに嫌がらせをされるリスク、いつも顔を合わせる上司との対人関係を悪化させてしまうリスク
- 不正に気づいても、組織的な不正の場合、指摘した人がその組織から結果的に追放されるかもしれないリスク

実際には率直に発言しない背景は、対人リスクだけでなく、その先に生じてしまうさまざまな精神的・物理的なリスクにある。

アメリカのように長期雇用を前提としない組織では、解雇リスクを取ってまで発言しないだろう。また、日本のように解雇リスクがなく長期雇用が前提の組織では、会社と自分のアイデンティティーを同一視しがちであり、組織の所属意識が高い人であればあるほど、その組織から追放されるようなリスクは冒さないだろう。

自分の生活に大きな影響を与えてしまう可能性のあるリスクを冒すならば、「言わないほうがよい、我慢したほうがよい」という結果になる。特に、前述のような“発言した人”が実際に解雇されたり、左遷された

りしている組織では、なおさらだ。

このように、誰も自分の進退・昇進のリスクを冒してまで、組織のために進言はしないだろう。実際に多くの研究が、上司や先輩といった職位の高い人には、ミスを指摘したり、疑念を述べたりしないことを示している。

それでは、どうしたら先のリスクを恐れずに声を上げる行動を推奨できるだろうか。このジレンマから抜け出すためには、単純に“率直な発言をしよう”などというスローガンを掲げても意味がないだろう。

日常の行動の中で、リスクを取っても大丈夫で（それがリスクにならない）、発言することが自分にとってもメリットになるということを、身近で実感できる仕組みや実例を作っていくことが大切である。

8 心理的安全性の誤解

[1] アットホームなチーム・職場であるという誤解

心理的安全性がある組織とは決して“仲良し職場”ではない。どちらかといえば、率直に言うべきことを言い合える「厳しい組織」である。

前述のとおり、近年は心理的安全性という概念が普及し、大学や医療分野での専門家や企業の経営者、人事、コンサルタントの間でもよく使われるようになってきた。心理的安全性とは、“psychological safety”の直訳のため、この“安全”という言葉のイメージが多少なりとも誤解を生んでしまっている。

言葉のニュアンスから、「心理的に安全性がある職場」は、「アットホームなチーム・職場」や「何でも聴いてくれる優しいメンバー・上司がいる職場」というイメージを持つ人もいるが、そうではない。「心理的安全性がある職場」＝「仲良し職場」ではないのだ。

また、企業で心理的安全性に関する研修をすると、参加したリーダーからは「上司は部下の意見をすべて聞き入れないといけないのか」「組織のルールも守れない部下に厳しく指導してはいけないのか」と質問されることがある。もちろん、答えはNoである。

エドモンドソンは、“Voice＝声を上げること”“率直に自分の意見を言うこと”の大切さを説いているが、「相手の気持ちや状況を配慮しないで、言いたいことを何でも言えばよい」ということとは違う。

冒頭の定義で示したように、エドモンドソンが伝えているのは、「このチームでは率直に自分の意見を伝えても対人関係を悪くさせるような心配はしなくてもよいという信念が共有されている」ということだ。発言者側としては「率直に思ったことを口に出せる」という状態だが、受け取る側は「すべてを受容し、否定しない・反論しない」ということではない。なぜなら、チーム・組織とは共通の目的・目標を持つ集団であり、メンバー全員がその目的・目標に向かって、エネルギーを注ぐことが前提だからだ。その目的・目標の達成のために、問題がある場合や改善すべき点があれば、その点をフィードバックすることは当然ながら必要である。心理的安全性をベースとして目指すべきチーム・組織の状態とは、以下のようなものである。

①一人ひとりが自分の意見・主張を持っている
②①の意見をチームやメンバーに表明でき、相手の意見に対して違う意見がある場合については、その意見を伝えられる（＝上司でも部下でもNoはNoと言える）
③お互いの意見の相違について、その内容を受け止め、組織の目的・目標の達成に向けて最も合理的な選択をした上で話し合いができる
④相手の意見を否定したりしても、後々、そのことで対人関係が悪くなったり、評価が下げられたり、人格的な攻撃を受けたりしない

要するに、心理的安全性が高いチームとは、「上司を含むチームメン

バーがチームの目的や目標の達成に向けて、あるときは熱い議論を交わしながら、お互いの知恵や意見を率直に出し合い、より良い結果を導くことができる」組織であり、どちらかといえば「優しい組織」よりも「厳しい組織」である。結果として、上記のような会議が当たり前になると、意見を言わない、同調しているだけの人は会議には必要ないと思われることになるだろう。

日本においては、意見を表明した後（その意見がどうであれ）、「否定されない、共感してもらえる＝“心理的安全性”がある」と解釈されてしまうことが多いのではないだろうか**【図表１－４】**。

［2］心理的安全性と信頼は違う

心理的安全性のもう一つの誤解は、この概念が個人ではなく、チーム・集団のものであるという点だ。

エドモンドソンは、「心理的安全性＝信頼ではない」ということを改めて主張している。彼女によれば、信頼とは個人が特定の対象者に抱く感情・態度であり、「心理的安全性」は、集団の大多数が共有すると生まれるものであるということだ。つまり心理的安全性とは、集団が形成する雰囲気・空気といえる。

つい先日、同僚が、職場のAさん（部下）がBさん（上司）に対して業務遂行上の課題を相談できていない状態を見て、筆者に「心理的安全性がないんですよ～」と言ってきたが、それは違う。ないのは、AさんとBさんの間の“信頼”だ。

事業会社から研究者に転身して、これまで研究者としての活動が長かったが、筆者も久しぶりに組織（コンサルティング会社）に属して、「信頼」と「心理的安全性」の違いや、この集団の“空気”の大切さを実感している。

組織の中では、筆者が以前から知っているCさん、Dさんには気軽に自分のアイデアや意見を言える一方で、Cさん、Dさんが参加する会議

[図表１－４] 心理的安全性と責任の視点から見たチームイメージ

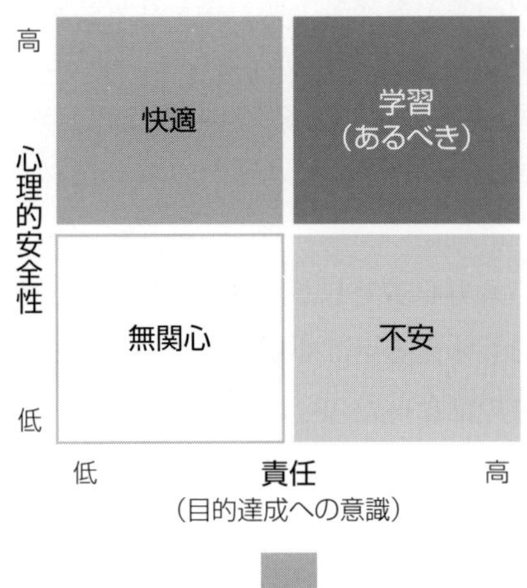

に同席した際には、その会議の物々しい雰囲気から自分の意見を言うことはハードルが高かった。実際に、新参者である筆者が組織にとって少し耳の痛い提言をしたり、相手とは違う意見を言ったりしたときに、「周りはどう思うだろうか？」「耳を傾けてもらえるのだろうか？」「何も知らないのに、出しゃばりだと思われないだろうか？」という懸念が自然に生じていた。

結果的に、自分の意見は改めて特定の個人にフィードバックするといった非効率な対話プロセスを取ってしまっていた。

また、特定の個人間では信頼感があったとしても、それが集団になったときは、二者間の関係だけではなく、他者とのやりとりも含まれた関係性となり、自分以外の第三者間の言動により形成される集団としての心理的態度が生まれてくる。その結果が組織の風土の総和となっていく。

エドモンドソンは、著書“The Fearless Organization”で「心理的安全性とは単なる個人間の信頼とその総和ではなく、集団になった時にしか生まれない雰囲気・概念である」ということを改めて示している。

[3] 心理的安全性の欠如は個人が引き起こしている問題ではない

会議や打ち合わせの場で発言できない（しない）のは、「本人が引っ込み思案だからではないのか」とか「やる気がないからではないのか」という疑問を呈する人もいるだろう。

最近、筆者の周りでも、お客さまに提出する資料にミスがあったが、それをきちんと報告せず、別のメンバーから指摘されても自分は悪くないという態度でいる同僚の姿を垣間見た。一見すると、本人の姿勢に問題があるように思うのだが、その同僚は別のチームでは責任感が強く、きちんと仕事をしていた。

この20年来、コンサルティングの現場では、多くの日本企業における組織課題の一つとして「うちの社員は受け身で、言われたことしかやらない」「積極性に欠けているので、社員全体が主体性や自律性がある組織に改革したい」という相談をよく受ける。

多くの企業の中で課題となっている「会議で発言しない」「言われたことしかやらない」「提案してこない」という行動に象徴される"社員の自律性"の問題は、果たして単純に個人の気質や性格、やる気の問題なのだろうか。

ある会社の人事担当者が、組織内に創造性が高まらない理由として社員のタイプ分析の結果を持ち出し、「うちの社員は元来真面目だが、なかなか慎重派が多くて困っている」と言ってきた。その会社では、スキルズインベントリー（編注：企業が従業員の能力やスキルを調べ、人材管理をしやすいようにデータベースなどの形にしておくこと）を作ったり、自己啓発に向けた研修を取り入れたり、数々の施策を講じてきたが、あまり効果は上がっていなかった。

この会社では、この10年、社長のトップダウンの恐怖政治が続いていた。社長の機嫌によって、叱責（しっせき）されたりすることも日常茶飯事で、経営陣は日々社長の顔色をうかがい、部長たちはいつ自分に怒りの矛先が向けられるのか戦々恐々としていた。このような中では、自然と「いかにミスやエラーをしないか」「ミスがあっても、どうしたら問題が自分の責任にならないようにできるか」ということにフォーカスした行動パターンが刷り込まれていた。結果的に、組織が本来望んでいる主体性や自律性を高めるという行動には焦点がいかず、自分が叱られないように、自分の責任にならないようにするために言われたことだけをきちんと行うことがよいという"受け身"の姿勢が習慣化していた。

しかしながら、最初からやる気がない人間は、ほぼいない。新入社員は、希望と期待に満ちあふれて入社してくるが、上記のような例は極端ではあるものの、徐々に組織の色に染まり、いろいろな意味で処世術を身に付け、5年、10年たつと"主体性"がないといわれるようになっていく。

もし、皆さんの組織の社員がやる気がないというのならば、それは、組織やチームが生んでいる権限構造、仕組みや風土の問題が個人のやる気、考えに影響を与えた結果であると捉えたほうがよいだろう。

仮に、スローガンを掲げ、仕組みを作ったとしても、それが魂の入ったものとなっていないのならば、組織内での各人の行動（経営陣や上位層のスローガンに相反する行動）によって刷り込まれていく、目に見えない風土・空気の力のほうが大きいのだ。

この風土・空気を変えていくこと（＝心理的に安全な場を作ること）が、社員の主体性や自律性を高め、声を上げていくことの出発点となる。

9 心理的安全性の重要性・必要性

では、心理的安全性は組織にとってどの程度必要だろうか。いまだに上意下達が強い組織では、下の者は、上の者の言うことに従えばよい(従うべきだ）という規範や風土があり、心理的安全性など必要ないと考える経営陣もいるだろう。

もちろんトップダウンでの指示命令が必要な場合もあるだろうし、筆者もすべての組織で、心理的安全性が最も重要なことだと言いたいわけではない。しかしながら、前述したスペースシャトルや戦艦大和の事例のように、心理的安全性は、古今東西、集団が大きな意思決定を迫られる場面で、その成否を分ける重要な概念である。

また、今般の新型コロナウイルス感染症の拡大のように、予期しない突然の出来事によって、日本だけでなく世界中のあらゆる組織が変化への対応力を試される時代になっている。このような何が起こるか分からない不確実性の高い時代を組織が生き抜いていくためには、現場を含めた多種多様なメンバーの知恵を結集した取り組みが重要だろう。

VUCA[※3]、ダイバーシティ化が進む時代において、心理的安全性が必要な理由を改めて以下の四つの観点で整理してみたい **[図表１－５]**。

※3　Volatility（変動性）、Uncertainty（不確実性）、Complexity（複雑性）、Ambiguity（曖

味性）の頭文字を取った略語であり、取り巻く社会環境の複雑性が増し、次々と想定外の出来事が起こり、将来予測が困難な状況を意味する言葉。

[1] 意思決定や判断の質の向上

トップや経営陣の情報や意思決定は正しく行われているだろうか。

VUCAといわれる不確実性や複雑性が高い時代では、開発にしても営業にしても、キーとなる情報は実は現場が持っていることが多い。そのような中で、トップダウンが強く、下が何も言えないような組織風土がある企業では、下からは経営陣に都合の良い情報ばかりが耳に届き、実際に現場で起きている情報が上がってこないこともしばしばある。このような中では、結果的に経営陣が間違った情報や限られた情報で判断してしまい、会社の将来に大きな影響を与えてしまいかねない。トップや経営陣が正しい意思決定を行うためにも、必要な情報や提言がタイムリーに伝わってくる仕組みや風土は必要不可欠だろう。

加えて、経営の意思決定も、よりスピードが求められる時代である。トップの方針を踏まえて、リーダー、メンバーが主体的に判断・対応していくことが、企業の生命線ともいえる。しかし、心理的安全性がない

[図表１－５] 心理的安全性の重要性

主な環境変化		心理的安全性があると	心理的安全性がないと
働く人の変化 多様性の時代	意思決定	• 正しい情報で意思決定ができ、経営力が上がる • 迅速な意思決定ができ、マーケットが伸びる	• 限定的な情報で間違った意思決定を行ってしまう • 意思決定が遅くなり、マーケットを失う
VUCAの時代 正解が見えにくい時代	リスク回避	• 企業の不祥事や不正を未然に防げる • 医療の現場などでの大事故、ミスを防止できる	• 不祥事や不正を隠そうとする • 指摘できず、大きな医療過誤やミスが発生する
	共創	• 社内外のコラボレーションの促進により、新たなサービス・価値が発案できる	• お互いの意見を言えず、社内外の知恵を活用できない。結果として良いサービス・価値も創れない
グローバル競争の激化	失敗から学び	• 失敗を許容し、社員の新たなチャレンジを促進できる • 失敗から学ぶことができる	• 失敗を恐れて、受け身的になる • 与えられたことだけやればいい、という思考に陥る

組織では、自ら判断せずに必ず指示を仰ごうとする。なぜならば、そこに根強く流れる空気は“トップの意思決定が絶対”という前提であるからだ。このような組織では、競合他社に後れを取るだけでなく、失敗しても“上からの命令”だったという自己弁護が可能となり、現場の責任感もなくなっていく。

［2］不正・不祥事などのリスクの回避

二つ目は、企業の不祥事の発見やリスクマネジメントの観点だ。

近年、多くの企業で不祥事が後を絶たない。その大きな原因は内部統制などの仕組みの課題もさることながら、「目標達成へのプレッシャー」と「組織風土」にある。

また、多くの企業はグローバル競争が激化し、投資家等の目線も厳しくなる中で、経営目標の達成に対する高いプレッシャーにさらされている。経営層だけでなく、現場も、中間管理職、上級管理職までもが不安や緊張の中、そのプレッシャーを強く受けて働いている。

プレッシャーが高く心理的安全性がない組織では、課せられた目標を達成しない限り、その組織における人権も与えられない空気があり、結果的に「できない」という事実を伝えられず、不正を行ってしまったり、周りもそのような事実を目にしても指摘できなかったりする。

事実、某大手総合電機メーカーが2015年、事業で得た利益を1500億円以上水増ししていた不正会計における報告書では、過大な収益目標を達成しなければならないというプレッシャーを強く受けており、「上司の意向に逆らうことができないという企業風土が存在していた」とのことだ。本事例だけでなく、さまざまな企業で起きている不正問題も同様だろう。

民間企業だけでなく、学校法人森友学園への国有地売却を巡る公文書改ざん問題も同様の構図であろう。財務省は、NHKの取材に対して「文書改ざんなどの問題はあってはならないことであり、深くおわび申し上げなければならない。二度とこうしたことを起こさないよう、文書管理の徹底など必要な取り組みを進めるとともに、問題行為の発生を許した組織風土の改革を進めており、引き続き、信頼回復に努めたい」と回答している。

ここでいう「組織風土」とは何だろうか。言及されていないが、「上意下達の絶対的な支配＝心理的安全性が欠如した風土」ではないかと想像する。

本件により自死された元財務省近畿財務局職員の手記には、「元上司の指示により改ざんが行われた」とあるが、「いろいろな人物がいろいろな場面で（上司の真意を確認することなく）忖度（そんたく）した結果だろう」ともいわれている。もちろん真相はいまだに分からない。

しかし、もし心理的安全性があれば、これほど嘘（うそ）に嘘を塗り重ねるような大問題に発展せず、人命が失われることもなかったかもしれない。

また、権威ある医師に対して、看護師や若い医師がちょっとしたミスの指摘や別の選択肢の提示ができないという、医療過誤が起こる例も同様だろう。人命が関わっているような場面においても、“偉い先生がやっていることだから何か理由があるのだろう”と考え、人は意見することを控えてしまう。自分の考えに確証がない場合は特にそうだ。

もちろん、消防や救命救急など非常事態の場面では、その専門家や経験者の迅速な判断にいちいち異論を唱えるなどということはないだろうが、前述のとおり、専門家や経験者も人間であり、100％ミスを犯さないことはない。上位者・他者の判断に違和感を覚えたときに、それを指摘できる心理的安全性は非常に大切である。

［3］多様な人材での共創（Co-creation）の実現

三つ目は、前向きな視点であるが、チームの構成員がダイバーシティ化してきていること、企業・組織内のチームだけでなく、共創（Co-creation）という概念での新しいチームづくりが必要となってきていることだ。

多くの業界で、これまでどおり企業内に閉じて競争優位性を生み出し続けることは困難となってきていることは事実であろう。これまでの社内だけの知識・経験のみならず、企業にとっての顧客、協力会社、産官学連携などの「共創」によって新しい価値を生み出す必要性が増している。

このような形態の場合には、各専門家や違う視点のメンバーが集まり、さまざまなアイデアや意見を交わしていく必要がある。その過程において、多くの経営者が言うように、多様な人材の反対意見や異質な意見を尊重することが大切となるが、各メンバーに“対人不安”があると、質の良い意見やアイデアが出ず、イノベーションは生まれづらい。

一方で、新たに集まったメンバーの中に“心理的安全性”が確保できていれば、そのチームがイノベーティブなアイデアを創出できる可能性が非常に高まる。実際にわれわれの研究成果でも、チームとして心理的安全性が確保できていれば、チームの創造性・新規課題への挑戦度が高まることが実証されている。

［4］チャレンジと失敗を奨励し、成功に結び付ける

今後、ますます先が読めない時代となり、これまでの決まった仕事を決まった手順でミスなく行うことが求められたスタイルから、正解が分からず、新しいチャレンジの中で失敗から学び、それを糧にしていくというスタイルがより重要となる。

一方で、保守的な思考が強い日本人にとって、失敗を恐れずにリスクを取る言動は心理的負担が大きい（事実、日本人の志向性は、業務特性にもよるが、促進焦点〔より良い成果を上げる〕よりも予防焦点〔ミスやエラーを避ける〕のほうが強い）。

その心理的負担を軽減し、学習する組織やイノベーティブな組織を作っていくためには、組織やチームという単位で“ミスやエラーをして

も大丈夫”という「規範＝いわゆる心理的安全性」がより重要となる。

前述の子どもの「安全基地」と同じように、大人も安心できる場所があって初めて、新しいことに挑戦できる。組織の中でも、一人ひとりのチャレンジ精神やプロアクティブ行動を促進するためには“失敗できる・挑戦できる安心安全の場”が必要である。

エドモンドソンも、心理的安全性がチーム学習につながっていくことを非常に強調している。横並び・チームワークを重視する日本社会だからこそ強調したい点である。

[5] 共通の目的があるからこそ、心理的安全性が大切

前述のとおり、心理的安全性が高い組織とは、「上司を含むチームメンバーがチームの目的や目標の達成に向けて、あるときは熱い議論を交わしながら、お互いの知恵や意見を率直に話し合い、より良い結果を導くことができる組織」であり、どちらかといえば「厳しい組織」である。

では、すべてがこのような組織になるべきだろうか？　その答えは、チームに「達成すべき共通目的」があるかないかだと考える。なぜならば、この不確実な時代において、組織が掲げる目的の達成のためには、相手と違う意見を発言する必要があり、その発言には責任も生じる。また、意見を言わない・同調しているだけの人は、チームに不必要だと思われる可能性もあるからだ。

一方で、横並び・同調志向の意識は、私たちが生きてきた経験や習慣から自然と培われてきたものであり、すぐに転換しようとしても難しいだろう。しかも、日本の社会において、下の立場の者の主張を受け入れたり、違った意見を受け止めたりするベースができている集団は少ない。同調志向が生活の中で大切なことは筆者も実感している。

例えば、ママ友の集団では、筆者も基本的には「横並び・同調志向」だ。この集団では達成すべき共通の目標があるわけではなく、円滑なコミュニケーションを通じて、お互いに子どもに関して必要な情報を得て

いる。仮に相手の考えが自分と違っていても、その場の空気を乱してまで相手を否定したり、違った考えを主張したりする必要はなく、「そうだよねぇ」といった共感的なコミュニケーションのほうが大事だ。

もちろん、親しい友人のグループなどは相手の反応を気にせずに忌憚（きたん）なく発言するケースが多い。ただし、このような気の合った仲間で和気藹々（あいあい）と談笑するグループの多くは、心理的安全性はあるかもしれないが、多様性はないだろう。

目的がない組織には、あえて心理的安全性という概念を持ち込まなくてもよい。しかし、企業などの法人格がある組織には、達成すべき共通の目的があるはずだ。また、性別、国籍、考えや価値観などさまざまな面で人材の多様性が進んでいる。このような組織において同調・共感するコミュニケーションばかりでは、間違った方向に進んでしまい、一向にゴールにたどり着けない。

「Withコロナ」「Afterコロナ」といわれる現在、3～5年先ですら予測は難しい。先が見えない時代を組織人として生きていくならば、従来われわれが得意としてきた暗黙の協調や忖度といったコミュニケーションスタイルだけでなく、心理的安全性をベースとしたアサーティブなコミュニケーションスタイル（相手を尊重しつつ、自分の要求を率直に伝える自己主張の在り方）を身に付けるべきだろう。

10 日本において、心理的安全性を作る難しさ

[1] 謙遜が美徳である日本

先日、ある友人が、こんな話をしてくれた。

「プロジェクトの打ち合わせの最中、上司の指示に納得がいかないことがあったから、その場で『なぜそれが必要なのか』と詰め寄ったところ、後からその場に一緒にいた先輩に『ああいう質問は良くないから、やめたほうがいいよ』と言われたんだよね。上司の一方的な指示もそう

だけれど、そうアドバイスをくれた先輩もよく分からない、とても働きづらい、会社辞めちゃおうかな……」と。

この対人関係のやりとりから推察できるように、伝統的な日本企業においては「長いものには巻かれろ、主張をするべきではない」という規範が組織のあらゆる場面で垣間見られる。

そもそも“謙遜”が美徳とされ、他人の目を気にする“文化（恥の文化）”と評される日本では、前述のようにあからさまに上司に盾突くような発言でなかったとしても、主張することが“良し”とされない空気感がある。

エドモンドソンが「心理的安全性」という概念を発想した背景には、自己主張が強いとされるアメリカ人でさえも発言することにためらいを感じる場合があり、その点を問題視したことがある。アメリカ人以上に自己主張することに慣れていない日本人においては、この心理的安全性という概念を正しく理解し、これを醸成する取り組みやマネジメントを適切に実施していかないと、単なる仲良しチーム・居心地の良いチームづくりで終わってしまう。

ある雑誌で、父がアメリカ人で母が日本人のタレントが、子どもの頃の体験を以下のように語っていた。

4年生の夏休みに、それまで通っていたアメリカンスクールから地元の公立小学校に移ったのですが、もう、すごいカルチャーショックでした。とにかく女の子が大人しいんですよ。アメリカンスクールでは、勉強だって、運動だって女の子の方ができるし、授業中もみんなグイグイ手を挙げて発言していました。だから私、日本の学校に入ったときも、最初の授業で「これ、わかる人？」と先生が質問したとき、ここぞとばかりに、「はいっ！」と勢いよく手を挙げたんです。そうしたら他に誰も挙げなくて、ビックリしました。みんなドン引きなんですよ。「へえ、手とか挙げちゃうんだぁ、女の子なのに」みたいな。おまけに私の答えが間違っていたので、クスクス始まっちゃって……。

チャレンジして失敗した子を嘲笑うなんて、アメリカの学校ではあり得ません。もっとポジティブですから。間違えたって、全然OK。でも、日本ではとにかく目立たない方が得だし、特に女の子はおしとやかに、一歩二歩下がって控えめにしていなきゃダメみたいな、無言の圧力が小さいころからずっとあるじゃないですか。

資料出所：株式会社日本能率協会マネジメントセンター
『Learning Design』2020年3－4月

まさに、日本と海外の違いである。最近は少しずつ変わってきているが、20～30年前は明らかにこのような空気感が教育現場にあった。企業にも同じ風潮があり、筆者が最初に入社した日系企業では、上司に自分の意見を述べたり、提案したりすることは、必要以上に「和を乱している人」「少し変わった人」と見られる雰囲気があった。どんなにそのアイデアが良くとも“優秀”ではなく、“変人”というレッテルが貼られるのだ。

一方で、転職した外資系企業は、Talk Straight（はっきり物を言う）が行動指針でもあり、「主張しないこと、意見を言わないこと」＝「使えない人」という真逆の風土であった。筆者自身、日系企業、外資系企業、大学とさまざまな組織に所属して、初めて組織が持つ風土・空気の違いによる働きやすさ・働きにくさを肌で実感したものだ。もちろん、20年前と今では、明らかに置かれている環境は変わっているが、依然として“謙遜が美徳”ということは根強い文化ではないだろうか。

［2］空気を読むことが最も大切にされてきた日本

実際に、日本の社会における組織・職場では、“心理的安全性”が確保された場は少ないと感じる。

先の友人の話のように、多くの職場で阿吽（あうん）の呼吸を求められ、お互いにその場の空気を読みながら、仮に「白」でも上司が「黒」と言ったら“黒”と言わなくてはならないケースが多いだろう。どうしても言う必要があるときは、できる限り婉曲（えんきょく）的に伝えるといった“心理的安全性”の定義＝“率直に言うこと”と真逆のことが起きている。

なぜならば、これまで記してきたとおり、日本では、一度決まった方向に異論を唱えられない空気、組織の階層が低い者が上位者に物を言いにくい文化がある。特に集団主義、上意下達が強い伝統的な日本企業においては、上司の意見に反対するなどもってのほかである。

前掲書『「空気」の研究』の中では、空気とは「非常に強固でほぼ絶対的な支配力をもつ『判断の基準』であり、それに抵抗する者は異端として、『抗空気罪』で社会的に葬るほどの力をもつ超能力」とある。なんとも、日本の文化・風土を象徴している秀逸な表現である。

また、脳科学者の中野信子は著書『人は、なぜ他人を許せないのか？』［アスコム］の中で「日本人は、摩擦を恐れるあまり自分の主張を控え、集団の和を乱すことを極力回避する傾向の強い人たち」と考察している。

日本人は、国民性や国の成り立ち（島国、自然災害が多い、ほぼ単一民族）から、組織が作っている風土や空気に過度に適応しようとする習性がある。「相互依存で成り立つ社会」においては、組織から排除されると生きていけず、その場の“空気を読む”ということは、自身の生存に関わるために大切で、本能的に身に付いてきたスキルだったのだろう。

グローバル化・消費者ニーズの変化などの環境変化が激しい時代においては、この「空気」を破る力が、不況から脱する一つのドライバーである。それにもかかわらず、バブル経済崩壊以降の30年間は、空気を破ることを否定する「KY（空気が読めない）」などの言葉が流行し、集団の中で一部の空気を破ろうという力が芽生えても、それを抑え込むかのように、より空気を読むことを求められていった時代であったと思う。その結果として、政界・企業などの不祥事が多数引き起こされているのだろう。

[3] 横並び・同調志向が強い日本人

心理的安全性は、仮に、自分が他者からどう思われるのかを気にしなければ、必要がない概念である。しかし、人は「他者からどう思われるのか」が、本来気になる生き物であり、多かれ少なかれ、ほかの人と仲良くしたい・仲間外れにされたくないという“動機”がある。この動機が、日本人はとても強い。また、ほかの人と同じでありたい(あらねばならない)という同調主義的な考え方の影響も大きい。

筆者の身近な例を挙げると、長女が小学校に入学した時のことだ。外資系企業に勤め、このような研究をしている手前、子どもにはこれまで多様性や個性(人と違っていてもよい)を大切にするように伝えてきたつもりだった。しかし、入学から半年たったある日、長女が朝の着替えの際に「ママ、靴下の色は白か黒じゃなくちゃダメだよ」と言ってきた。そんなルールは実際にはないはずなので「どうして？　白か黒じゃなくてもいいんじゃない？」と聞くと、「だって、みんな白か黒だから。ほかのお友達が『○○ちゃん、どうしてピンクなの？』って言ってくるんだもん」と言い返してきた。私たち家族の住んでいる区は小学校でも制服がある。同じ制服を着て、同じ帽子をかぶって、皆が同じ格好をしているという状況も関係しているだろうが、親の教育とは別のところで、小さな頃から日々の生活の中で“同じでなくてはならない”と刷り込まれる環境で育っては、多様性も個性もあったものではないと率直に思った。

このように、小さな頃から知らないうちに(少なくともわれわれにとっては、それが自然なことであったが、諸外国から見ると異様にも映りかねない)横並びや他人の意見に同調・協調を求められる環境に育ったために、大人になって、日本的な伝統文化を保持する企業・組織に入った場合に「人と違った意見を言う」「反対意見を言う」ことは、実際に難易度が高い。

一方で、近年のグローバル化、インターネットの普及によるデバイスやアプリの進化、性別・国籍・雇用形態の多様化、転職市場の形成、若者の価値観の変化といったさまざまな動きの中では、過度に同調し、職場の空気を読むといった風土も少しずつ風化していっている。もちろん風土というものは、一朝一夕には変わらない。だからこそ、今から３年、５年、10年かけて企業内で“心理的安全性”の意味と重要性を浸透させていくことが、将来の企業・組織が存続するための第一歩であると考える。企業によって置かれている環境は違うが、今回のコロナ禍でテレワークが進んだように、さまざまな環境の変化や外圧を一つのドライバーとして捉え、自分たちが今“変わる必要性”があることを組織の中で共有してほしい。

TOPICS 2

チームづくりと心理的安全性

1 改めて、チームとは何か？

改めて、“チーム”とは何だろうか。学術的にはいろいろな定義があるが、共通項を整理すると「チームとは、共通の目的・目標に向かって役割や責任を分担する２人以上のメンバーが、相互に協力しながら課題や作業に取り組む組織」といえる。要するに、チームとは単なるグループや群衆とは違い、以下の三つの特徴を持った組織といえる。

①共通の目的がある
②メンバー同士の相互作用がある
③個々人に役割が決まっている

文字にすると当たり前のように思うかもしれないが、実は日本の企業では、これらが曖昧なことが多い。

前述のとおり、心理的安全性は、共通目的があるからこそ必要となる。このチームの共通目的が、自分たちにとって極めて有意義であると感じられ、その達成状態の基準が明確であればあるほど、内発性が高まり、一人ひとりがその目的に向かって正しい行動や適切な発言ができる。

一方で、この目的をきちんと共有できている企業は、それほど多くない。また、近年テレワークが普及する中、いわゆる“職務の見える化”を基軸としたジョブ型人事への関心も高まっているが、まだまだ個々人の職務・役割が不明確であることや、ある程度は決まっているものの、その境界は非常に曖昧となっている組織が多い。

この“役割”というものは、人の行動に大きな影響を与えるものだ。筆者も組織の一員となってみると、自然と自分に課せられた役割を遂行しようという思いを改めて感じている。われわれのようなコンサルティング会社は、コンサルタント一人ひとりがクライアントのジョブに従事し、稼働率を上げることが、主要なKPI（Key Performance Indicator：重要業績指標）となる。自分が率いるチームがなければ、自分自身の売り上げと稼働率だけを単純に追っていけばよいのだが（この考えもある意味では自分勝手ではあるが）、いざチームを持ち、メンバーの稼働率を上げることを上司から期待されると（それが特に自分の評価やKPIに大きく影響しなくとも）、それが自分の責務として課されたように感じ、その役割をできる限り果たそうと時間を使うようになる。

このように、例えば、上司から「○○さんは、このチームで××に責任を持っている人です」「あなたには●●という役割も期待しています」と言われただけで、組織の中でわれわれは、多かれ少なかれ、その仕事を意識し、自然と注力するようになるだろう。

心理学者フィリップ・ジンバルドーが行った有名なスタンフォード監獄実験[※4]では、人間の行動には持って生まれた性格ではなく、役割が大きな影響を与えることが分かっている。スタンリー・ミルグラムが行ったアイヒマン実験[※5]でも、人はどんなことでも、役割が与えられれば、それを忠実に実行することが証明されている。アイヒマン実験は、強制収容所へのユダヤ人の移送責任者であったアドルフ・アイヒマンがなぜ、これほどの非人道的行為をしてしまったのかについて、心理学者たちが検証したものである。実際の裁判映像でも、アイヒマンは終始淡々と、"自分はただ与えられた役割に従っただけだ" と答えていた。

※4　スタンフォード監獄実験とは、1971年にスタンフォード大学の心理学者フィリップ・ジンバルドーが行った心理学実験。この実験では「人の行動はその人の気質や性格で決まるのではなく、置かれた環境や役割によって決まる」という仮説を証明するために、スタンフォード大学の地下室を改造して大学生を囚人と看守に分け、それぞれの役割を演じさせ、どのような行動を取るかを観察したもの。現在はその再現性が改めて問われている。

※5　アイヒマン実験とは、ナチスドイツによるユダヤ人の大量虐殺において、強制収容所へのユダヤ人の移送責任者であったアイヒマンの人物像が、決して人格異常者などではなく、ただ出世意欲が高く、「職務」に忠実で平凡な公務員だったことから、人は誰でも一定の条件がそろえば、権力者からのどのような命令にも服従してしまうという仮説

を基に、その検証が行われた実験である。先生役と生徒役の２人１組となり、先生は生徒が記憶テストで間違えるたびに罰として電気ショックを与えるように監督者から指示を受ける。スイッチの電圧は15ボルト単位で合計30個並んでいて、最高は450ボルトまである。実は生徒は“サクラ”で、わざと答えを間違え、電気ショックに対しても大声で叫ぶなど苦痛を訴える演技をする。しかし、先生役の被験者は次々と電圧を上げ、実に先生役の60％以上が最高の450ボルトまでスイッチを入れてしまう結果となった。

上記の心理学実験は、人間心理をマイナスの面に活用してしまった例だが、役割の力をプラスの面で活用することは十分に可能だ。

もちろん、いくら役割を明確にしたからといって、その隙間に落ちる仕事もあるだろうし、不測の事態では、相互に補完しながら進めていくことは当然だろうが、組織の中で、自分の役割がきちんと定義されていることは行動の動機づけにもなり、チームへの貢献感と安心感を高める必要な要素でもあるだろう。

このように、目的と役割をきちんと共有した上で、相互に協力・補完し合っていける（心理的安全性がある）コミュニケーションができている状態が、“チーム”として機能しているといえる。

改めて、あなたのチームは“チーム”として機能しているだろうか。見直してみてほしい。

2　心理的安全性とチームパフォーマンス

実際に心理的安全性を検証する中では、「組織において心理的安全性が確保されているとパフォーマンスが高まるのだろうか」「心理的安全性が高いと確かに組織風土は良くなるが、成果とは無関係ではないのか」「成果を上げるためには徹底した管理とプレッシャーをかけたほうがよいのではないか」という疑問が頭に浮かぶだろう。しかし、前述のエドモンドソンの研究からは、心理的安全性はチーム成果を高めることが判明している**［図表１－６］**。

また、心理的安全性に関連する研究はアメリカで盛んに行われており、果たして「空気を読む」ことや「阿吽の呼吸」が是とされてきた日本の風土でも当てはまるのだろうかと疑問視する人も少なくないだろう。しかし、筆者らが日本企業で行った調査では、エドモンドソンの研究と同じような成果が得られている。

この調査において、チームのパフォーマンスを高める主な要因は、①コミュニケーション、②相互協力、③目標共有とフィードバック、④チーム学習の四つであることが明らかになった。そして、心理的安全性は、このチームパフォーマンスを高める四つの要因に大きな影響を与えていた。この結果から、日本においても、心理的安全性は、チームのパフォーマンスを高める土台といってよいだろう **[図表１－７]**。

また、直近の某企業との共同研究においては、心理的安全性が大きく影響するのは、上記①～④の中でも①コミュニケーションと②相互協力であった。仕組み的な側面が強い③目標共有とフィードバックや④チーム学習よりも、一人ひとりの心理的な側面に影響を受けやすい①コミュニケーションや②相互協力といった活動との関係性のほうが強いのは当然のことだろう **[図表１－８]**。

心理的安全性が高いチームだと、相手に受け入れられているという感覚を持てるため、日頃のコミュニケーションにおいても気軽な挨拶が増え、構えずにささいなことでも何げなく質問することができる。

[図表１－６] 心理的安全性とチームパフォーマンスの関係性
―エドモンドソンのモデル

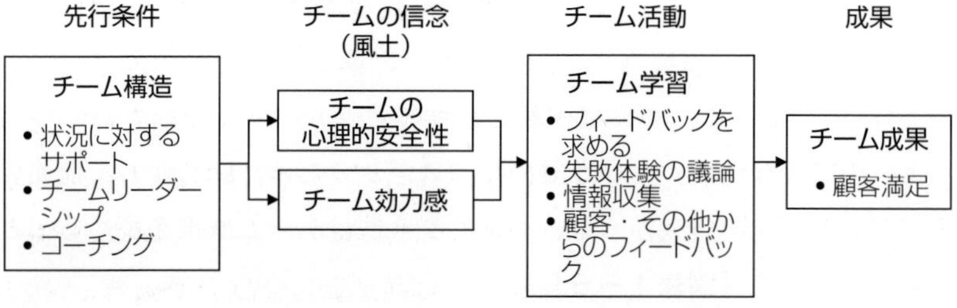

先行条件
チーム構造
• 状況に対するサポート
• チームリーダーシップ
• コーチング

チームの信念（風土）
チームの心理的安全性
チーム効力感

チーム活動
チーム学習
• フィードバックを求める
• 失敗体験の議論
• 情報収集
• 顧客・その他からのフィードバック

成果
チーム成果
• 顧客満足

資料出所：Edmondson, A. (1999). Psychological safety and learning behavior in work teams.

また、お互いに相手の仕事の負荷を見合い、負荷が高いメンバーを支援するといった相互協力においては、支援・協力される側の気持ちや応対が鍵を握っている。

人は社会的動物であるため、相手の役に立ちたいという本能が本来備わっている一方で、自分でやりたい・やり遂げたいという意識がある。

［図表1－7］心理的安全性とチームパフォーマンスの関係性 ―筆者らの研究モデル

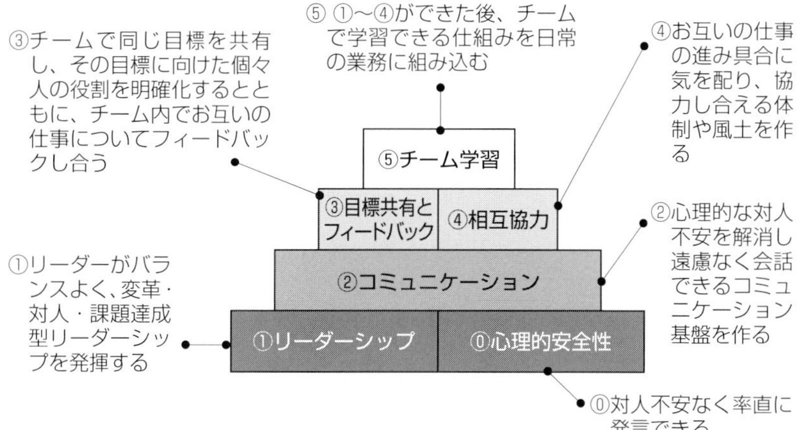

［図表1－8］心理的安全性に影響を与える要因

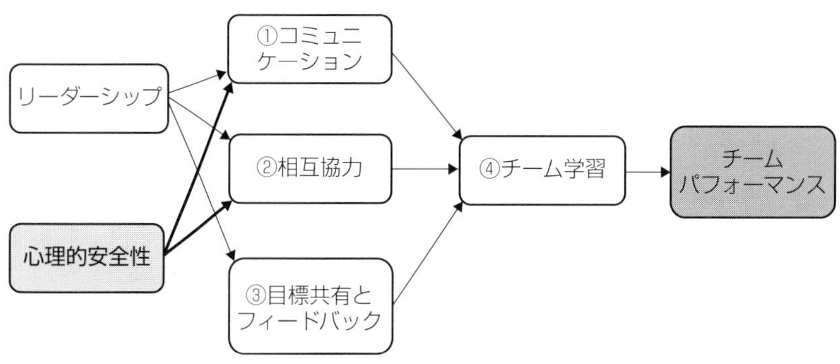

また、心理的安全性を阻害する対人不安の一つに表れているように、"能力がない"と思われたくないという気持ちも発生し、相手に頼りたくないという心情から、できるだけ自分で完結しよう・やろうとしてしまうが、心理的安全性が高いチームでは無能だと思われるリスクを感じることなくヘルプサインが出せる。

実際にあるチームでは、本当は自分の仕事の負荷が高いので手伝ってほしいにもかかわらず、メンバーに対して弱みを見せたくないという意識から、協力し合えていない悪循環に陥っていた。その後、組織改革の取り組みを導入し、改めてチームメンバーが腹を割って話す機会を持ったことをきっかけに、心理的安全性が高まり、お互いが"手伝ってほしい"と言える状況を作り上げることができた。

このように、心理的安全性が高いと個人の主体性よりも一体性が高まり、支援を受ける側の意識としても、"助けてほしい・手伝ってほしい"と言いやすくなるだろう。

Point !

心理的安全性があれば、以下の状態が作られる！

本人の主体性
（自分のやりたい）

組織目標へのコミット
（チームでやり遂げる）

一方で、心理的安全性があっても、成果を上げられていないチームも多々ある。

それらのチームでは、心理的安全性はあったとしても、目的・目標設定、その達成に対する基準の共有とコミットメントができていなかったり、チームを超えた相互協力のための役割分担が不明確であったりと、さまざまな要因が挙げられた。また、チームの状況が順風満帆なときにはよいが、いざ不測の事態に陥ると、すぐに機能しなくなってしまうチームもあった。

チームづくりも家づくりと同じで、その土台になる部分がしっかりしていないと、いくら良い上物を建てても崩れてしまう。その意味でコミュニケーションは心理的安全性にとって非常に大切だ **[図表１－９]**。

心理的安全性だけで高いパフォーマンスが上げられるわけではないことは、エドモンドソンも再三強調している。あくまでも心理的安全性は、チームパフォーマンスを高める“土台”として機能していると理解してほしい。そして、この土台を作った上で多面的な視点から施策を通じて、チームづくりを行ってほしい。

[図表１－９] コミュニケーションの重要性

Googleで有能なチームとなるための五つの因子

Googleのアリストテレスプロジェクトでは、チームパフォーマンスを高める因子として、心理的安全性、相互信頼、構造と明確さ、仕事の意味、インパクトの五つを発見した。そして、プロジェクトの責任者であるジュリア・ロゾフスキは、「私たちが発見した五つの成功因子のうち、心理的安全性の重要性は群を抜いている。それは他の四つの土台なのだ」と言っている。

1
サイコロジカル・セーフティー
（心理的安全性）
チームメンバーがリスクを取ることを
安全だと感じ、お互いに対して弱い
部分もさらけ出すことができる
2
相互信頼
チームメンバーは他のメンバーが高いクオリティで
仕事を時間内に仕上げてくれると感じている
3
構造と明確さ
チームの役割、計画、目標が
明確になっている
4
仕事の意味
チームメンバーは仕事が自分にとって
意味があると感じている
5
インパクト
チームメンバーは自分の仕事について、意義があり、
良い変化を生むものだと思っている

資料出所：Google re:Work より引用

TOPICS

3 心理的安全性とリーダーシップ

1 心理的安全性に影響を与える上司の存在

読者のあなたが上司だったら、部下に対してどう接しているだろうか。また、どういった存在となっているだろうか。

エドモンドソンやわれわれの研究においても、上司の行動がチームパフォーマンスや心理的安全性に与える影響は非常に大きいことが分かっている。

リーダーシップが組織風土の７割を決めるとよくいわれる。会社全体でどのような仕組みやルールを取り入れても、そのチームを率いるリーダーのやり方・態度によって、その効果が大きく変わってしまう。

心理的安全性がチームの概念であり、同一組織の中でもその高低に違いがあるということは、心理的安全性は上司のリーダーシップ行動によって決定されているといっても過言でないだろう。

[1] 心理的安全性を阻む権威勾配

心理的安全性は、権威勾配（上司と部下の力関係）の格差が大きな組織ほど醸成されにくい。

権威勾配が急な上意下達の組織では、部下は「自分の評価権限を持っており、自分より経験・権威を持つ上司に物を申すことなどもってのほかだ」という考えに陥りやすい。この権威勾配は、自然と組織構造や個人の性質差（年齢、スキル、ジェンダーの差など）によって生まれてしまう。

一方で、権威がある上司ほど「自分の判断や意思決定は間違っていない」「自分のほうが部下より有能だ」「部下は上司に従うべきだ」という固定観念が備わっている場合が多い。また、役職が上になるほど「自分はダイバーシティに理解がある」「バイアスはないほうだ」と答える傾向がある。

[2] 権威への服従とリーダーシップ

社会心理学の用語に「権威への服従」という言葉がある。閉鎖的な空間において、仮に道徳心を持っていたとしても、部下は権威者の非人道的な命令に従ってしまうという人間の心理行動を表したものだ。この「権威への服従」の心理学実験としては、前述したスタンリー・ミルグラムが行ったアイヒマン実験が有名であり、お伝えしたとおり、人はどんなことでも役割が与えられればそれを実行し、「権威に服従」することが証明されている。

前述したNASAや森友学園などの事例からも、プレッシャーが高く、閉鎖的な状況において「権威に服従しない」ことは、非常に困難であることが垣間見られる。

実際には、日本の企業でも同様の問題が起こっているのだろう。組織にとって都合が悪いパワーハラスメント、セクシュアルハラスメントなどの事実に対して、経営陣の意向を忖度し、組織の空気を読み、不祥事を続けてしまう現場の部下たち。トップダウンが強い組織ほど、そうした事実はブラックボックス化され、その真相は闇に葬られてしまう。このような空気の中では、他に追従せずにリスクを取って進言することは、まず不可能だろう。

「権威への服従」がわれわれの人間心理であるならば、結局は「権威者＝リーダー」の正しい意思決定・行動が組織全体の運命を決めるということだ。その意味で「リーダーシップ」は組織にとって非常に重要なテーマである。

2 心理的安全性を高めるリーダーシップ機能とは―筆者らの研究事例より

では具体的に、どのようなリーダーシップ行動が、心理的安全性を高めるのだろうか。多くの先行研究で用いられる三隅二不二によって提唱されたPM理論では、リーダーシップを「課題遂行リーダーシップ」（P：performance function。目標設定や計画立案、メンバーへの指示などにより目標を達成する機能）と「対人関係リーダーシップ」（M：maintenance function。メンバー間の人間関係を良好に保ち、集団のまとまりを維持する機能）に大別している **[図表１－10]**。

われわれの研究では、この二つに「変革型リーダーシップ」を加え、３類型で心理的安全性との関係を確認したところ、心理的安全性の確保には、「対人関係リーダーシップ」「変革型リーダーシップ」が必要であり、これまでの上意下達でリーダーが指示をする「課題達成リーダーシップ」だけでは、心理的安全性は高まらない[※6]ということが判明した **[図表１－11]**。

※6　あくまでも、これは課題達成リーダーシップだけでは心理的安全性が高まらないということを示しており、課題達成リーダーシップが必要ないということではない。

[図表１－10] PM型リーダーシップの類型

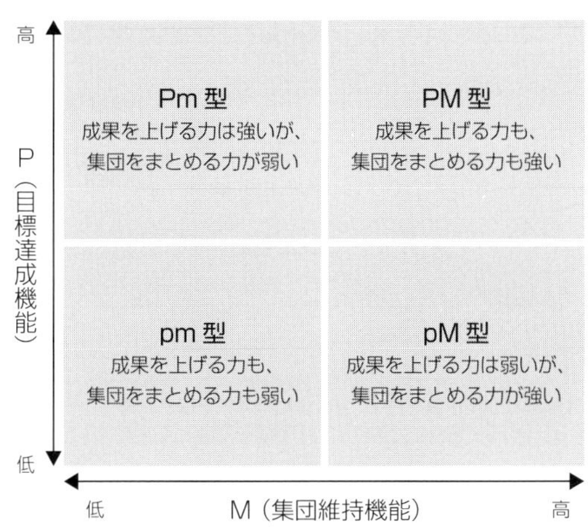

要するに、上意下達でリーダーが指示をする課題達成リーダーシップが強い、いわゆるP型リーダーの下では、心理的安全性は育たないということだ。前述の日大アメフト部の“P型リーダーが、上意下達・物を言わせない空気を作った”典型例だ。

このようなP型リーダーはもはや時代錯誤であるとしか言いようがない。これまでのような予定調和性の高いビジネスにおいては、軍隊的な組織のP型リーダーでも十分に成果を上げられた。しかし、現代のような予測不能な時代、女性・若手・外国人といった働く人材が多様化する時代においては、誰でも発言でき、さまざまなアイデアを場に出せる組織づくりが重要であり、そのような組織づくりに向けて、「対人関係リーダーシップ」や「変革型リーダーシップ」が必要不可欠となると思われる。

特に「対人関係リーダーシップ」だけでなく、「変革型リーダーシップ」の影響度が高いことに着目したい。チームビジョンの伝達やチームが向

[図表１－11] 心理的安全性とリーダーシップの関係性

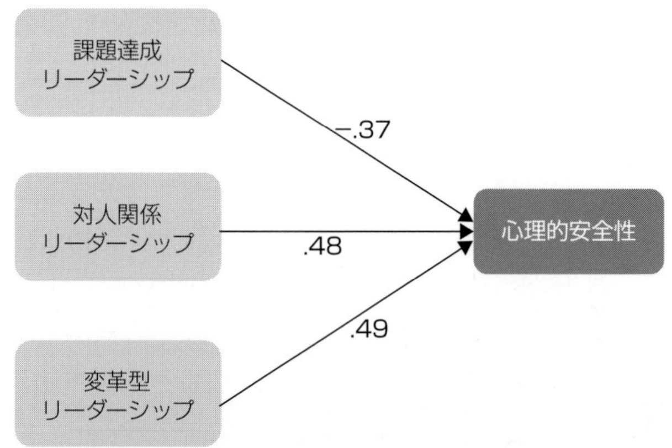

［注］ 上記値は回帰係数を表す。独立変数（ここではリーダーシップ）が従属変数（心理的安全性）にどれくらいの影響を及ぼしているのかを示す指標である。値は、一般的には－１～１の間の実数値をとり、１に近いときは正の影響力があり、－１に近ければ負の影響力があると解釈する（**[図表１－12]** も同じ）。

かう方向性をメンバーに伝えるというビジョニング行動が心理的安全性を高めている。

加えて、コーチングと心理的安全性の関係性についても分析したところ、「人の話を聴く（傾聴）」という行動よりも、「良かった点や改善点を率直にフィードバックする」「気づきが生まれる質問をする」といった**「成長支援」**行動のほうが心理的安全性が高くなる結果となった**［図表１－12］**。

一見すると、心理的安全性を高めるには、メンバーの気持ちや行動を受容していく行動のほうが大切そうに思えるが、受容行動よりもリーダーの能動的な**ビジョン発信やフィードバック**が重要だったことは興味深い。

心理的に安全な場を作っていくためには、メンバーがチームにおける自身の期待を認識し、その期待に沿った行動ができているかを確認でき、自分の行動を強化・調整していく過程が大切となる。そのためには、リーダーがメンバーの意見を聴くといった行動だけではなく、リーダーからのビジョン提示やフィードバックが必要だからだろう（詳細は第４章参照）。

心理的安全性を確保するためには、リーダーのビジョニングとフィードバック行動が特に重要なことは分かった。しかしながら、多くの企業において、これらの行動はリーダーの得意分野とはいえない。実際に筆者が、複数の会社で測定したデータでは、課題遂行・対人関係・変革型

［図表１－12］コーチングと心理的安全性の関係

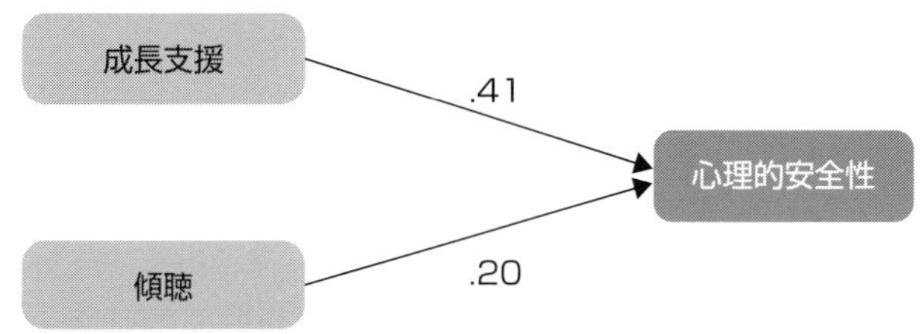

の各リーダーシップのうち、変革型リーダーシップのポイントが圧倒的に低い。また、コーチング項目として測定した傾聴・観察・質問・フィードバックの中では、フィードバックは他の項目より低い傾向にある。

2000年以降、部下指導法の一つとしてコーチングがブームとなり“傾聴トレーニング”などを導入した企業も多いが、今後は“聴く”だけでなく“伝える”スキルをいかに身に付けていくかが重要になる。

心理的安全性を高める具体的なリーダーシップ行動については、第4章にて詳しく説明しているためぜひ参考にしていただきたい。

第2章

心理的安全性を高める方法

ー知識編ー

TOPICS

1

心理的安全性の定義を改めて確認しよう

心理的安全性とは、「このチームでは率直に自分の意見を伝えても対人関係を悪くさせるような心配はしなくてもよいという信念が共有されている状態」を意味する

1　心理的安全性とは

心理的安全性の定義を、簡潔に確認しておきたい。心理的安全性とは、“psychological safety”の日本語訳であり、組織・チームの中で、対人リスクを恐れずに思っていることを気兼ねなく発言でき、話し合える状態を示す。何でも言い合えるからといって、単なるアットホームな職場や仲良し職場ではない。目的のために、チームメンバーが切磋琢磨（せっさたくま）して、侃々諤々（かんかんがくがく）と意見を出し合える職場である**［図表２－１］**。

心理的安全性をベースとして目指すべきチーム・組織とは、**［図表２－２］**のような状態である。要するに「上司を含むチームメンバーがチームの目的や目標の達成に向けて、あるときは熱い議論を交わしながら、お互いの知恵や意見を率直に出し合い、より良い結果を導くことができる組織」であり、どちらかといえば「優しい組織」よりも「厳しい組織」といえる。

2　心理的安全性の誤解

改めて、よくある誤解を提示しよう。

①心理的安全性がある組織は優しい・ぬるま湯組織ではなく、共通の目的達成のために切磋琢磨する組織である

②心理的安全性は、集団の概念であり、個人間の信頼とは違う。また、

[図表２－１] 心理的安全性が確保されている具体的な行動

	具体的な行動
1	一人ひとりが自分の意見・主張を持っている
2	自分の意見をチームやメンバーに表明でき、相手の意見に対して違う意見がある場合については、その意見を伝えられる（＝上司でも部下でもNoはNoと言える）
3	お互いの意見の相違について、その内容を受け止め、組織の目標達成に向けて最も合理的な選択をした上で話し合いができる
4	相手の意見を否定したりしても、後々、そのことで対人関係が悪くなったり、評価が下げられたり、人格的な攻撃を受けたりしない

[図表２－２] 自由闊達に意見交換・議論ができる組織

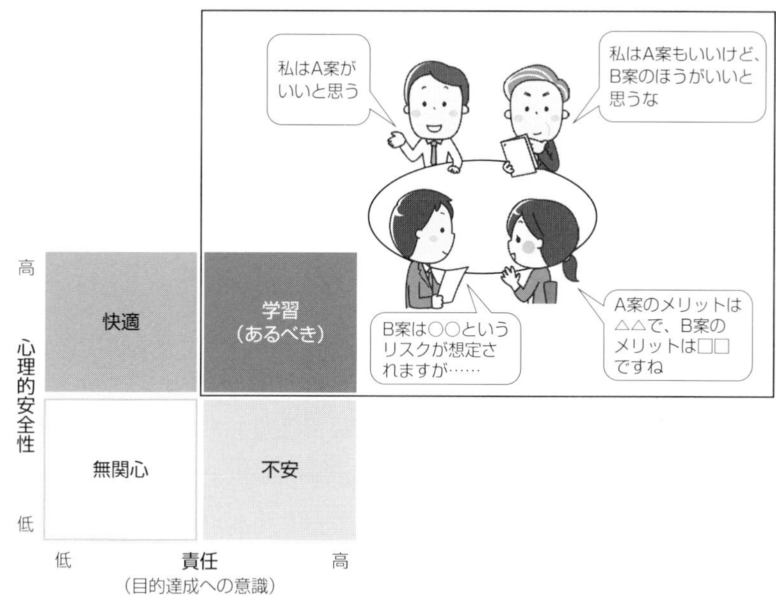

同じ組織でもそれが高いチームと低いチームが存在するため、どちらかといえば組織全体ではなく、チーム固有の概念である。それはチームのリーダーシップの発揮の仕方に依存するからである

③心理的安全性は個人の性格等の問題ではない。この阻害要因である“対人不安”は、気を使い過ぎるというような個人の特性要因ではなく、チームのマネジメントの仕方・風土から生まれるものである

TOPICS 2

心理的安全性を阻害する対人不安を理解しよう

心理的安全性がある状態＝“率直に話すことができる”ことを阻害する要因は、人にどう思われるだろうかという“対人不安”である

心理的安全性は、「このチームでは率直に発言しても大丈夫だ」と思えている状態だが、エドモンドソンは、それを阻害する要因は人が感じる“対人不安”であると言っている。

グループダイナミクスの研究では、組織やチームの中では、人は必ず「他人にどう思われるか」という評価懸念があり、この評価懸念が個々人の行動に影響を及ぼすことが分かっている**［図表２－３］**。

この評価懸念の概念を具体的に示したものが、エドモンドソンの対人不安である。心理的安全性があれば評価懸念は低くなるが、ないと評価懸念が高くなり、なかなか本音や言うべきことが言えなくなってしまう。エドモンドソンは**［図表２－４］**の①～④の四つの対人不安を挙げているが、筆者らはこの四つに、人と接するときに自然と感じてしまいがちな日本人特有の不安である⑤を加えた。

「こんなことも知らないのか？」と思われたくない不安は若手だけでなく、こんなことは当然知っているだろうと思われる上位職にも発生する。また、人は「こんなこともできないのか？」と思われたくないので、組織の中では、なかなか「できない」と言えず、自分に課された責務は自分で完遂したいという主体性もあり、「助けてほしい」と言うことはかなり難しい。結果、組織の中で非合理な“チキンレース”が行われていく。加えて、VUCAの時代では、過去や現在の活動に対して改善を促したり、批判的なことを言ったりする必要性も高くなるが、批判めいた指摘は気難しい人や仕事を増やす人と思われるリスクがあるため、声を上げることができない。

特に日本の組織の中では、出しゃばりだと思われたくないという不安も強い。自己主張をする行動は、“変わった”人とレッテルを貼られる可能性も高く、同調志向が強い日本ではなかなか自己主張ができない。

[図表2－3] 評価懸念が及ぼす行動と結果

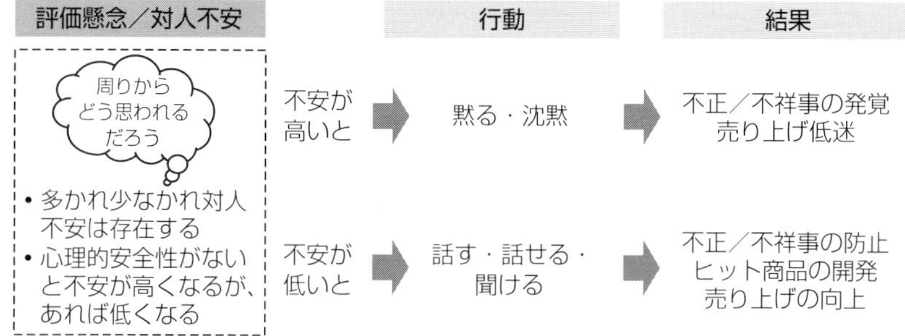

[図表2－4] 対人不安の類型

対人不安	概要	心理的安全性がない場合の行動
①無知 ＝こんなことも知らないのか？と思われる不安	質問したり情報を求めたりすることで周りから無知だと思われるリスク	•質問や相談ができない •分からないことを聞かない •知ったかぶりをしてしまう
②無能 ＝こんなこともできないのか？と思われる不安	間違いを認めたり支援を求めたりすることで技術や能力がないと思われるリスク	•できないことをできないと言えない •ミスを報告せず隠してしまう •不正をしたり、嘘をついてしまったりする
③ネガティブ ＝気難しく一緒に仕事をしづらい人だと思われる不安	現在や過去の活動を批判的な目で見ることでネガティブだと思われるリスク	•他人のミスやエラーを指摘しない •同僚や上司の不正や不備を見逃す •より良くするための改善提案をしない
④邪魔する人 ＝空気を読まない人だと思われる不安	自分の発言が議論を長引かせたり、仕事を増やしたりすることで、邪魔、押しつけがましいと思われるリスク	•自分のアイデアを披露しない •決まったことに異論を唱えない •できるだけ婉曲的に伝える
⑤自己顕示欲が強い ＝出しゃばりだと思われる不安	自分自身の意見や主張をすることで、出しゃばりな人、媚を売る人だと思われるリスク	•聞かれるまで答えない、手を挙げない •自分の考えと違う相手の意見に同調してしまう

TOPICS

3 心理的安全性とは“聴く”ことができる状態

対話とは自分と他者がいることが前提で、“率直”に伝えるには受け手が“聴く耳を持っていること”が大切である。その意味では、心理的安全性とは「異なる意見をお互いに尊重し、聴くことができる状態」ともいえる

心理的安全性は、どちらかといえば発言する側ではなく、発言を受け止める側の姿勢・態度に問題がある。率直に話しても、対人不安がないと感じるには、周囲の発言を受け止める態度が肯定的であったり、仮に対人不安があったとしても相手が誠意を持って受け止めてくれたりすれば、その不安は低くなり発言しやすくなるだろう。しかし、勇気を出して発言しても、それが一蹴されたり聴く耳を持たれなかったりしたら、その人は次から口を開くことはほとんどないだろう **[図表2－5]**。

Quiz あなたは営業課長である。部長と話し合って決定した次期営業方針を定例会でメンバーに伝えたところ、ある若手が「戦略商品Aは、自分が日々現場で感じている印象と違うんですよね。自分は絶対Bのほうが売れると思います」と言ってきた。あなたならどう返すだろうか？　以下の四つから一番近いものを選んでほしい。

①「部として決まったことなので、言われたとおりに実行してくればよい」と言う
②「データでも十分検討した結果で再考する余地はない」と言う
③「検討しておく」と言う
④意見を受け止め「どうしてそう思うのか？」と理由を聞く

［図表２－５］心理的安全性と発言回数の関係

心理的安全性がある場合

相手の肯定的な受け止め方をきっかけに、より発言が増え、良い循環が回る

心理的安全性がない場合

相手の否定的な受け止め方をきっかけに、より発言が途絶える

どうだろうか。たぶん、自分の時間や心にゆとりがあり、プレッシャーがさほど高くないときは、ほぼ④を選択するだろう。

一方で、次の会議があったり、急いでいるときや上役に報告・承認済みだったりする場合は、気持ち的に“余計なことだ”、それこそ“邪魔をするやつ、面倒くさいやつだ”と瞬間的に思ってしまうことも多いだろう。

このように、受け止める側の状況によっても返答は異なるが、重要なのは、ストレスやプレッシャーの中でも、受け止める側が誠意を持って“聴く”態度になっているかである。相手の聴く態度ができていれば、発信者からの提案も自然と増えてくる。自分が日々プレッシャーを受けたときに、どちらの態度をしているか、改めて振り返ってほしい。

先のクイズにおいて、意外と多いのが③「検討しておく」ではないだろうか。はっきりとは断りづらいが、気持ち的にはNo thank youの場合、われわれはよく「検討しておきます」を使いがちだ。お茶を濁す答え方ともいえるが、この曖昧な回答は、心理的安全性を低めてしまう可能性がある。なぜなら、心理的安全性とは“率直に発言”できることである一方で、このようなYesともNoとも取れない曖昧な回答は、発言者への配慮かもしれないが決して率直な回答ではなく、発言者にとっては自分の発言がどう受け止められたのか分からず、結果的に対人不安につながってしまうからだ。

TOPICS 4

[チェックリスト] 心理的安全性を測定しよう

心理的安全性は目に見えない規範であるからこそ、組織やチームの中で、その状態を“見える化”することが大切である。“見える化”するための測定項目を理解しよう

心理的安全性は集団の概念であると伝えたが、同じ集団に所属していても、実際にはその感じ方は人によって異なる。

上司や職位が高い人などの組織内で権威がある人は、「うちのチームは発言できる」と思っているかもしれないが、実際には部下や権威を持たないメンバーがどう思っているかのほうが重要である。そのためにも、メンバー全員の思いや感じ方を“見える化”しておくことが大切である。

エドモンドソンは、心理的安全性を測定する指標として**[図表２－６]**の七つを挙げている。

この七つの指標は、前述した無能やネガティブだという不安という概念に加えて「ダイバーシティ」「故意的な妨害」「価値提供」という概念も含まれており、協調性や同質性が高く、ユニークさを肯定的に捉えにくい日本では答えづらい項目もあると想定される。

そのため、本書では、筆者らが日頃研究等で作成している項目を基に、本概念の「率直に発言できているか」ということを忠実に測定する指標も紹介したい**[図表２－７]**。なお、これらの指標は、多くの企業においてチームパフォーマンスに影響を与えることが、筆者らの研究から明らかになっている。

これらの項目が“Yes”、そのとおりであると答えられていれば、そのチームは心理的安全性が高いと考えられる。あなたのチームはどうだろうか。

[図表２－６] エドモンドソンの心理的安全性を測定する７指標

		①	②	③	④	⑤	⑥	⑦
1	このチームでミスを犯したら、たいていの場合、責められる（R）	1	2	3	4	5	6	7
2	このチームのメンバーは、問題のある事柄や困難な事案でも言い出すことができる	7	6	5	4	3	2	1
3	このチームでは、メンバーが「自分とは違う」ことを理由に他者を拒否することがある（R）	1	2	3	4	5	6	7
4	このチームでは、リスクを取ることについて心配することはない	7	6	5	4	3	2	1
5	このチームでは他のメンバーに助けを求めることは難しい（R）	1	2	3	4	5	6	7
6	このチームの誰であろうと、故意に私の努力を妨害するような行為はしない	7	6	5	4	3	2	1
7	このチームのメンバーと一緒に働くことで、私ならではのスキルや能力が価値を持ったり、役に立ったりしている	7	6	5	4	3	2	1

選択肢

①	非常にそう思う
②	そう思う
③	ややそう思う
④	どちらともいえない
⑤	あまりそう思わない
⑥	そう思わない
⑦	全くそう思わない

左記の７段階の尺度に対応した点数を合計した結果が高い点であるほど心理的安全性が高いと評価される。なお、（R）がある項目は逆点項目であり、値を反転して集計する。

資料出所：Administrative Science Quarterly, Vol. 44, No. 2 (Jun., 1999), pp.350-383, Psychological Safety and Learning Behavior in Work Teams, Amy Edmondson.

[図表２－７] 筆者らが提供する"心理的安全性"の測定項目

1	無知	このチームでは、馬鹿にされる、否定されるといった心配をせずに自分の意見を言える
2	無知	このチームでは、分からないことがあれば同僚に気軽に尋ねている
3	無能	このチームでは、ミスをしても責められることは少ない
4	無能	このチームは、困ったときに、他のメンバーにサポートをお願いできる
5	ネガティブ	このチームでは、仕事のやり方などで間違っているメンバーがいたら、それを本人に伝えている
6	ネガティブ	このチームでは、決まり事や規律を守っていないメンバーがいたら、その場で率直に注意をしている
7	邪魔	このチームでは、自身がチームに対して感じている課題や改善点をためらいなく言える雰囲気がある
8	挑戦	このチームでは、失敗を恐れず、挑戦していくことが推奨されている
9	挑戦	このチームでは、大きな目標やビジョンを達成するためには、リスクを取ることもいとわない
10	尊重	このチームでは、物事を決めるときに、メンバーそれぞれの意見や考え方が考慮される
11	尊重	このチームでは、メンバー各人の多様な考えを尊重する風土がある

TOPICS 5

心理的安全性を高める考え方
組織開発

人材開発とは「一人ひとりの能力・スキルの開発」であり、組織開発とは組織全体の目的達成に向けて「人と人との関係性＝プロセス」に焦点を当て、その最大化を目指すものである。心理的安全性の構築には組織開発が欠かせない

1 組織開発（Organization Development：OD）とは何か

心理的安全性はどうやって組織内に醸成していけばよいのだろうか。心理的安全性を高める組織づくりに向けた取り組みとして、最初に紹介したいのは、組織開発の考え方とそこで重要となる視点である。

「組織開発」※7という概念は、1950年にアメリカで誕生し、その後、日本に導入されたが、その時には日本ではあまり普及しなかった。2000年代に入り、成果主義、ITの導入による個人主義・個業化、人材・雇用形態・価値観の多様化により、これまでの組織やチームのマネジメントが機能不全に陥るケースが増え、その必要性が注目されるようになった。実際に、組織・人事領域では「組織開発」という言葉は、一般用語になりつつある。しかし、どちらかといえば、AI（Appreciative Inquiry：組織の真価を肯定的な質問によって発見し、可能性を拡張させるプロセス）やワールドカフェ（カフェにいるような雰囲気で、参加者同士がリラックスし、気軽で自由に対話できるように考えられた話し合いのやり方）などの手法の活用が先行してしまい、その概念・本質が本当の意味で理解されていることは多くない。

※7　「組織開発」については、本書では心理的安全性の視点からの概要紹介であるため、専門的な理解については組織開発をテーマとした書籍を参照いただきたい。

2 組織開発の定義

組織開発に関する定義は数多く存在する。学術的に引用されるのは、「組織開発とは、組織の健全性、効果性、自己革新能力を高めるために、組織を理解し、発展させ、変革していく、計画的で協働的なプロセスである」というロブ・ワーリック（2005）の定義である。このように書くと少し難解に思われるだろうが、ここで注目すべきは、組織開発とは人と人が関係する“プロセス”であるということだ。

心理的安全性という言葉を有名にしたGoogleのアリストテレスプロジェクトにおいても、「メンバーの中に優秀な人や専門性が高い人がいるか、出身が同じメンバーが多いかなど、誰がメンバーであるかということよりも、チームのメンバー同士が**どのように協力しているか**ということがチーム成果に影響を与えていた」と報告されている。この“どのように協力しているか”ということが、組織開発＝協働するプロセスである。

組織開発における日本の第一人者ともいえる南山大学の中村和彦教授は、組織開発の目指すところは、「組織の当事者が、変革に取り組む過程を通じて、組織内で起こっている様々なプロセスに気づいて、自ら変革に取り組むことができる力を高めていくこと」と言っている。

実際にわれわれは、社会生活を営んできた過程において、この「人と人との関係性＝プロセス」をいろいろな機会を通じて学んできた。幼稚園児・保育園児、小学生、中学生、高校生、大学生と成長するにつれて、さまざまなコミュニティーや人から影響を受け、主体性・自律性・社会性・協調性といった個人の性質を形成し、友達づくり、コミュニティーでの適切な振る舞い方を身に付けてきた。そして、組織に入ると、その組織においてどのように発言・行動することが適切で、どのように発言・行動することが不適切なのかという、それぞれの組織が持つ暗黙のルールや不文律を、人との関わりから自然と学び、身に付けていく。この過程がまさにプロセスから学ぶということだろう。

Googleの研究からも分かるように、心理的安全性が高いチームを作るためには、組織開発の概念を改めて理解し、「人と人との関係性＝プロセス」というものに着目し、このプロセスから学び、プロセス自体を適切なものに変えていくことが大切だろう。

3 今までは人材開発、これからは組織開発

人材開発と組織開発を対比して整理すると、人材開発とは「一人ひとりの能力・スキルの開発」であるが、組織開発とは組織全体の目的達成に向けて「人と人との関係性＝プロセス」に焦点を当て、その最大化を目指すものである。

これまで日本では、どちらかといえば「一人ひとりの能力開発」に焦点を当てた「人材開発」「人材育成」の取り組みが多かった。一人ひとりの能力を最大化すれば、組織の成果も上がるという考え方だ。しかし、一人ひとりの能力が高くても、成果が上がらない現状が相次いだ。スタイナーやリンゲルマンの綱引き実験の例 **【図表２－８】** がよく引用されるが、一人ひとりの生産性の総和が、組織の生産性とイコールにならない（１＋１≠２）ということだ。

その原因は「人と人が関わるプロセス」にあり、人が一緒に協働すれば、必ず社会的手抜きや行為の相互調整不足などのプロセスロスが起こるからだ。

前述した「対人不安」も、このプロセスロスを引き起こす要因だ。特にシステム化が進み、仕事がブラックボックス化され、価値観が多様化する現在においてはプロセスロスが起こりやすい。このロスにチームのメンバー自身が気づき、改善していくことが組織開発である。

[図表2－8] プロセスロスとプロセスゲイン

チームパフォーマンス＝潜在的生産性＋プロセスゲイン－プロセスロス

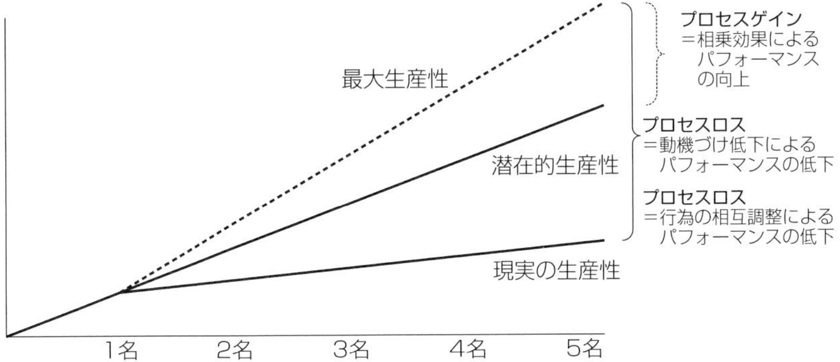

資料出所：Latane et al., 1979を基に改変

※スタイナーは、グループで課題に取り組むときの生産性を予測するモデルとして下記の式を提唱した。

現実の生産性＝潜在的生産性＋プロセスゲイン－プロセスロス

- 「プロセスゲイン」は、チームの中での相乗効果によって、実際の生産性が高まることをいう。
- 「プロセスロス」は、各メンバーがバラバラで、非協力・非効率な仕事の進め方をし、生産性が低くなること。「プロセスロス」には、社会的手抜きなどの動機づけのロス、綱を引くタイミングが合わないといった行為の相互調整のロスの二つがある。

※リンゲルマンの綱引き実験では、プロセスロスが起こり、1人で引っ張るよりも集団で引っ張るほうが、1人当たりのパフォーマンスが低いことが明らかになっている。

TOPICS 6

心理的安全性を高める考え方
メンテナンス・プロセス

心理的安全性を高めるためには、メンテナンス・プロセスを見ることが大切である。人はどちらかといえば､タスクに気持ちが傾きがちであり、目に見えない“関係性”を置き去りにしがちである

組織開発の理解をさらに深めることができる「氷山モデル」について説明したい **[図表２－９]**。

氷山モデルには、「コンテント（What）」「タスク・プロセス（How）」「メンテナンス・プロセス（How）」がある。「コンテント」とは、会話の内容、仕事の課題、内容的な側面をいう。「タスク・プロセス」とは、主に仕事の進め方、手順、コミュニケーションの方法、ルール、役割分担、権限などをいい、比較的目に見えやすい。一方で、「メンテナンス・プロセス」とは、人間同士の関係性、お互いの影響度、メンバーの参加度合い・やる気など、「コンテント」や「タスク・プロセス」の下に存在する人の意識や感情に関係するものである **[図表２－10]**。

心理的安全性の醸成において大切なのは、この目に見えないメンテナンス・プロセスの改善である。なぜならば、人は感情の生き物であり、相手との関係性から生じる気持ちに左右されて、日常の職場・仕事の場面でも合理的な意思決定や行動ができないことが多々あるからだ。

前述のとおり、心理的安全性も「他人にどう思われるか」といった対人不安に基づくものであり、この不安があるから合理的な行動ができない。組織のメンバー同士が「人間とは気持ちにより行動が左右され、時には合理的な判断ができないことがある」ということを理解し、「メンテナンス・プロセス」をお互いに気に掛けることが、心理的安全性の醸成への第一歩になる。

[図表２－９] 氷山モデル

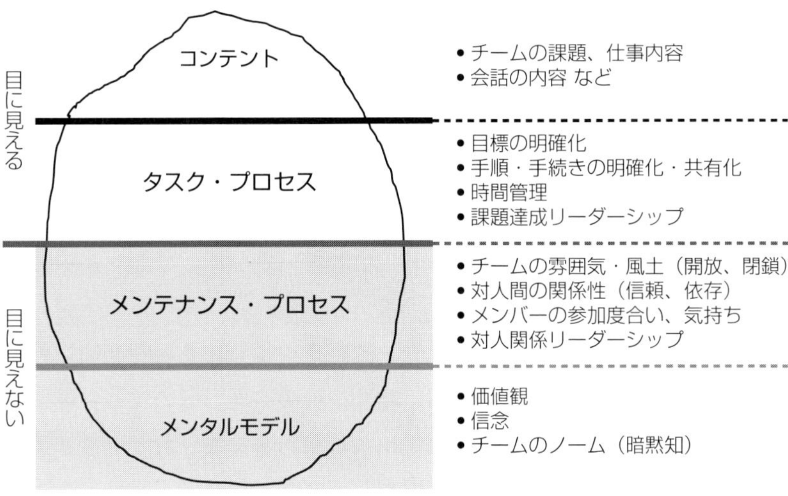

• チームの課題、仕事内容

• 目標の明確化
• 手順・手続きの明確化・共有化

• チームの雰囲気・風土（開放、閉鎖）
• 対人間の関係性（信頼、依存）

• チームのノーム（暗黙知）

[図表２－10] よくある対話の例

タスク・プロセス 会話の例
これ、今週末までにお願いできる？
なんとか善処します
メンテナンス・プロセス 態度 気持ち
高圧的な態度
困った顔
断るなんてしないよね？断られると困るんだけど……
残業しないと終わりそうもないな。本当は予定が入っているのだけど……

TOPICS 7

心理的安全性を高める四つのポイント

心理的安全性を高めるために必要な要素は、対人不安をいかに減らしていくかということにある。そのためには、組織の中に①透明性、②尊重、③主体性、④公平性を埋め込んだ組織づくりが肝になる［図表２－11］

一つ目は透明性だ。当たり前だが、先行きや情報の透明性が高いと恐れは少なくなる。仕事の状況でも、組織や他のメンバーの忙しさや仕事の状況、会話の内容などを理解していれば、自分の置かれている状況も把握でき、発言のリスクも少ないと感じることができる。また、コロナ禍となり、特にテレワークの中では、情報の透明性が低くなりがちであり、「サボっていると思われていないか」などといった不要な心配事が多くなる。

近年はSlackやTeamsなどさまざまなコミュニケーションツールが発達し、簡便に情報を共有できるようになっている。ぜひ、ツールも活用しながら､情報の透明性をできるだけ高く保つ組織づくりを心掛けよう。

二つ目は尊重だ。尊重という言葉の定義は、その対象を「価値あるもの、尊いものとして大切に扱うこと」だ。われわれは、普段から自然と相手に対して“好き／嫌い”“善い人／悪い人”“仕事ができる人／できない人”など、感情論や評価視点で人を二極化して判断しがちである。

ここでの尊重とは、そのような視点から一歩引いて、（仕事ができようができまいが、人と違った思考を持っていようがなかろうが）組織における相手の存在自体を認めることを意味する。一言で言うと存在承認である。この存在承認があれば、個人は所属する組織やチームで自分の居場所があると感じられるだろう。

三つ目は主体性である｡人は生まれ持って主体性がある生き物である。

[図表2－11] 心理的安全性を高める四つの要素

透明性
• 不確実・不透明なことに対して人は恐れを感じるもの
• できる限り情報の透明性を高くし発言に対する不安を低減する
尊重
• 承認欲求があり、自分と他者と比較する生き物
• 自尊心が低いと恐れを強く感じてしまう
• 人に合った適切な承認が必要
主体性
• 人は生まれ持って主体性がある生き物
• 主体性が担保されていると目的意識が高まる
公平性
• 人は不公平に扱われると、嫌気が差す
• 不公平に対する「別のタスク」に時間を使うようになるため、機会・発言・承認の平等性は大切

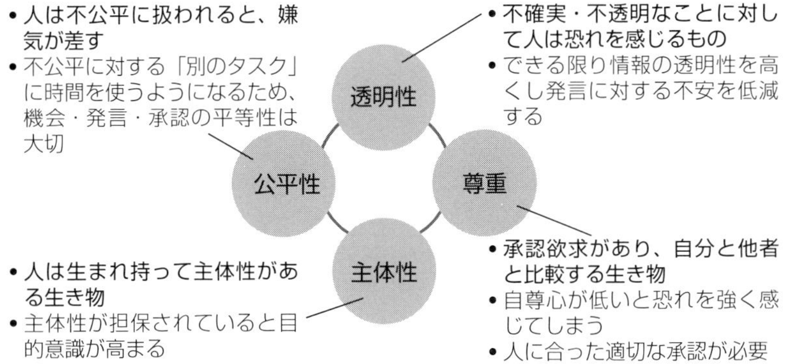

筆者の２歳の娘も、今は服を着るのも靴を履くのも、なんでも「自分で、自分で」と言って、自分でやりたがる。このように生まれながらにして、主体性を兼ね備えた人間がそのまま大人になっているため、人により多かれ少なかれ、職場においても「自分で決めたい、やりたい、コントロールしたい」という気持ちが存在している。そして、主体性が担保されていると、その仕事の目的に目が行くが、担保されていないと、その仕事は単なる“人から指示された仕事”となってしまう傾向にある。

四つ目は公平性だ。人は自然と他人と比較をしてしまう生き物である。また、組織の中で不公平に扱われると、脳科学的にも嫌気が差す回路が働くといわれている。そのため、組織の中で、尊重されておらず不公平に扱われていると感じると、生存本能的に自分の存在価値を過度にアピールしたり、他人をむやみに陥れるような“別のタスク”を行ったり、会社に来ない、仕事の手を抜くなどの逃避的な行動を取ったりする。上記は極端な例ではあるが、率直な発言を促進するためにも、発言の機会や承認の平等性は大切であり、職場での公平性・平等性があれば、普段感じている課題や確証的な意見でないことも発言する心理的、物理的なハードルは低くなるだろう。

第3章

心理的安全性を高める方法

ー実践編ー

TOPICS 1

実践準備①
組織開発に基づく心理的安全性のステップ

心理的安全性は一朝一夕にできるものではないが、踏み出さないことには始まらない。専門家ではないメンバーが取り組みやすいステップとしては、組織開発のアプローチが有益である

第２章の組織開発の考え方をベースとして、第３章では心理的安全性の高め方を提案したい。組織開発の進め方で伝統的・代表的なモデルは「ODマップ」と呼ばれるもので、組織開発や組織活性化の取り組みを行う場合の多くは、このステップで実践されている **[図表３－１]**。

このステップの言葉だけ見ると、これまでの改善活動と何が違うのかと思うだろうが、フォーカスしている部分はかなり違う。最も大きな違いは、改善活動は「何をするか」が重要であるが、ここでは「どう進めていくか」に焦点を当てる点だ。

上記の違いを踏まえて、“心理的安全性が高い”組織づくりの全体像を整理してみたい。

1　現状の見える化と共有

心理的安全性の高い組織づくりの一つ目のポイントは、組織の状態を「見える化」することだ。近年は「対話型組織開発」といった対話を通じて組織の活性化につなげていく手法もあるが、多くはデータ収集（データを収集するといった診断型）とのハイブリッドが多い。なぜならば、客観的なデータなしで議論すると、リーダーや特定の声が大きい人から見た組織の状態となりがちで、偏りが生じてしまうからだ。特に心理的安全性が低いと感じている人ほど発言は控えめなので、客観的な事実や

[図表3－1] 組織開発のステップ

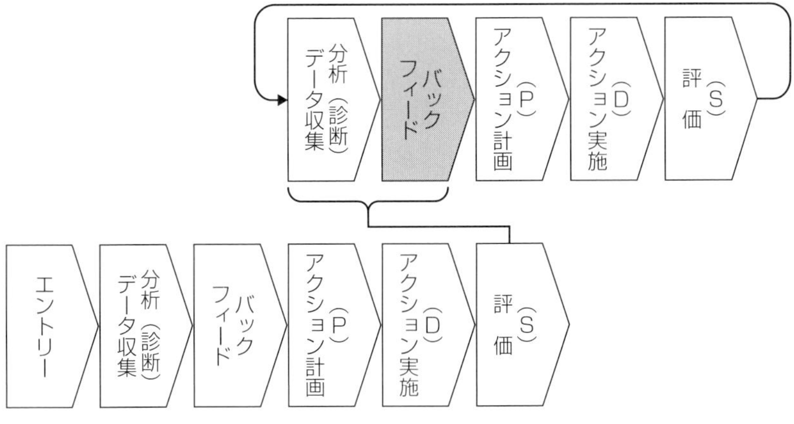

資料出所：中村和彦『入門 組織開発』［光文社］を基に改変

データなしでは、自分の思いを発言しづらく、なかなか本音が出てこない。そのため、データを集めた上での対話をお勧めしたい。

2 組織の使命、目的の共有

二つ目は、組織やチームの使命・存在意義、仕事の意味づけを話し合い、共有することである。前述のとおり、心理的安全性はチームとしての目的があるからこそ、大切な概念となり得る。この目的が共有されないと単なる仲良しチームになりかねない。

また、使命・目的の共有は、仕事に対するやる気を醸成するためには有益であり、共有することで「組織の目的達成のために、必要なことを提案・発言する」状態を促進できる。なぜならば、多くの人は与えられた役割を遂行しようとする動機が働くからだ（視点は少し違うが、スタンフォード監獄実験やアイヒマン実験などからも見て取れる）。

また、聞く側の姿勢も、目的志向になると「自分の意見を否定されて、悔しい・メンツがつぶれる」といった感情を脇に置きやすくなる。

3　ルールづくり

三つ目は、ルールづくりである。変革の当事者となるメンバー全員で活動ルールを決めることだ。組織には仕事のルールは存在するが、ここでいうルールとは、プロセスの質を高めるためのものである。自分たちで決めたルールは、人から押し付けられたものよりも守る意識が高まる。また、ルールを決めることで、活動における規律や枠ができ、同じ方向に行動を促進しやすくなる。実際に筆者が指導したあるチームでは、「自分から挨拶」「否定をするときは、提案と一緒に」「ミーティングでは全員発言」といったルールを作ったことで、メンバー同士がお互いに発言を促進したり、フィードバックがしやすくなったりした。

4　対話の場づくり

四つ目は、組織の目的を共有したり、課題を話し合ったりするための対話の場を作ることだ。この対話の場こそが、メンテナンス・プロセスを改善するものであり、最も大切な要素である。

前述のとおり、心理的安全性の高い組織づくりにおいて大切なことは、「何を話しているか」でなく、「どう話しているか」という対話の質にある。ここを意識しないと、心理的安全性の高い組織づくりも単なる改善活動に終わってしまう。

特に心理的安全性が低い組織では、単純にコンテンツや手続き（もしくは多少の役割分担などのタスク・プロセス）を見直して終了してしまうことが多い。この対話の場を質の良いものにするには、リーダーやファシリテーターの関わりが重要となる。なぜならば、実際に自分が議論の参加者となると、どうしてもコンテンツや手続きに集中しがちであり、他者の話し方、表情などの人の心理面に意識を向けることが難しいからだ。

最初の段階では、組織の当事者でなく、社内の変革推進者や外部のコンサルタントなどを活用するほうが客観的な視点で「場」を把握でき、変革が進みやすいこともある。

5 人の関係づくり

五つ目は、メンバーの心理的距離を縮める取り組みである。心理的安全性の概念は、チームの概念であると伝えたが、このチームの概念の土台となるものは、実は一人ひとりの関係性の近さにある。その意味では対話の場も重要だが、メンバー間の関係性が良好でないと対話の場づくりもうまくいかない。特に関係性が希薄なチームであれば、まずはお互いの人となりを知り、趣味・家族構成・置かれている環境などのインフォーマルなことを知る機会を作ることも有益だ。実際にインフォーマルな情報・背景を知り合うことは、同郷・同じ学校といった身内感覚が生まれ、心理的距離が縮まるだけなく、仕事の中で配慮し合ったり、協力し合ったりする意識を高めることができる（もちろんこれだけでは心理的安全性の確保にはつながらないが）。

6 取り組みの継続性

六つ目は、プログラムの内容にもよるが、最初のフェーズは短くとも３～６カ月間ぐらいを想定し、その変化を再評価しながら活動を継続していくことだ。心理的安全性があるとは、「このチームでは率直に自分の意見を伝えても、対人関係を悪くさせるような心配はしなくてもよいという信念が共有されている状態」を意味するのである。本来は、ここで示したようなルールや対話づくりといった仕掛けがなくとも、その信念が共有されており、メンバーが意識しないでも率直に発言できている状態が目指すべき姿だ。そのためには、根気よく取り組みを継続し、ルールや対話のやり方・頻度も状態に合わせて修正していく必要がある**[図表3－2]**。

[図表3－2] “心理的安全性が高い” 組織づくりの全体像とポイント

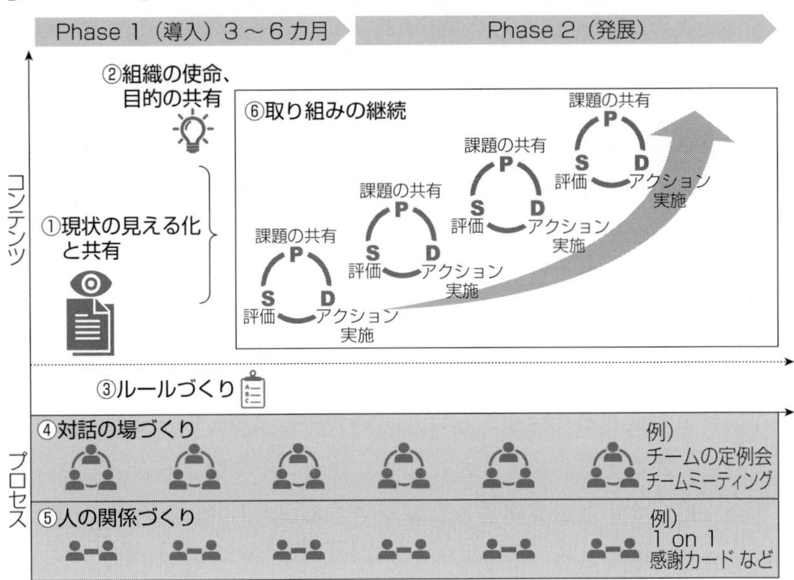

ポイント	取り組み例
①現状の見える化と共有	組織診断の実施、インタビュー
②組織の使命・目的共有	個人のパーパス・価値観共有、チームのパーパスづくり、OKR
③ルールづくり	チームの行動指針づくり
④対話の場づくり	チームミーティング、1 on 1
⑤人の関係づくり	1 on 1、コミュニケーションタイプ、感謝カード など

［注］ 上記の「取り組み例」の実際例は、下記で詳述している。
②「個人のパーパス・価値観共有」「チームのパーパスづくり」は、TOPICS 7～8を参照。
②「OKR」は、TOPICS 9を参照。
③「チームの行動指針づくり」は、TOPICS 10を参照。
④「チームミーティング」は、TOPICS 13を参照。
④⑤「1 on 1」は、TOPICS 16を参照。
⑤「コミュニケーションタイプ」は、TOPICS 17を参照。
⑤「感謝カード」は、TOPICS 19を参照。

Tips インフォーマル情報を共有する効果 ～筆者らの研究事例より

仕事のことだけでなく、仕事以外のインフォーマルな情報を知り合っていることは、チームの成果に影響を与えているのだろうか。

この仮説を検証するために、ある企業において、プライベート情報の共有度とチームの成果の関係性を調べたところ、プライベート情報などのインフォーマルな情報を共有しているほど、チームの成果やチーム内のメンタルヘルスが高くなっていることが判明した。

また、これまでの複数の企業調査の結果、高業績チームと低業績チームのインフォーマルな情報を知り合っている度合いを比較したところ、高業績チームは100点満点換算で77点だったが、低業績チームは58点と大きな差があった［図表３－３］。

人は、相手のことをよく知れば知るほど相手に親近感を持ちやすいのは当然である。また、その中から自分と共通項を見つけると、より相手との心理的距離が縮まる傾向にある。結果として、協力行動が増え、チーム成果やメンタルヘルスの向上につながっていく。実際に筆者らの研究だけでなく、過去の研究からも、相手との共通性が高いほど、協力行動が増えることは証明されている。

［図表３－３］インフォーマルな情報を知っている度合い

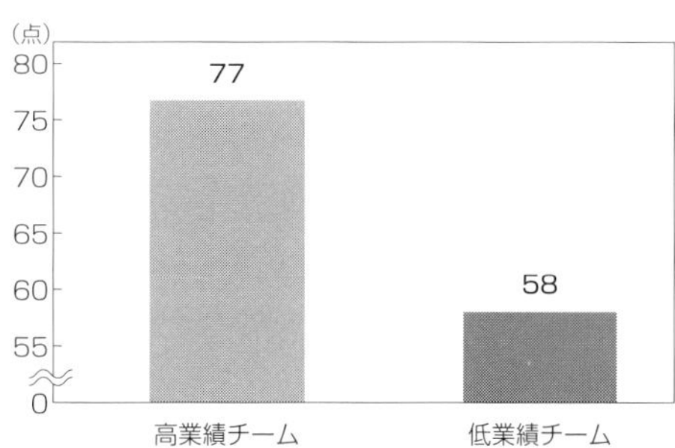

TOPICS 2

実践準備②
心理的安全性を作ることを目的化しない

心理的安全性を作るために、心理的安全性そのものに焦点を当て、その状態を作ろうとしても難しい。チームの仕事の課題や将来について議論の焦点を当てた対話のプロセスの中で、自然と醸成されていくものである

心理的安全性について企業の方と話す中で最も多い質問は、「どのように心理的安全性を高めればよいか」ということである。

前項で組織開発と改善活動との違いとして、改善活動は「何をするか」が重要であるが、組織開発の考え方をベースにしている心理的安全性は「どう進めていくか」に焦点を当てるということを伝えた。ただし、プログラムや議論・対話の主題を「心理的安全性を高めよう！」ということを目的に置いてしまうと、たちまち、それは社員にとって現実味や実感がないものになってしまう。

エドモンドソンも著書『チームが機能するとはどういうことか』［英治出版］において、実際のプルデンシャル生命の事例を挙げ、心理的安全性を高める取り組みとして、社員が率直に発言して考えを共有することを目的とした「Safe-to-Say（安全に話せること）」と名付けたプログラムを導入したが、内部調査をしたところ、社員の言動は少しも変わっていなかったと記している。

心理的安全性の高い組織や文化を作ることを **“目的化”** してはうまくいかない。心理的安全性を作るのは、あくまでもチームや組織の目標や目的を達成するためであり、そこに焦点を当てないと、社員にとって意義のある活動やプログラムにならない。

これは、筆者の経験からも同様のことがいえる。某電機メーカーでは、組織開発のプログラムの導入において、リーダーからのメッセージやプログラム導入の目的が、チームの課題や目的達成のためではなく、「お互いのことをよく知ろう、チームの雰囲気を良くしよう」や「心理的に安全な場を作ろう」ということにフォーカスが当たっていた。

実際に、チームの中で一部のスタッフは、それに違和感を覚えていた。自分たちにはもっと達成するべき重要なミッションや解決すべき課題があるはずなのにと。そして、この自分の違和感について、リーダーに伝えられないまま不満がたまっていた。この感覚は非常に正しいものだ。

心理的安全性を作るために、真正面から「心理的安全性を作る」という目的に取り組むことが間違っているわけではない。しかし、心理的安全性は、目的があるチームだからこそ大切な概念であり、チームとして学習し、イノベーションを生み出すために必要な考え方であることは前述のとおりだ。それを踏まえると、心理的安全性の作り方も、仕事そのものの課題と今後の成功に焦点を当て、チームで対話をすることを通じて、醸成していくことが近道なのである**[図表３－４]**。なぜならば、メンバーは掲げられた「チームとしての目的」や「ミッション」によって、動機づけられ、発言の不安を乗り越えられる可能性のほうが大きいからだ。

[図表３－４] フォーカスすべきは組織の目的や目標

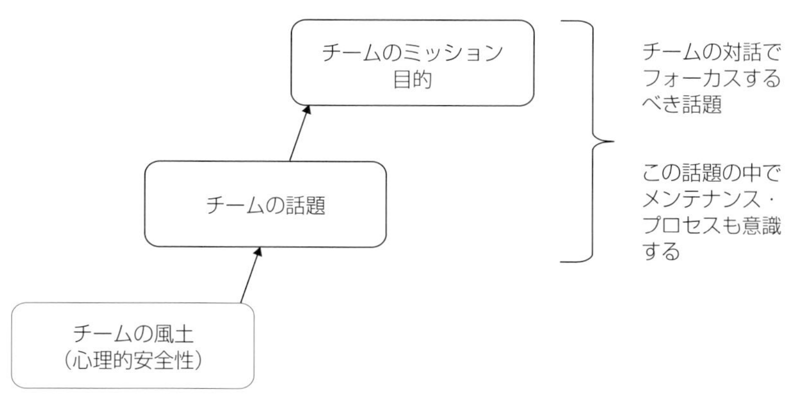

TOPICS 3

実践準備③
取り組みの心構え―変われると信じよう

過去と他人は変えられないとよくいわれるが、心理的安全性を高める取り組みで最も大切なことは、「組織や人は変わることができる」ということを実施する人（リーダーや事務局）が信じて取り組むことだ。改革推進者の熱意は、そのまま結果に反映されるといっても過言ではない

心理的安全性を高める取り組みを進めるために最も大切なことは、主導していく立場の人のメンバーやチームに対する「姿勢・スタンス」である。それが取り組みの成否を分けるといっても過言ではない。改革を推進する人の中には、「このチームは、どうせ変われないだろう」という気持ちや「あの人は××な人だから……」といった過去からの評価で判断し、レッテルを貼ってしまうことが往々にしてある。これは74ページで記述した心理的安全性を高めるポイントの**"尊重"**が損なわれている状態である。

もちろん、改革を進める立場の人も、人間である以上、これまでの経験を踏まえた組織や人の見方があるだろう。この過去の経験を踏まえた情報処理能力があるからこそ、効率的に物事を判断できるのであって、それは人間が保有している高度なスキルの一つであることは間違いない。

一方で、今回の取り組みの改革対象者は“人”である。この“人”の態度や意欲は、関わり方によってかなり変わる。モチベーション研究では、やる気によって生産性が20％から80％まで変化するともいわれている。

心理学の有名な用語に「ピグマリオン効果」と「ゴーレム効果」がある。ピグマリオン効果とは､心理学者のロバート･ローゼンタールによって提唱された教育心理学における心理的行動の一つで、他者からの期待により、期待をされた相手の仕事の生産性・学習などの能力が通常よりも向上する効果のことをいう。ゴーレム効果とはその逆であり、他者から期待されないことによって相手の仕事の生産性や学習能力が低下してしまう効果のことだ。再現性に対する批判はあるが、相手の期待の大きさによって、自己効力感が高くも低くもなることは、実感値としては正しいものだろう。

何事においても、“人”を相手にするときには、相手の能力や変われる力を信じて取り組むと、相手もその“期待”を感じ、良いループが回り始めるだろう。

人間は、自然と相手にレッテルを貼りたがる。われわれのスタンスとして十分に意識すべきことは､「能力がある／ない」「仕事ができる／できない」といった過去の評価やそれに基づくレッテルを脇において､“人”として尊重し、成長を信じる姿勢を保つことだ。

そして、どうせならば“良いレッテル”を貼ろう。相手に「君ならやってくれる」と自信を持たせたり、「君はチームにとって重要な役割を担っている」とポジティブな声掛けをしたりすれば、その人を動機づけるパワーとなる。

TOPICS

4

実践準備④
取り組みに当たってのポイント

もしあなたが、何らかの組織づくりに向けた改革を推進する責任者ならば、①事前の知識・情報を提供すること、②リーダー（現場の管理職）を独りにしないこと、③"腐ったリンゴ"を出さないことの３点に留意しながら進めてほしい

組織開発プログラムの導入の際には、次の３点に留意してほしい。

1　最初が肝心～意識づけ・適切な知識の付与～

まず大切なのは、このプログラムの必要性・重要性のインストールである。そして、チームの概念や心理的安全性とはどういうことかを、正しく理解してもらい、活動に対して懐疑的にならない状態を作ること、いわば下地づくりだ。

最初の意識づけにおいては、心理的安全性やチーム力向上に必要な要素をデータや研究成果といった科学的根拠、事例などとともに伝えることで、メンバーに対して適切で前向きな「知識」と「情報」を付与してほしい。

また、組織開発や対話プログラムの実施は、社長・専務など経営陣のコミットメントの下に推進できるとよい。どのようなプログラムでも、トップのコミットメントはプログラムの成否に大きな影響を与える。

2　リーダーを独りにしない

二つ目に、プログラムのキーマンはリーダー（現場の管理職）である。

重要なポイントは、「リーダーを孤独にしないこと」かつ「新しい視点や気づきを与えること」だ。

そのために、リーダー同士で話し合う場を設けたり、リーダーが他のチームのミーティングを観察したり、リーダーと人事部の1 on 1を実施したりする機会も検討したい。また、各リーダーの上司に当たる管理職も巻き込むとよいだろう。

一方で、このように書くと、手厚い支援が必要になるのかと思うかもしれないが、実際にはサポートは「量」ではなく「質」が鍵を握る。ある企業では、１週間に１回の上司との会話よりも、３カ月に１回のコーチングを提供するコーチとの対話のほうが有益だと感じていたケースもあった。

リーダーが実際に相談するかどうかは別として、自分にはいつでも相談できる場がある、人がいると思える状態＝セキュアベースを作っておくことが、良いチームづくりのための成功要因になる。

3 “腐ったリンゴ”を出さない努力

三つ目は、“腐ったリンゴ”を出さない努力をすることだ。“腐ったリンゴ”とは、「集団の中に悪影響を及ぼす人間が１人でもいる場合、その集団全体に悪い影響が伝染し、集団全体が駄目になっていく」という現象のことだ。社会心理学では、サッカー効果の現れとして研究されてきた。「サッカー」とはスポーツではなく、sack（“駄目にする”の意味）という動詞にerが付いて“駄目にする人”という意味の言葉である。皆で協力して努力しているときに「ほかの皆が頑張っているから、自分は頑張らなくてもいいだろう」とわざと手を抜くメンバー（これが腐ったリンゴ＝サッカーに該当する）がいると、周囲のメンバーはそれを見ていて、頑張るのは馬鹿げたことのように感じてしまい、自分も手を抜くようになる。協働行動は一緒になって協力するという努力を要するため、そう簡単には広がらないが、利己的な行動を引き起こす影響は非常に強力で瞬く間に広がる。

筆者らの研究でも、チームの中に1人でもネガティブな人がいるとチーム力が低下することが分かっている。一方で、ポジティブな人が1人いても、チーム全体の成果には影響がなかった（拙著『高業績チームはここが違う』［労務行政］128ページ）。

チームにとってマイナスの影響を与える行動は、プラスの影響を与える行動よりも他人に与える影響が大きく、伝染しやすい。心理的安全性といった対人関係の問題を扱う場合は特にそうだ。1人の否定的な態度が、一気に全体の心理的安全性を低下させてしまう。

実際に、筆者らの調査でも、ネガティブなメンバーがポジティブに変わったチームは、チーム力が向上したが、終始ネガティブな態度を示したメンバーがいたチームは、チーム力に変化がなかった。

［1］ネガティブなメンバーの巻き込み

心理的安全性の向上が見られるチーム／見られないチームの違いの一つは、リーダーやチームメンバーが、ネガティブな態度を示すメンバーを、チームの一員として巻き込んでいたかどうかだ。

よくあるのは、「あの人は放っておこう、仕方ない」という諦めや割り切り、線引きといった対応をすることだ。こうした心理的線引きが行われると、自分の仲間たちは内集団で、それ以外のメンバーは外集団という区別が強く意識されるようになり、外集団のメンバーの発言にはほとんど関心を示さなくなり、場合によっては阻害したり、差別したりするようにさえなることが、社会的アイデンティティ理論（タジフェルとターナー）の研究によって明らかにされている。これではネガティブなメンバーは、ミーティングにおいてますます発言量が少なくなり、否定的な態度もさらにエスカレートする。

一方で、ネガティブなメンバーがいても心理的安全性が高まったチームは、「臭い物に蓋をする」のではなく、そうしたメンバーもチームの一員として存在を認め、公平に相手の意見を聴いてその意見についても話し合う時間を持ち、正面から対峙していた。これは、チームのメンバー間に心理的線引きを作らずに、すべてのメンバーが内集団であると認知することにつながっている。内集団のメンバーだと認知した者に対しては、その発言に関心を持ち、ひいき目な評価を行うことも分かっている。メンバー皆が同じ目標の達成に向かう、いわば同志であるという認識をもたらす取り組みが、ネガティブなメンバーの取り込みを工夫するときの重要なポイントといえるだろう。

［2］チームとしての「境界線」のフィードバック

もう一つは、リーダーの率直なフィードバックによる「境界線」づくりだ。たった1人でも望ましくない態度・行動を放置しておくと、こういう態度でも許されるという規範が出来上がってしまう。チームとして何が良くて何が悪いのか、その「境界線」を提示することはとても大切である。詳細は、第4章のリーダーシップでも述べたい。

心理的安全性が高いチームのリーダーは、メンバーのネガティブな態度（否定的な発言をする、全く発言しないなど）が変わらないときに、1 on 1などで、そのメンバーの態度がどれほどチームに影響を与えているか、「何が良くて何が良くないのか」を率直に伝え、その態度を改めるフィードバックを毅然とした態度で行っている。

ネガティブな人や態度に対応することは、想像以上にエネルギーを要する。リーダーが心理的負担を伴う行動についても責任を持って行えるかが大切である。だからこそ、前記 2 で記したリーダーを独りにしない支援が重要になる。

チームの作り方はチームの数だけあるため、そのまま当てはめればうまくいくというような単純なものではない。しかし、読者の皆さんの組織づくりに適用できる部分があれば、ぜひ試してほしい。

実は、この「試す」というアクションが大切で、「心理的安全性の作り方」は、理論と実践の間に大きなギャップがあるテーマであり、教科書どおりに実践してもうまくいかないことも多い。試行錯誤を通じて失敗と学習を繰り返しながら、その溝を埋めていってほしい。

次項からは、具体的な組織開発やプログラムの進め方を、**［図表３－５］**の五つの領域に沿って解説していく。

［図表３－５］組織開発の進め方

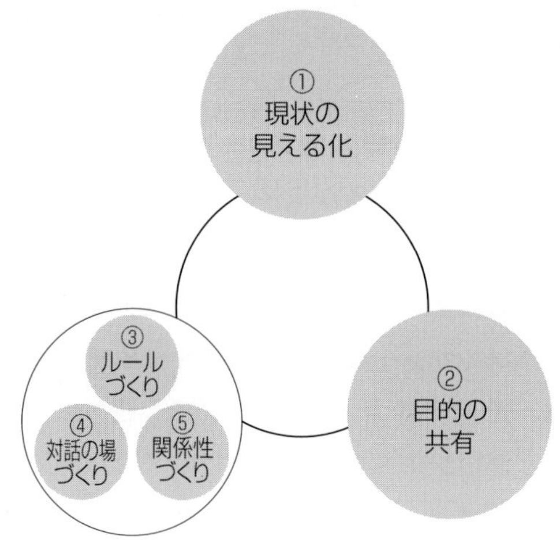

Tips 外集団、内集団を分ける心理メカニズム

社会的アイデンティティ理論に基づく心理学研究では、人は集団になると自分と同じ特性を持った仲間（専門用語では内集団成員と呼ぶ）は誰なのかを絶えず気にする生き物であることが科学的に明らかにされてきた。これは、性別や国籍だけでなく、価値観や趣味など外見だけでは判断できない内面的な違いも、内集団と外集団を識別する基準となる。また、できるメンバー／できないメンバーなどをリーダーが知らず知らずに色付けをして接すると、集団の中では自然とできるメンバーの中で内集団が形成される。

要するに、人は集団の中では自然と、自分が属する内集団を見極め、内集団に対しては親近感を持ち、協力的に振る舞う一方で、外集団に対しては、警戒したり敵対視したりしてしまう。これは、組織の中で、課題視される“組織間の壁・部門間対立”と同一である。前述した内集団・外集団の意識が、この部門間の対立を生んでいるといえ、「組織ができれば、必ず壁ができる」ということは、人間心理上避けて通れないものである。

では、この身内びいきを乗り越えるためには、どうしたらよいのだろうか。社会心理学の集団間対立の研究では、共通の目的を持つことが集団間の対立を解消するために有効であると指摘している。この共通の目的を意識することで、相手の集団（部門）は倒すべき敵ではなく、協力し合う味方であると認識ができる。相手を味方と認識することで、双方の視点を持ち、相手の立場も踏まえたコミュニケーションや行動に結び付けることができる。改めて、心理的安全性だけでなく、成果を出すチームを作るには、組織の目的・目標を浸透・共有していくことが大切な鍵といえる。

TOPICS 5

チームの実態を“見える化”しよう①

数字で知ろう

あなたは、チームの実態を分かっているだろうか。心理的安全性がないチームでは、上司も部下も実際に自分のチームの状態がどうなっているかを把握できていないことが多い。まずは、チームの状態を“見える化”することから始めよう

心理的安全性を構築する最初の出発点は、自分のチームのメンバーがどの程度「言いたいことを言えているだろうか」ということを数字として“見える化”し、共有し合うことだ。

- 自分のチームは心理的安全性が高いのだろうか？
- いつもリーダー（自分）ばかり話しているが、メンバーは言いたいことを言えているだろうか？
- 自分は聞きたいことが聞けているだろうか？

上記のような疑問はよく生じるものである。自身がリードする、または属するチームについて改めて考えてみてほしい。同じチームの中でも、リーダー的立場の人や率直な発言ができている人は「このチームは大丈夫！」と思うかもしれない。一方で、なかなか言うべきことを言えていないと日頃から感じている人は、「心理的安全性がこのチームにはない」と思っているかもしれない。

同じチームの中で、言いたいことを言えている人もいれば、言えていない人もいる場合、客観的なデータなしで議論すると、リーダーや特定の声が大きい人から見た組織の状態となり、偏りが生じる。

また、同じ事象や発言でも一人ひとり感じ方は違うが、このような目に見えない“事象”は、個々の感じ方に差が出やすい。

一方で、客観的なデータがあればあるほど、チームの課題を外在化しやすく（問題を自分の中にあるのではなく、客観的に俯瞰（ふかん）すること）、メンバーの発言を促進することができ、お互いの認知の違いについて議論することが可能となる。

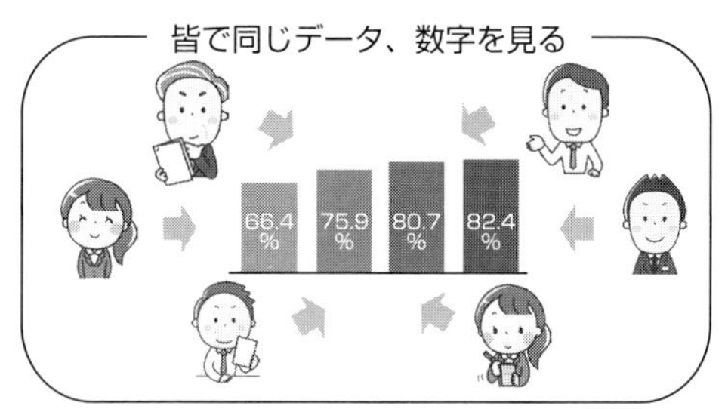

1 “見える化”するためのツール

心理的安全性の測定については、本概念の本家であるエドモンドソンの七つの指標や、本書で提示した測定指標も活用できるだろう（第２章「**4 ［チェックリスト］心理的安全性を測定しよう**」）。

まずは、これらの項目について、チームメンバー全員でチェックをしてみることをお勧めする。最初の段階で大切なことは、「誰がどう答えたのか」といった犯人捜しをしないことだ。そのために、誰が答えたかは分からない方法（無記名）での回答をお勧めする。最初から「率直に回答できない」のでは元も子もない。

一方で、心理的安全性ということだけにフォーカスせずに、チーム全体の課題を話し合うほうが効果は高い。第３章の冒頭で述べたように、心理的安全性を作ることを目的化しないほうがよいからだ。

その手段の一つとして、一般社団法人チーム力開発研究所が開発した「チーム力診断サービス」を活用することもお勧めだ。本サービスでは、現在のチームの状態を４象限で“見える化”でき、心理的安全性以外にもチームとして必要な協力、学習、目標共有などチームで成果を上げるために必要な要因の状態が数字として把握できる**［図表３－６］**。

どのような方法・ツールでもよいので、まずは目に見えなかったチームの状態を改めて“数字”として“見える化”してほしい。また、チー

[図表３－６] チーム力診断サービスのアウトプット（イメージ）

①チーム力診断結果─総評

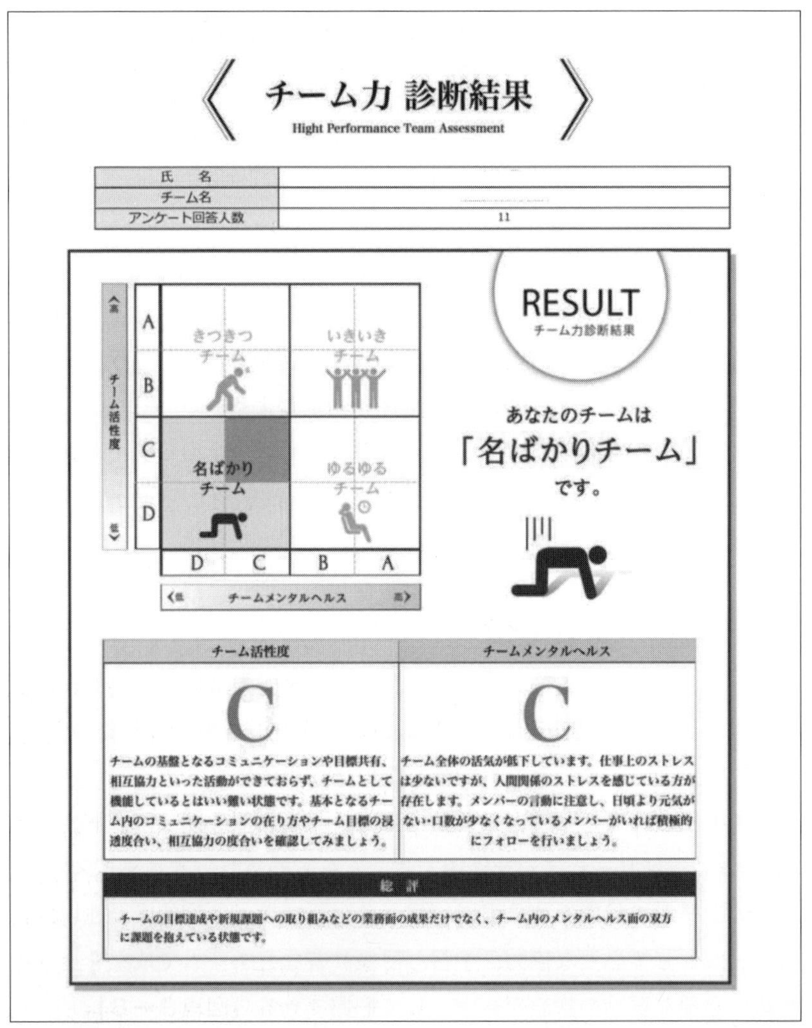

ムの“見える化”は一度だけでなく、変化を見るために定点観測することが大切だ。ぜひ定期的に実施してほしい。

②チーム力診断結果―詳細データ

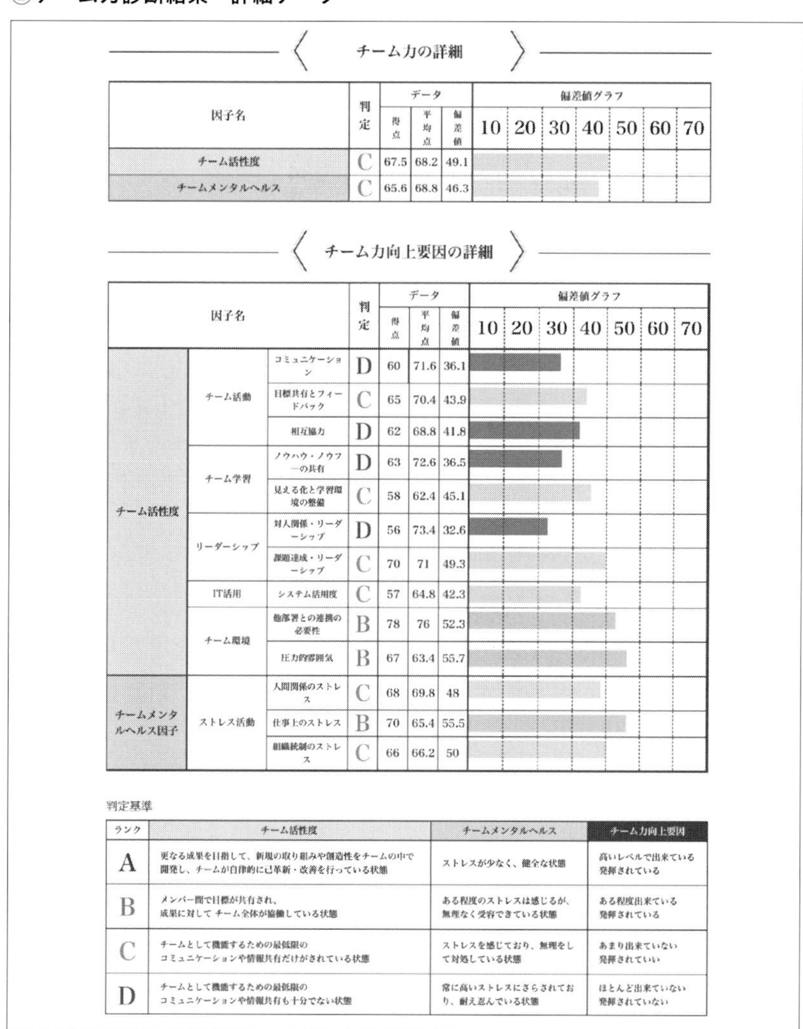

〈 チーム力の詳細 〉

因子名	判定	データ 得点	平均点	偏差値	偏差値グラフ 10	20	30	40	50	60	70
チーム活性度	C	67.5	68.2	49.1							
チームメンタルヘルス	C	65.6	68.8	46.3							

〈 チーム力向上要因の詳細 〉

因子名			判定	データ 得点	平均点	偏差値	偏差値グラフ 10	20	30	40	50	60	70
チーム活性度	チーム活動	コミュニケーション	D	60	71.6	36.1							
		目標共有とフィードバック	C	65	70.4	43.9							
		相互協力	D	62	68.8	41.8							
	チーム学習	ノウハウ・ノウフーの共有	D	63	72.6	36.5							
		見える化と学習環境の整備	C	58	62.4	45.1							
	リーダーシップ	対人関係・リーダーシップ	D	56	73.4	32.6							
		課題達成・リーダーシップ	C	70	71	49.3							
	IT活用	システム活用度	C	57	64.8	42.3							
	チーム環境	他部署との連携の必要性	B	78	76	52.3							
		圧力的雰囲気	B	67	63.4	55.7							
チームメンタルヘルス因子	ストレス活動	人間関係のストレス	C	68	69.8	48							
		仕事上のストレス	B	70	65.4	55.5							
		組織統制のストレス	C	66	66.2	50							

判定基準

ランク	チーム活性度	チームメンタルヘルス	チーム力向上要因
A	更なる成果を目指して、新規の取り組みや創造性をチームの中で開発し、チームが自律的に己革新・改善を行っている状態	ストレスが少なく、健全な状態	高いレベルで出来ている 発揮されている
B	メンバー間で目標が共有され、 成果に対して チーム全体が協働している状態	ある程度のストレスは感じるが、無理なく受容できている状態	ある程度出来ている 発揮されている
C	チームとして機能するための最低限の コミュニケーションや情報共有だけがされている状態	ストレスを感じており、無理をして対処している状態	あまり出来ていない 発揮されていい
D	チームとして機能するための最低限の コミュニケーションや情報共有も十分でない状態	常に高いストレスにさらされており、耐え忍んでいる状態	ほとんど出来ていない 発揮されていない

TOPICS
6

チームの実態を“見える化”しよう②
対話で知ろう

数値だけでなく、数値を使った対話が重要である。ここでの対話とは、お互いの意見に耳を傾け、“言葉の背景にある文脈・意味”を共有していくプロセスである。対話をすることで、数字では見えなかった深い部分を共有することができるだろう

チームの実態を“見える化”するための手法は、前述の「チーム力診断サービス」以外にも、インタビュー・ヒアリングなどさまざまな方法があるが、“見える化”で明らかにしたいことは、日頃伝えられない「声にならない声、目に見えない課題」である。

特に心理的安全性が対人不安からきていることを前提とすると、この課題は皆が指摘しやすい課題ではなく、普段メンバーが「できれば言いたくない、相手に伝えたくない」ことが多く含まれる。

例えば、「上意下達で物が言いにくい」「ミスをしたときの上司の態度が怖くて、なかなか言い出せない」「自分ばかりが頑張っていて、他のメンバーが全然協力してくれない」などである。

実際にこういった本音は、アンケートなどのデータを見ただけでは、把握できないことが多い。次のステップで大切なのは、対話を通じて、この課題に向き合っていくことだ。

アンケートなどの客観的な数字を基にして、話し合いを進めることが望ましいが、アンケートなどで定量的な結果を把握することが難しければ、皆で集まって、チームが抱えている課題やチームをもっと良くするためにできることを話し合ってみよう。ここでのキーワードは、会話でも議論でもなく“対話”だ。

1　対話のポイント

普段言えない課題を対話の場に出してもらうには、相手の意見を受け止めていくことが大切だ。私たちは普段、「その場で起きた事実」や「話していること」について人の認識には違いがあると頭では理解しつつも、自分とあまりに違う意見や反対意見は、自分にとっては耳障りの良くないものであり、否定的になってしまう。特に、それが自分にとって非常に重要な価値観と紐（ひも）づくものだと、なおさらである。

一方で、対話をするときに大切なことは、自分なりの物事の捉え方や感じ方をいったん脇に置いて相手の言葉を聞くことである。対話を進めるに当たって、相手に「なぜ、そう思っているの？」と真意を聞くためには、自分の「こうあるべき」という思い込みを排除するスキルが求められる。

Point！

対話をする際には、「こうあるべき！」「そうに違いない」といった自分の価値フィルターをいったん外し、脇に置いておこう。

2　対話の進め方

対話を進めるためには、自由でオープンかつリラックスできる環境づくりが重要である。対話の進め方について、下記の三つの視点から伝えたい。ワールドカフェ（103ページ）の方式を参考にするのもよいだろう。

［1］場づくり

対話の場づくりも大切だ。いつもの場所、いつもの会議室ではなく、時間的・金銭的なゆとりがあるのならば、話しやすい雰囲気を演出できるよう開放感のある場所を選ぶとよいだろう。

オフィス外でのミーティングは、リトリート（編注：数日間住み慣れた土地を離れて、疲れた心や体を癒やす過ごし方）などで実践されているように、日常の環境から離れて振り返る「場」の力が期待できる。

［2］対話のルール

普段の業務ミーティングとは違う“見える化”の対話には、ルールを決めておくことが大切だ**［図表３－７］**。特に参加者には、上下の関係なく、率直に話し合い、聴き合えることを促進するルールを設定・徹底しよう。

ある企業では、組織の課題を話し合う際に、相手の意見を否定しないというルールを作った。「相手の意見を否定するのではなく、自分はこう思うという言い方に変えよう」と決めたことで、それが守られていない場合には、「ルールが守れていないよ」と指摘しやすくなった。

［3］対話のテーマ

最も大切なのは対話のテーマだ。対話が、ネガティブな方向に進んでしまうともったいない。データがある場合は、「アンケート結果のデータを見て、どのように感じたのか」などと聞き、データを基に議論を進めてもよい。データがない場合は、以下のように問い掛けてみてほしい。

［図表３－７］対話のルール

1	あくまでも、普段なら言わない（かもしれない）本音を、全員が共有すること
2	最後まで“聴くこと”（割り込み禁止）。“腕組み・しかめっ面”は禁止、相手の話を聴くときは“うなずく”こと
3	相手の意見を否定しないこと。その言葉にある意味に耳を傾けること（尋ねること）
4	どんな意見や本音に対しても、良い・悪いを決めつけず、偏見を持たずに受け止めること
5	組織の立場や役職を持ち込まず、“対等な立場”で臨むこと

- （チームとは何かを伝えた上で）あなた自身はチームが機能していると思いますか？
- チームをより良くするために、あなた自身が感じている課題は何ですか？
- 今よりも学習できるチームを作るために、どのようなことができますか？
- あなたがこのチームを変えるコンサルタントの立場だったら、どのような課題があると提言しますか？

［4］対話の進め方

対話の進め方のイメージは、**［図表３－８］**のとおりだ。

⒜**チェックインの実施**：最初から本題に入らず、アイスブレイク、チェックインを行うことが望ましい。一人一言でも発話してもらうことが大切だ。

⒝**対話の目的・ルールの説明**：対話の目的・ルールを伝えよう。チームを良くするための活動･対話であること、一人ひとりがより働きやすく、

［図表３－８］対話の進め方

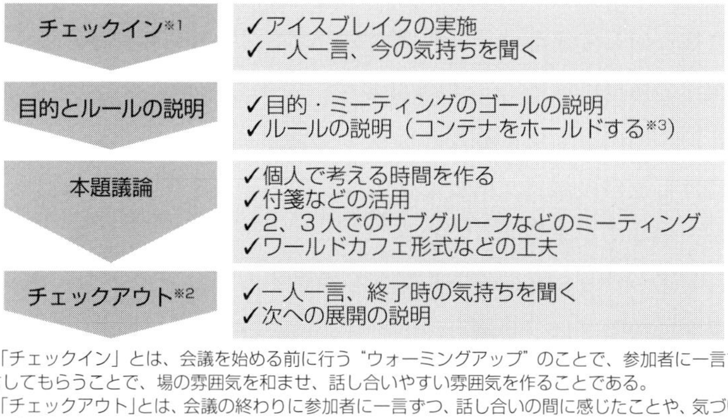

チェックイン※1	✓アイスブレイクの実施 ✓一人一言、今の気持ちを聞く
目的とルールの説明	✓目的・ミーティングのゴールの説明 ✓ルールの説明（コンテナをホールドする※3）
本題議論	✓個人で考える時間を作る ✓付箋などの活用 ✓2、３人でのサブグループなどのミーティング ✓ワールドカフェ形式などの工夫
チェックアウト※2	✓一人一言、終了時の気持ちを聞く ✓次への展開の説明

※1 「チェックイン」とは、会議を始める前に行う“ウォーミングアップ”のことで、参加者に一言ずつ発言してもらうことで、場の雰囲気を和ませ、話し合いやすい雰囲気を作ることである。
※2 「チェックアウト」とは、会議の終わりに参加者に一言ずつ、話し合いの間に感じたことや、気づいたこと、気になったことなどを共有することで会議の進行を振り返り、次回の改善へとつなげることである。
※3 「コンテナ（器や容器という意味）をホールドする」とは、対話のツールやプロセスを活用する空間・場を整えることを意味する。いわゆる場づくりのような概念である。

やりがいを持って仕事をするための取り組み・対話であることなどの目的と前述のルールを明確に伝え、話しやすい場を醸成しよう。

⒞**個人ワークや付箋の活用**：慎重なメンバーや内気なメンバーが多い場合は、各人に５分程度考えてもらった後に、一人ひとりから発表してもらうのがよい。よくあるのは、付箋にテーマに対する意見を書いてもらい、ホワイトボードやフリップチャートに貼っていくという進め方だ。この時に、出た意見をカテゴリー分けすることにメンバーがこだわると、議論がタスク・プロセスに焦点づけされてしまう恐れがある。その結果、「うまく整理された」ことで達成感はあるが、本当に「言いたいこと」が言えていない可能性がある。ぜひ、「うまく整理すること」ではなく、「本音の意見を出すこと」に焦点を当てて対話してほしい。

⒟**ファシリテーター**：実際の運営にはファシリテーター（会議の進行役）が肝となる。進め方に正解はないので、ぜひそれぞれのカラーを生かして対話に挑戦してみてほしいが、ここではすぐにできるコツを紹介したい。

①最初から本題に入らず、アイスブレイクやチェックイン（最初に一言）を必ず行う
②リーダーが弱音や本音を最初に発言する
③全員に対して平等に発言の機会を設ける、平等に目配りする
④相手の意見に対して、「なるほど！」「そういう考えもあるんだね」という前向きな受け答えを行う
⑤自分と反対の意見が出たときには、なぜそう思うのか、なぜそれが大事なのかを質問してみる
⑥お菓子・クッションボールなどを用意する
⑦最初の段階では、会議の時間を意識しない
⑧チェックアウト（最後に一言）を行う

また、対話において、いつもの業務上のミーティングをするイメージで一方的にリーダーが仕切っていくと、なかなか意見が出ない。特に心

理的安全性が低い組織の場合は、誰も本音は言わないだろう。もし、あなたの組織が、心理的安全性が低いと感じているならば、外部のファシリテーターに場づくりをしてもらうのもよい。

Tips ワールドカフェとは

ワールドカフェとは、その名のとおりカフェにいるような雰囲気で、少人数に分かれたテーブルで対話を行い、他のテーブルとメンバーをシャッフルして対話を続けることにより、参加者同士がリラックスし、気軽で自由に対話ができ、かつ、参加した全員の意見や知識を集めることができる対話手法の一つである。

アメリカ・カリフォルニア州でアニータ・ブラウン氏とデイビッド・アイザックス氏の2人が知的資本経営に関わる専門家を招いた際に、会議の前の雑談の時間において思いのほか創造的で多くの知識や洞察が生まれたことが、現在のワールドカフェの原型であるといわれている。

ワールドカフェでは基本的に、4人1組程度の少人数で1テーブルを構成し対話を進めるため、一人ひとりが発言の機会を多く得ることができる。また、全体の人数が増えてもテーブル数が増えるのみで、この効果が薄まることは少ない。また、ラウンドごとにテーブルのメンバーをシャッフルし、それを繰り返すため（基本は1人が元のテーブルに残り、それ以外のメンバーは他のテーブルに移動する）、参加全員の意見を知ることができ、「その場にいる参加者全員と対話をしている」という感覚も味わえる。

ワールドカフェは、カフェのようなリラックスした雰囲気で気楽に、しかし、真面目に話ができるため、心理的安全性を高めるための対話方法として非常に適切といえる。

TOPICS

7

チームの“目的”を共有しよう①
わくわくするビジョンの力

目的とはチームの存在意義である。“目的なき組織”はチームといえない。目的やビジョンの共有は、組織の心理的安全性の必要条件であるとともに、その構築に絶大なる力を発揮する

1　目的（パーパス）の力

チームの課題を共有化した次のステップは、チームの目的(パーパス)の共有だ。

前述のとおり、心理的安全性が高い組織とは、「上司を含むチームメンバーが**チームの目的や目標の達成**に向けて、あるときは熱い議論を交わしながら、お互いの知恵や意見を率直に話し合い、より良い結果を導ける組織」である。このチームで達成すべき目的や目標がなかったら、あえて対人リスクを取ってまで自分の主張や言うべきことを言わなくなるのは前述したとおりだ。

このチームの共通目的が自分たちにとって極めて重要であったり、達成状態の基準が明確であったりするほど、人は行動力を増すはずである。そもそも人は種の生存確率を高めるために集団形成を選択してきた。“命懸けの運命共同体”ではチームの結束もさぞ深かっただろう。目的が明確だからこそ、一人ひとりが目的に向かって正しい行動や適切な発言ができる。

実際のわれわれの人間社会でも、目的が人に与える効果は大きい。さまざまな研究結果において、目的を持つ群と持たない群では、持つ群のほうが認知症や10代でうつ病になる確率、心臓病になるリスクを低下させるといった結果が得られている。

一方で、チームの中で目的が腹落ちしていなかったり、自分にとってそれほど重要でなかったりすれば、あえて発言する動機は低くなるし、目的が持つ力も効果を発揮できないだろう。

では、実際に皆さんが所属している組織・チームにおいて、「組織の目的」を問われた場合、とっさに言葉が出てくるだろうか。また、その目的にやりがいを感じているだろうか。

どの会社にも「ミッション・ビジョン・バリュー」があり、そこに創業者や経営者の強い想いがある。しかし、日々自分が担っている一つひとつの仕事がこれらにどう貢献・寄与しているのか、つながりが弱いことが多い。なぜかといえば、「何のために仕事をしているか」より「何をするか、どうするか」に日々集中しているためだ。例えば、営業では日次の売り上げ数字、システム開発ではプロダクトローンチを目指したQCDの遵守といったものだ。

まさにイソップ寓話（ぐうわ）「3人のレンガ職人」※8の例にもあるように「目的なく、ただただレンガを積む職人」状態になりやすいのは組織にありがちな傾向である。

※8　「3人のレンガ職人」とは、旅人が、旅の途中で3人のレンガ職人に「ここで一体何をしているのか」と尋ねたところ、1人目は「親方の命令で、ただレンガを積んでいるんだ」と面倒くさそうに答え、2人目は「レンガを積んで壁を造っているんだ。大変だが賃金がいいからやっているんだ」と答え、3人目は「歴史に残る偉大な大聖堂を造っている」と答えた話。やっていることが同じでも、3人目のレンガ職人は自分の仕事に目的と意味づけを行い、前向きに仕事に取り組んでいる姿を描いていることから、目的の大切さを語るエピソードとして広く活用されている。

近年は、心理的安全性という言葉とともに、パーパス経営やエンゲージメント（仕事へのやりがい）への関心も飛躍的に高まり、その重要性は増している。組織の共通目的を深く理解し、共感し、自分事として内発的に捉えることが、真の意味での心理的安全性の醸成につながる。

2 内発性・内発的動機の大切さ

心理的安全性につながるチームの目的やビジョンは、個人にとって、「面白いか」「自らやりたいか」「わくわくするか」「達成感や自己効力感・有能感を味わえるか」という点が重要だ。

「誰に何を思われたって気にしない！」「言いたいことは言う！」「組織のために言わないといけない！」という強い意思を持てるかが鍵を握る。自分の発言に対する当事者意識と責任感は、「組織と自分が共通でやりたいことをやっている」という強い内発性と、組織と個人のベクトルがあってこそ形成される **［図表３−９］**。

モチベーション研究で有名なデシとライアンは、人には「自律性」「有能さ」「関係性」の欲求という三つの基本的な心理欲求があると指摘している。人はそもそも、生まれ持って自分で「自律的に働きたい」「他者に評価されたい・影響を与えたい」「他者と良好な関係を保ちたい」と思う生き物である。この三つに対する動機の大きさは人それぞれだろ

［図表３−９］内発的行動サイクル

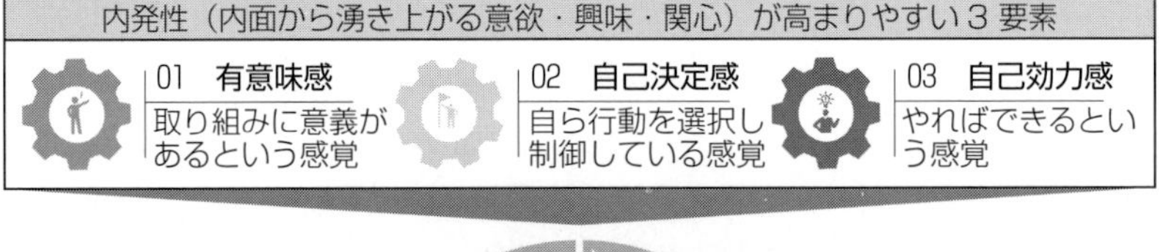

内発性（内面から湧き上がる意欲・興味・関心）が高まりやすい３要素
01 有意味感
取り組みに意義があるという感覚
02 自己決定感
自ら行動を選択し制御している感覚
03 自己効力感
やればできるという感覚

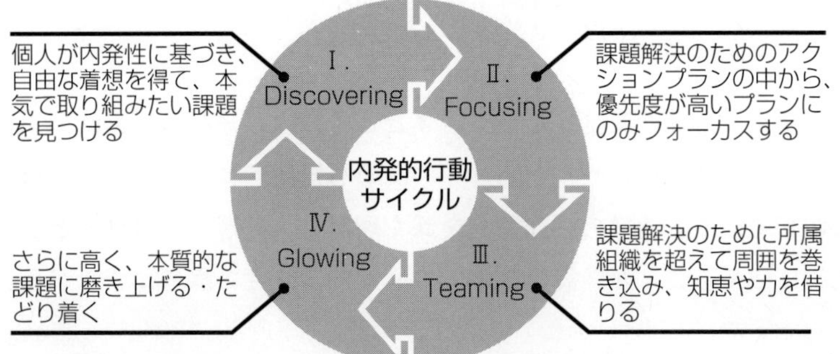

個人が内発性に基づき、自由な着想を得て、本気で取り組みたい課題を見つける
Ⅰ. Discovering
Ⅱ. Focusing
課題解決のためのアクションプランの中から、優先度が高いプランにのみフォーカスする

Ⅳ. Glowing
さらに高く、本質的な課題に磨き上げる・たどり着く
Ⅲ. Teaming
課題解決のために所属組織を超えて周囲を巻き込み、知恵や力を借りる

資料出所：KPMG コンサルティングの資料より抜粋

うし、ライフステージや置かれた状況によっても変わってくるが、人間の基本的な欲求を理解しておく（頭の片隅に置いておく）ことは大切だ。

3 個人と組織のパーパスを一致させよう

現在は、個人の価値基準が多様化し、全員共通の軸がなかなか存在しづらくなっている。個人が働く動機に、給料や出世といった一元的な物差しはなく、仕事のやりがいや意義のほうが個人の内発性につながりやすい時代となってきている。

一方で、会社は利益を上げる組織でもあり、全員が個人と組織の目的を一致させて働く非営利組織のような運営は難しいことも事実だ。しかし、現在の世界的な流れとして、企業は株式至上主義からSDGsやESGなど社会的責任を問われる時代となり、経済合理性だけを追求すればよい時代は終わりつつある。企業としても数値の先にある目的・企業のビジョンが求められており、それらは比較的多元的な基準となる。このような多様な価値を持つ従業員のパーパスと多元的な企業のビジョン・ミッションの融合が大切であり、そのためには企業も個人も事業や仕事の意義を、改めて言語化するプロセスが大切だろう**［図表３－10］**。

［図表３－10］個人と組織の求める価値の一致が重要

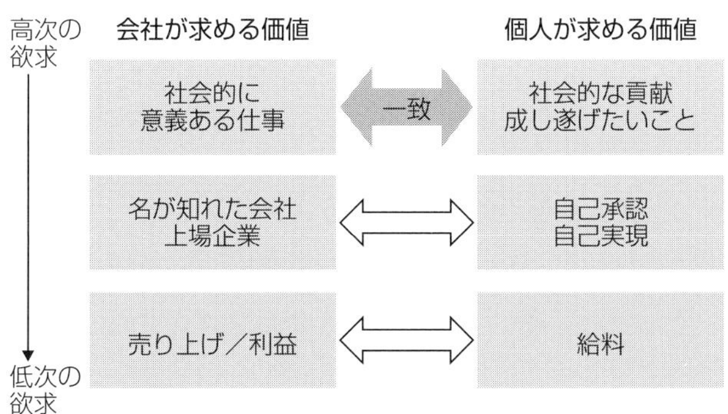

TOPICS 8

チームの“目的”を共有しよう②
チームのビジョンを作ろう

自分たちの言葉で、自分たちのビジョンを作ることが大切だ。前述のとおり、“自己決定感”が内発性には必要だからである。この自己決定感は、チームの目的達成に向けてコミットメントを高め、率直に発言することを促進するだろう

ここでは、チームのパーパスを作るワークショップの進め方を紹介したい **[図表３－11]**。

改めて、メンバー一人ひとりが組織のビジョンに有意味感（それに意義があるという感覚）がなければ、そのビジョンは単なる無機質な“文字”であり、魂の入ったものにならないだろう。その意味では、組織と個人のパーパスや動機を融合させていくことが大切である。

そのためにも、まずは個人が会社で本来成し遂げたいことを共有化した上で、それらをチームのビジョンに昇華させていきたい。

心理的安全性は、前述のとおりチームの概念であるため、参加するリーダー・メンバーが影響力を発揮できる単位で、チームとしてのビジョンを作ることをお勧めしたい（本来は後掲「**9 チームの“目的”を共有しよう③　OKRの活用**」で記載するように、上位目標からの連動があるとなおよい）。

[図表３－11] チームの目的を共有するステップ

STEP1	STEP2	STEP3	STEP4
ビジョン・パーパスの目的	個人の動機・パーパスを共有	チームのパーパスを話し合おう	チームのパーパスを言語化しよう

1　STEP1：ビジョン・パーパスの目的

チームのビジョン※9やパーパスを見直す、もしくは作成する必要性をメンバーに理解してもらうことが第一のステップとなる。この活動（チームのビジョン・パーパスを作ること）に対して、"有意味感"を持って取り組める状態を作ることが大切だ。

※9　「ビジョン」とは将来のありたい姿である。「ミッション」とは、その組織が「何をもって誰の役に立っていくのか」という組織の使命であり、組織の根幹を成す普遍の存在意義をいう。「パーパス」とは目的であり、その組織の存在意義をいう。「ミッション」「パーパス」とも本書では同義と捉えるが、今回は分かりやすく「パーパス」という言葉を活用する。

具体的には、以下のような項目を伝えるとよいだろう。

①パーパスとは何か＝Whyの大切さ

②パーパスの重要性＝パーパスが人のやる気を上げ、行動を増す効果があること

③パーパスの例・ストーリー

[1] パーパスとは

目的の大切さを伝えるには、サイモン・シネックのゴールデン・サークルの考え方を用いると分かりやすいだろう**[図表3－12]**。ゴールデン・

[図表3－12] ゴールデン・サークル

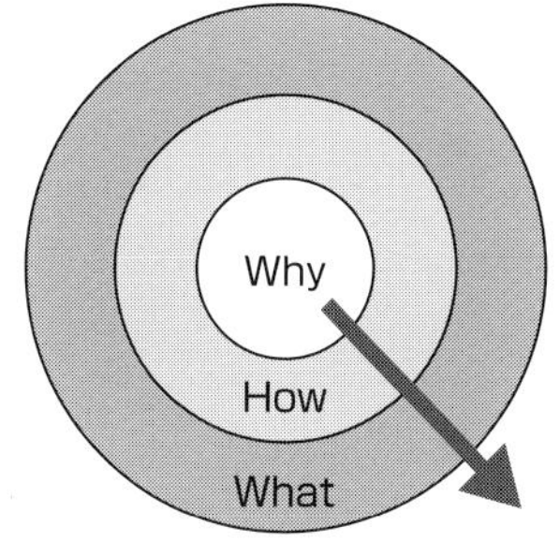

Why（なぜそれをするのか）、
How（どうやってそれをするのか）、
What（何をするのか）に基づいて
構成されており、「What」や「How」ではなく、
常に「Why」から考え行動することの
重要性を説く

第3章　心理的安全性を高める方法－実践編－

サークルとは、人は「何」を「どう」しているかより、「なぜ」するのかに動機づけられるという考え方だ。普段われわれは、「何」を「どうするのか」という議論は多いが、「なぜ」それをするのかについて語ることは少ない。この「なぜ」は組織や人の**存在意義**でもあり、人が内発的に動機づけられる要素であるが、多少口幅ったいところもあるため、これまで日本企業の中で語られることは少なかった。

[2] パーパスの重要性

内発的動機は、「有意味感」や「自己決定感」という要素によって高まると伝えたが、これらは「なぜ」と親和性が高い。「有意味感」は、何をするのかよりも「なぜ」やっているのかを理解することで、より「その大切さ＝その活動に取り組む意味」があるという感覚を醸成できる。

また、前述の「3人のレンガ職人」の例のように、金銭的報酬を得るために取り組んでいる場合は自己決定感が低い状態であるが、その活動自体に意義があると思って取り組んでいる場合は自己決定感が高く、そのような状態であるほうが、人は失敗を肯定的に捉え、成長へつなげることができる。これらの理屈は脳神経科学でも証明されている。

「人は理屈では動かない」というように、「なぜ」を語ることは理屈ではなく感情に訴え、内発性を喚起する方法といえる。

[3] パーパスをストーリーで伝える

このように説明しても、なかなかその中身について、すぐに腹落ちすることは少ないかもしれない。実際には、各企業の例や自身の体験に基づいてストーリーで語るとよいだろう。

自身のストーリーがうまく思いつかない場合は、世の中の事例を活用してもよい。仕事の意義づけができている例は、実は世間では多い。

⑴プロの清掃人　新津春子氏

以下は、「世界一清潔な空港」として国際的な格付けランキングで4

年連続１位に輝く羽田空港の立役者である、新津春子氏の著書『清掃はやさしさ』［ポプラ社］からの抜粋である。

皆さんは、羽田空港の屋上に出たことがありますか。

私は、「ストレスがたまっているな」「ちょっと疲れたな」と感じたとき、いつも屋上にやって来ます。空港でいちばん気持ちのいい大好きな場所だからです。

海や港まで見渡せる、見晴らしのよさ。

どこまでも広がる、大きな空。

思わず、深呼吸したくなる、すがすがしさにあふれています。

そして、飛行機！

たくさんの人を乗せて、滑走路から飛び立つ姿を眺めていると、今自分が悩んでいることがちっぽけに思え、疲れが吹き飛んでしまうのです。

この羽田空港で働いていることに、誇りを感じずにはいられません。

私は20年間、羽田空港の清掃員として働いてきました。その前も含めると28年間、「清掃」という仕事に関わっています。

オフィスビルでも、商業施設でも、清掃はなくてはならないものです。

ふだんは気づかないかもしれませんが、皆さんが働いたり、遊びに行ったりする場所には、ゴミを捨て、床や窓を磨き、洗面所やトイレをきれいにしている人たちが必ずいます。地味で陽の当たらない仕事ですが、快適な毎日に欠かせないのが清掃という仕事です。

空港は、国内外のお客さまをお出迎えする場所です。

飛行機の中ではキャビンアテンダントの皆さんが、食事やドリンク、雑誌やブランケットなどを用意して、お客さまに少しでも心地よく過ごしていただこうと心をくだいています。

清掃員である私たちは、飛行機を利用する方、お見送りやお出迎えの皆さまが空港を気持ちよく利用していただくために働いています。

ビジネスにしろ、観光にしろ、清潔感のない空港ではお客さまは不愉快な気分になります。旅の時間は、空港からすでにはじまっているのです。

羽田空港のエントランスに、次のような言葉を記したモニュメントがあるのをご存じでしょうか。

訪れる人に安らぎを、去り行く人にしあわせを

(PAX INTRANTIBVS SALVS EXEVNTIBVS)

これは、「中世の宝石箱」と呼ばれるドイツの街、ローテンブルグを囲む城門、シュピタール門に刻まれているもので、私が所属する日本空港ビルデンググループの理念を象徴する言葉になっています。

このモニュメントを見ると、思わず背筋を伸ばしたくなります。清掃に向き合う気持ちをあらためて思い出すからです。

資料出所：新津春子『清掃はやさしさ 世界一清潔な空港を支える職人の生き様』［ポプラ社］2016年

新津春子氏の例は、清掃という仕事を“人に安らぎとしあわせを与える”仕事として意義づけている。

(2)コロナ禍でも成長を遂げているマザーハウスの山口絵里子氏

「途上国から世界に通用するブランドをつくる」――。マザーハウスのミッションは彼女自身の生い立ちや人生と紐づいている。幼少期にいじめにあって、非行にも走った彼女が柔道という一つの希望の光を見つけ、その後自身のいじめや非行の原因が、社会環境にあると捉え、社会を変える人間になりたいと言う信念が、このマザーハウスのミッションに表れているのだろう。

資料出所：山口絵里子『裸でも生きる 25歳女性起業家の号泣戦記』［講談社］2007年

マザーハウスの山口絵里子氏の実話は、組織の中の内向き思考を改めて、外の世界に向けてくれるように思う。

そのほか、サイモン・シネックの著書『WHYから始めよ！』［日本経済新聞出版］（2012年）で有名なアップルやサウスウエスト航空、スターバックスの事例も活用できるだろう。

2　STEP2：個人の動機・パーパスを共有しよう

前述のとおり、個人の価値観は多様化している。そのような中で杓子（しゃくし）定規にチームのミッション・ビジョンを設定しようといっても、部に課せられた月並みで単純な役割や数値目標しか出てこない。

個人の有意味感を醸成するためにも、一人ひとりの動機や意義を共有化するステップを経た上で、そこからチームのパーパスを作り上げるとよい。やり方はさまざまであるが、その一部を紹介したい。

［1］価値観の棚卸しワークショップ

ペアとなった相手に質問してください。

①あなたが大切にしたい価値観は？

②どのような経験を通じて、大切にしたい価値観を持つようになったのですか？

③価値観の形成に当たり影響を受けた人・こと・もの・ストーリーは？

ペアとなって個人の価値観を聞き合おう。価値観リスト（巻末付録①参照）の中から、自身が大切にしている価値観を10個選んでもらう。その10個からさらに五つに絞ってもらい、その上で「譲れない価値観」を三つ選んでもらう。そして、その価値観を大切にしたいストーリーを語ってもらうとよいだろう。

[2] 絵の力を借りたワークショップ

選んだキーワードを参考にしながら、
あなたが描く自分像を絵にしてください。

次に、**[1]** で三つ選んだ価値観のうち二つをキーワードとして、ありたい自分像を絵にしてもらう。絵を描くことによって「左脳的」に考えることから「右脳的」に考えることにシフトさせ、自身の本質的にやりたいことや意義をより明らかにできる可能性がある。また、絵にもう1人の自分を書くことで、自分を外在化（客観視）できる。絵の中の自分は、「どのようなことを楽しんでいるのか」「どのように役立っているのか」「何を楽しんでいるのか」「何をもって成長を感じているのか」などをペアでお互いに話し合ってほしい。

[3] ライフラインチャートの活用

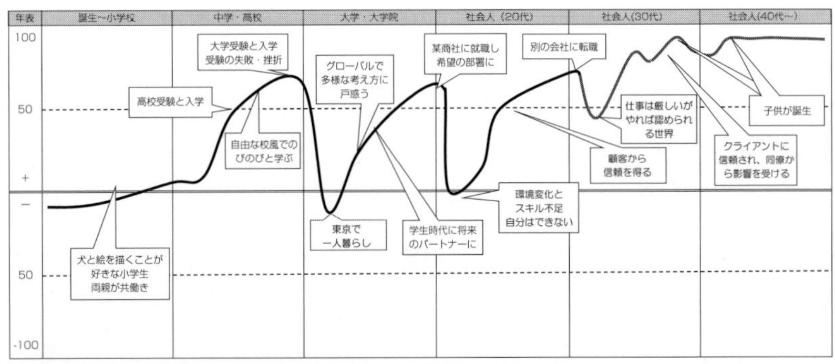

キャリア開発などでよく活用するライフラインチャートもお勧めだ。ライフラインチャートは、自身が人生の分岐点で何を基準にどのような

判断をしたのか、改めて確認できるツールである。また、自分がどういうときにプラスで、どういうときにマイナスだったのかも“見える化”できる。

この種のプログラムは、多少、自分の内面をさらけ出すものであるため、話したい（聞き手が聞きたいと思う雰囲気を出すこと）と思える場づくりが大切だが、人によって、自己開示に抵抗を覚える感度は違うため、無理強いせずに、自分が話したいことやペアの相手に伝えてもよいと思うことを話してもらうようにしよう。

3 STEP3：チームのパーパスを話し合おう

個人のパーパスが見えてきたら、それを昇華させ、チームのビジョンとして定義しよう。“チーム”が目指す目的や目標に一人ひとりがコミットしている状態を作ることが、率直に発言することのドライバーになるはずだ。

ここからは、チームのビジョン、パーパスを話し合うフェーズに入っていくが、改めて組織全体のパーパスを確認しよう。なぜならば、本来チームのパーパスは、上位組織のものと整合性が取れてしかるべきだからだ。その上で、以下の問いについて話し合ってほしい。

①なぜ、この組織に参加したいと思ったのか？　どのようなことに共感を覚えたのか？
②あなたが組織の中でやりがいや誇りを感じたエピソードは？
③あなたは組織を通じて、どのような貢献をしているか？　もしくはどのように貢献したいのか？
④その貢献を通じて、他者がどのように行動し、どうなっている状態がベストか？

※時間配分は、１人各問２～３分程度で、合計40～50分程度を想定

組織のミッションの確認も含めて、3～4人で1チームを作ることが望ましい。2人だと、じっくり対話ができる反面、盛り上がらない可能性もあるため、ワークショップとしては3～4人が適切だろう。

上記の問いは極めて“個人的”なものだ。個人的なものだからこそ、発言・共有するのに勇気がいる場合もあるが、一度その本質が共有されると、そのストーリーはチームにとって大きなパワーとなるだろう。

ファシリテーターは、全員の意見をホワイトボードやフリップチャートに書いて、全員が共有できるように“見える化”しながら進めることが大切となる。

4 STEP4：チームのパーパスを言語化しよう

最後は、3～4人のチームに分かれたワークショップ全体の内容を全員で共有するプロセスだ **[図表3－13]**。時間があればチーム全員で一

[図表3－13] チームのパーパスを言語化するまでの流れ

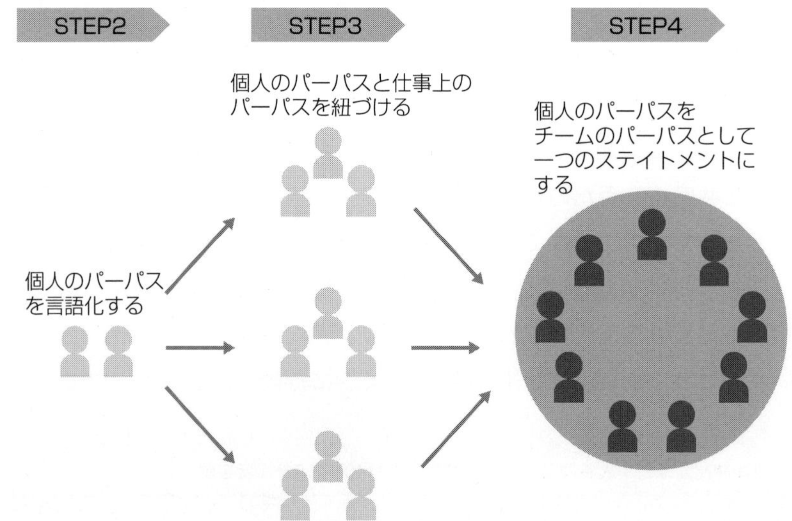

人ひとりのストーリーを共有し、お礼と称賛、感想を述べよう。自分が語ったストーリーに対して共感やフィードバックをもらうことは、それだけでうれしいものだ。そして、ホワイトボードやフリップチャートに各自のストーリーから出てきた動詞や単語を基に、それぞれの思いをつなげて、ステイトメント（声明）に仕上げてほしい。できるならば、その内容は、組織内でチーム横断で共有するとよいだろう。

某企業の人事部では、このワークショップにおいて、**［図表３－14］**のようなステイトメントを作成した。これらは個人の価値観や話し合いで出たキーワードとして、仕事で実現したいことをチームとしてまとめたものだ。チームのメンバーが共感できるキーワードを拾いながら、作成してほしい。

チームのミッションが共有化されたら、そこに向かうためにどうするのかを考えるのが次のステップだ。また、われわれはどうしても、タスクに目がいきがちであり、組織の存在意義や個人の働く意義が忘れ去られてしまうことが多い。作成したステイトメントは、日頃から折に触れて、常に伝え続けてほしい。

［図表３－14］ある企業におけるワークショップでのステイトメント

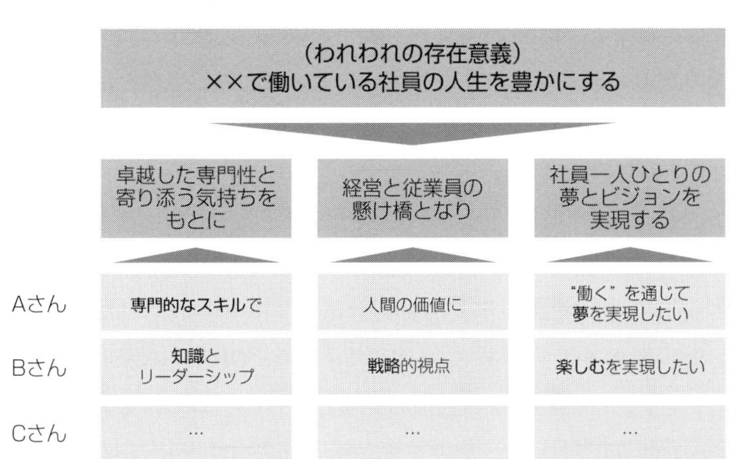

TOPICS 9

チームの“目的”を共有しよう③
OKRの活用

近年注目が高まっているOKR。この手法は、1979年にインテルによって考案され、その後シリコンバレーで進化・発展してきた。従来の目標管理制度（MBO）と違って、組織として手が届かないような高い基準・わくわくする目標を立て、1 on 1などを通じてタイムリーに見直していく。VUCAの時代に適した手法といえる

1 OKRとは何か？

心理的安全性の構築に必要となる「チームの共通目的」をデザインするためには、前述のような組織のパーパスを共有するワークショップが効果的である一方で、OKR（Objectives and Key Results：目的と主要な結果目標）というツールも存在する。OKRは近年さまざまな企業で導入され、存在感を増しつつある。また、OKRはチームの目的設定をした後のモニタリング・フィードバックを含めた仕組みであり、目的の共有化だけでなく、それを実現させるための手法といえる。ここでは、OKRの定義と導入効果を簡単に紹介する。心理的安全性の醸成にフォーカスして記述するため、詳細な説明は割愛するが、簡単に言うと以下のとおりである。

OKRとは、一つの定性目的（Objectives。以下、O）とそれを実現する主要な成果指標である三つ程度の定量目標（Key Results。以下、KR）を、会社―部署―個人のおのおののレイヤー間でつながりを持つように設定する手法である。①目的・目標（OKR）の設定、②進捗（しんちょく）モニタリング、③対話による目標の見直し――のプロセス全体を指すプログラムである。

2 OKRの導入手順

[1] STEP1：チームOKRの設定

OKRでは、チームの目的（O）は野心的で、100％達成が難しい「わくわくするチャレンジ」を設定するというルールがある。よって目的達成は必須ではないし、達成度は原則として報酬に連動させない。

60～70％の達成で十分なほどの目標には、以下のような特徴がある。

- そこに到達するまでの明確な道筋がなくとも、心からチームが求めたいという目標
- 世の中に事例がなく、今までの考え方を変えないと到底実現できない目標
- 失敗したときの失うものに比べて、実現したときに得るものが大きい目標

これらは、メンバーのわくわく感につながるものだろう。また、途方もなく困難な目的を前に、この上司とメンバーは評価者と被評価者という関係性を排除したフラットな仲間となることで、より大胆で斬新な議論ができる可能性も高まる。

また、チームのOKRは、所属する“全員”で議論を重ねて決定することが大切だ。この一人ひとりの意思をチームの共通目的に昇華させていくプロセスが最も重要で、「自分が何をしたいか」だけでなく、「自分がなぜそれをしたいのか」まで皆にオープンに伝えることが、OKRのOを設定するための肝となる。

[2] STEP2：進捗モニタリング

OKRは100％達成できなくてもよい代わりに、普段の仕事が「OKRに向かっていたか」は日次、週次でチェックし合うのが原則となっている。進捗率は、オンライン共有ツール等でリアルタイムに共有化し、定期的に直接会話する場を持つ。大切なのは、達成した場合は組織で賞賛し、

失敗については責めないというルールだ。この失敗を責めないというルールやタイムリーな情報共有が、組織の透明性と心理的安全性を高めるドライバーともなる。

[3] STEP3：ダイアローグと定量目標の見直し

目的到達に向けた主要な目標（KR）は、外部環境の変化とともに劇的に変化してしまう可能性が高い。そのため定量目標（KR）の軌道修正は、ビジネスにおける問題解決そのものともいえる。この議論の場として有効なのは、1 on 1や同僚間でのピア・フィードバックなどのリアルタイム性の高い対話（ダイアローグ）の機会だ。こういった場ではOKRのような明確な共通目的があるほうが、さまざまな議論によって判断の軸を決めやすいため、多少言いづらいことでも言いやすくなる。ダイアローグが必然的に心理的安全性の醸成に寄与するわけだ。

3 OKRと目標管理制度（MBO）との違い

組織の目標管理といえば、ピーター・ドラッカーが提唱した理論MBO（Management By Objective：目標管理制度）である。1960年代から日本企業でも導入され始め、今や約9割の企業が導入しているなじみ深いツールであるが、「MBOとOKRは何が違うのか」という質問は定番ネタとなっているほどだ **[図表3－15]**。プログラム全体のフレームワーク（箱）は同じである。しかし、箱に入れるルール（中身）は全く異なる。MBOはタスクの自己管理や人事考課を目的としている一方で、OKRは内発性向上を目的としている。また「両方を管理するのは煩雑ではないか」という質問も必ず出てくる。筆者はいつも、OKRは部活動やボランティアのように捉えてほしいと伝えている。OJTの延長やOff-JTの機会、もしくは福利厚生のような捉え方が一番イメージに近い。

すぐに「MBOかOKRか」という二者択一にするのではなく、まずは

[図表3－15] OKRとMBOの違い

		OKR	MBO
Step 1 目的・目標設定	考え方	内発性を高める	ミッション管理・報酬決定
	目的	野心的でわくわくするもの	現実的な達成
	目標	三～四つのボトルネックを選抜	やるべきことすべて
	決め方	チーム全員で決める	上司と決める
	共有範囲	公開	非公開（上司のみ）
Step 2 進捗モニタリング	モニタリングサイクル	日次～週次	半年～1年
	モニタリング内容	達成度	成果・成長
	会話ルール	達成を褒める・失敗を許容する	改善課題を指摘する
Step 3 ダイアローグと目標見直し	場	1 on 1／ピア・フィードバック	目標設定・評価面談
	対話サイクル	随時	半年～1年
	対話相手	チームメンバー・同僚・協業者	上司
	見直しサイクル	1～3カ月	半年～1年

現状で自分たちの組織においてMBOがどのように機能しているかを、改めて精査するところからスタートするのが大切だ。要は、やりたいことが実現できればMBOだろうがOKRだろうが構わない。MBOという“白飯”にOKRの思想を“ふりかけ”のように加えるというイメージでもよい。OKRの導入パターンに画一的な正解はなく、各社の問題意識によってさまざまである。

※TOPICS 9は『労政時報』第3998号（20. 8.14／8.28）「“心理的安全性が高い”チームのつくり方（4）一心理的安全性を高める方法②～OKR活用事例を基に～」深谷梨恵執筆記事より抜粋。

TOPICS 10

ルールを作ろう①
チームの指針(Do's&Don't)を決めよう

行動指針やチームのルールづくりは、組織としてメンバーが働くための基準を提示し、心理的に安全な場を作る一つの方法だ。このルールがあることで、組織の中に透明性が生まれ、メンバーの自由な行動が促進される

1 働くための基準を"見える化"する重要性

パーパスやビジョンを共有し、その思いを実現していくための次の一手は、ルールや基準の"見える化"である。ルールや基準が"見える化"されていなければ、メンバーは、上司の顔色を毎日うかがい、さまざまな詮索や忖度(そんたく)をするようになってしまう。その結果、本来するべき仕事に集中できず、無駄なコミュニケーションが生まれ、仕事の質や組織の風土が劣化していく。そのような事態を回避するためにもルールや基準を明確にして、透明性の高い組織を作ってくことが大切だ。ルールや指針の代表的な例である行動指針(「チームワーク」「自立性」「顧客志向」「相互尊重」など)も、多くの会社に存在する。一方で、日々の行動の中で、それらを意識することは少ない。なぜならば、行動指針が自分たちの日々の具体的な行動に結び付いていないからだ。行動指針を浸透させるためには、抽象的な行動基準を"具体的な行動"に落とし込む必要がある。

2 チームの中に潜む多元的無知

心理的安全性を高めるために必要なことは、チームで、何が正しくて

（何をすることが推奨されて）、何が間違っているか（何をすると罰せられるのか）を明確にしていくことだ。特に多様な人材が集まる組織の場合、リーダーの不文律や暗黙的な規範はメンバーに理解されにくい。

また、組織の中で、どのように行動するとよいのかという規範は、通常そのチームの中で自然と作られていくものでもあるが、実際に感じている規範は、**［図表３－16］**に示すような多元的無知のように、独り善がりであったり、思い込みであったりすることも多い。そして、この思い込みは、過去のリーダーや周りの一言・行動によって引き起こされている場合がある。

こんな例がある。ある建設業の現場において、部下が所長に質問したところ、所長から「それぐらいは自分で考えなさい」と言われてしまった。それ以降、その部下は本来相談・質問すべきことすら、自分で考えなくてはいけないと思ってしまい、非効率な業務の仕方を繰り返していたそうだ。一方で、この一言を言った所長は、そのことを全く覚えていなかった。

この例からも分かるように、リーダーの何げない一言がチームメンバーの想定しない行動を引き起こしていることがある。ここで提案したいことは、過去の言動などを一度白紙にして、本来チームとして取るべき行動はどのようなことかを、改めて具体的に“見える化”することだ。

［図表３－16］チームの中に潜む多元的無知

実際には誰も個人的には支持していない規範や意思決定であっても、大半の他者が承認した事象だと誤って認知した結果、一人ひとりの考えからズレた規範が形成されること

例）台風直撃の朝、皆出勤するだろうか？
自分としては、今日は出勤すべきでないと思ったが、一方で、「周りのメンバーは皆、出勤すべきだと思っているし、そうするだろう」と、全員が思い込んでいる。その結果、皆が周りに合わせようとして、台風直撃の中、危険を冒して出勤することになった。

➡号令が出たり、ルールがあったりすれば、皆会社に来なくてよかったはず

3　チームとして機能するためのルールを作ろう

ルール・基準づくりのポイントは、「ルールは心理的安全性を高め、チームとして機能する＝学習するための組織を作る」ということだ。

「QCD（Quality：品質、Cost：コスト、Delivery：納期）を遵守」「時間厳守」というスローガンだけでなく、メンテナンス・プロセス（人間関係や話しやすさ）に寄与するルールを作ってほしい。

例えば、スタンフォード大学には卒業生同士で、仮に見ず知らずの相手でも、依頼や連絡が来たら必ず一度は返事をするというルールがある。こういったルールは、見ず知らずの相手に連絡を取る（メールをするなど）心理的なハードルを下げる効果が高い。

ルールの例

- 自分から挨拶しよう
- 否定をするときは、提案と一緒に
- ミーティングでは全員発言
- 相談や問い合わせの返信は24時間以内に
- 相談されたら、お礼を言おう
- 人のうわさ話はしない

人には生まれたときから主体性が備わっているため、自分たちで決めたルールは、人から押し付けられたものよりも守る意識が高まる。その意味で、チームの中のルールは、基本的に全員で意見を出し合い決めていくことが必要だ。特定の人ばかりが話して決めてしまっては意味がない。

もちろんリーダーが上位のミッションや目標を達成するために譲れないということであれば、それは伝えてルールに組み込むべきだが、そういったこと以外については、ファシリテーターは、声の大きい人の特定の意見に偏らず、全員の意見を聞いて内容を詰めていくことが大切だ。

このルールを決めるプロセスも、実際には心理的安全性を高めるための一つの場となることに留意してもらいたい。

4 "ルール"を運用しよう

ビジョンや行動指針は、いざやってみると「決めただけ」になって「お蔵入り」になってしまうことも多い。そのため、ルールの実施についてもPDCサイクルを適切に回していくことが大切だ **[図表3－17]**。

チームで作ったルールは、日々、誰もがいつも目にするところに掲示しておくこと、仮にルールが守られていなかったらお互いにその場でフィードバックすること（その場でフィードバックすることもルール化しておくとよい）、そしてルールを定期的に見直すことで、このPDCサイクルをきちんと回していこう。

[図表3－17] ルールを定着させるPDCサイクル

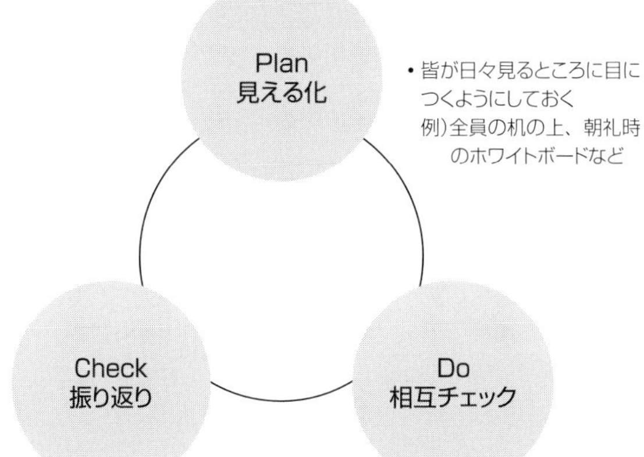
Plan
見える化
・皆が日々見るところに目につくようにしておく
例）全員の机の上、朝礼時のホワイトボードなど
Do
相互チェック
・朝礼などでルールが守れているかを毎日確認する
・守れていないときにはリアルタイム・フィードバック（その場のフィードバック）を徹底
・守るためにどうするのかを話し合う
Check
振り返り
・改めてルールについて考える時間を取る（3カ月、半年など）
・ルールについて、見直し、追加・修正を行っていく

第3章 心理的安全性を高める方法―実践編―

TOPICS 11

ルールを作ろう②
挨拶をしよう

挨拶とは存在承認であり、尊重である。一見すると当たり前の行動だが、“挨拶をしよう”というルールは、心理的安全性に大きな一石を投じる

1 挨拶とは存在承認

チームの中に、普段から“挨拶・声掛け”はあるだろうか。もし、それがあまりないようだったら、挨拶・声掛けをチームで徹底してほしい。

「なんだ、そんなことか」と思われるかもしれないが、日頃の“挨拶・声掛け”は、心理的安全性の構築に大きな影響を与える。“挨拶・声掛け”の行為は、相手の存在を承認する行為といえる。この存在承認は心理的安全性の構築だけでなく、チーム活動の基盤となるコミュニケーションを円滑にする第一歩である。

おもてのメッセージ

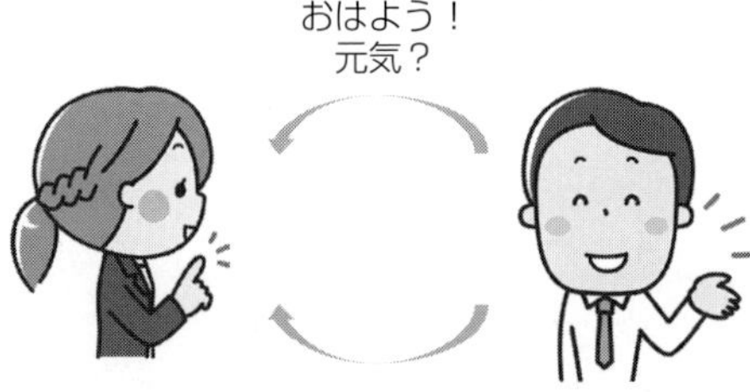
おはよう！
元気？
あなたがそこにいる
ことを分かっている
隠れたメッセージ

相手に対する“承認”の種類には、存在承認、行為承認、結果承認の三つがある **[図表３−18]**。この中の存在承認の基本が“挨拶”や“声掛け”である。筆者は、さまざまな企業のコンサルティングに際して、

［図表３－18］承認の種類

存在承認	挨拶をする、会釈をする、声を掛ける、名前を呼ぶ、誘う、目線を合わせる、相手を見る、人間性を褒める、呼ばれたら顔をそちらに向ける、うなずく など
行為承認	お礼を言う、感謝する、褒める、ねぎらう、拍手する、変化・成果の事実を伝える、メールに早く返事をする、前に言ったことを覚えている、良い評判を伝える など
結果承認	業績向上、ノルマ達成、賞与、昇格、昇進　など

現場や各事業所、店舗へのインタビューを行ってきたが、経験上、高い成果を上げているチームは、店舗などのサービス業ではなかったとしても、挨拶の基本ができていることが多い。一方で、疲弊していたり、チーム力が低かったりするチームは、訪問した筆者らに目もくれなかったりする。

2　明るく挨拶をしよう

エドモンドソンいわく、心理的安全性がある職場の特徴は、以下の３点である。

①ポジティブな発言が多い

②日頃から成功だけでなく、ミスや問題についても話をする

③職場に笑いとユーモアがある

皆さんの職場には、ユーモアがあるだろうか。「挨拶をしよう」というと、これは部下が上司にするものだと思っている人や、一言挨拶はするものの、目も合わせず、偉そうだったりする上司も存在する。

また、上司が部下に挨拶するときに、疲れた声や嫌そうな声で挨拶をしても“心理的安全性”の確保にはつながらない。それ以上に「今日は機嫌が悪いのだろうか」とか「何か気に障ることをしてしまったのだろうか」という疑念が生まれてしまう（もちろん、いつもそういう態度であれば自然と“この人はこういう人だから”と理解できるようになるが、

それでも毎回良い気持ちはしないはずだ)。

挨拶するときは、“立場に関係なく、自分から、明るく”するように心掛けることが大切である。

3 声掛けをしよう

挨拶と同じぐらい大切なことは、日頃の声掛けである。気軽な声掛けは「私はあなたのことを気にしていますよ」というメッセージでもある。特に落ち込んでいたり、うまくいかなかったりすることがあったとき、声を掛けてもらえると少し元気になることも多いはずだ。

そして、少しでも話を聞いてもらえたり、雑談できたりすると、それだけでリフレッシュとなる。こういう経験は、声を掛けたほうは何げなくとも、掛けられたほうは覚えているものだろう。

一方で、コロナ禍に伴いテレワークが増える中では、なかなか職場における声掛けやインフォーマルな場面での声掛けは難しくなっていることも事実だ。このような環境では、意図的にチャットを送ってみる、会議の最初に必ず雑談をする、「最近の調子はどう?」と聞いてみるなどのやりとりも必要となるだろう。

そして、これらのルールを職場のコミュニケーションの基本としていくことが大切だ。“挨拶・声掛け”をルールにするまでもないと思うかもしれない。しかし、ルールにすることで、皆にその重要性を改めて理解してもらうとともに行動に対する意識づけが可能となる。

リクルートの旧社訓「自ら機会を創り出し、機会によって自らを変えよ」は、その取り扱いが廃止された後にも、OBや社員の間に言い続けられている。行動指針やルールは、それを意識し、皆がそのように行動していけば自然と根付くものだ。

TOPICS 12

場を作ろう①
“対話”の場を作ろう

“対話”とは日々の会話の内容ではなく、その奥にある“意図や真意、想い”について共有することだ。心理的安全性を高めるためには、チームの中にこの“意図や真意、想い”を共有できる場を作っていくことが必要だ

1　対話とは何か？

改めて対話とはどういうことだろうか。“対話＝ダイアローグ”は、雑談や単なる会話、議論とは違う。

「会話」とは、２人または数人が、お互いに話したり聞いたりして、共通の話題を進めることである。意見の違いについて“良しあし”を戦わせてしまうことは「議論」といえる。

対話も会話の一部ではあるが、単なる話の内容に加えて、“お互いの認識や思い”を共有し、相互理解を深めていくことが含まれる。

この相互理解を深めていくには、単に客観的事実やその言葉のやりとりだけでなく、「客観的事実に対する意味」を共有していくプロセスが大切だ。**［図表３−19］**の上段は単なる会話だが、下段の会話を含めた共有は“対話”である。

「対話」とは、自分と違う相手の意見を否定せずに、まずは違う視点があることを共有し、双方が受け止めていくことである。

特に“見える化”の対話においては、**お互いの考え方や価値観に認識のズレがあることは当然**であり、このズレを認識し合うものだと捉えて、メンバーの考えとその考えの背景にある意味を共有していくことが大切である。

[図表３－19] 会話と対話の違い

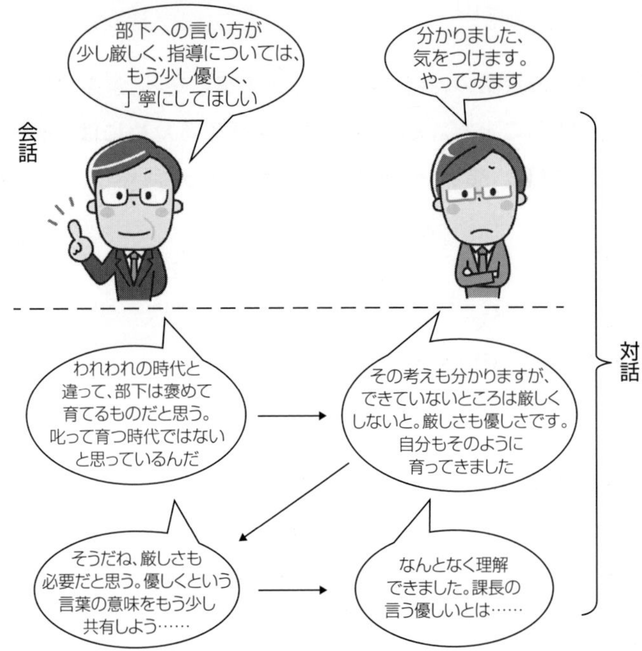

2　対話のレベル

98ページの「6 **チームの実態を“見える化”しよう②　対話で知ろう**」でも記したように、対話は心理的安全性を高めるための重要なファクターだ。表面上の会話をしていても、実際に率直に話す場の形成にはならない。その意味では、前述のように相互に聞き合う、理解し合う対話の場が必要となる。

ここでの“対話”は、**[図表３－20]** の対話のレベル３を目指したい。心理的安全性がないチームは、最初はレベル１であるかもしれない。対話の進め方や態度を変えていくことで、レベル２、レベル３、レベル４の対話にしてほしい。

[図表３−20] 対話のレベル

	やりとり	話し方	聞き方
レベル１ 儀礼的な会話	見せかけ・表面的	特定の人が話す 本音は言わない	聞きたいように聞く 目的を問わない 無反応
レベル２ 討論	ディベート・衝突	率直に話す 自分の意見を主張する	判断するために聞く 自分の価値観との違いを評価する
レベル３ 内省的な対話	お互いの探求	内省的に話す	相手の内側・話を共感的に聴く
レベル４ 生成的な会話	未来への探求	新しい洞察やアイデアを語る	真摯に耳を傾ける 境界がない

［注］ 中村和彦『マンガでやさしくわかる組織開発』［日本能率協会マネジメントセンター］を基に改変

3 新しい“対話”の場づくり

これまで解説した①チーム実態の“見える化”、②目的の共有、③ルールを作るといったチームでの活動には対話が必要であり、継続的な対話を進める場づくりも重要となる **[図表３−21]**。

日常でわれわれは多くのミーティングや打ち合わせを行っている。会話をする機会も報告、確認、議論、意思決定などさまざまだ。また、インフォーマルの場では雑談などもある。心理的安全性がないチームにとって、既存のミーティングを心理的安全性の高い場にしていくことは難易度が高い。なぜならば、既にその「場」のイメージや「進め方」「仕切る人」「発言する人」が固定化されてしまっており、通常の空気を破ることが難しいからだ。

そんな時には、ちょっと工数はかかるが、既存の場ではなく、新しい“場”を設けることだ **[図表３−22]**。

メンバー同士が話しやすいテーマ設定や場づくり（具体的には、チームや組織における課題の共有や課題解決に向けた取り組み、目的やルールの見直しなど）で対話を続けよう。人は変えられなくとも、テーマや

[図表３－21] チーム活動には対話と場づくりが重要

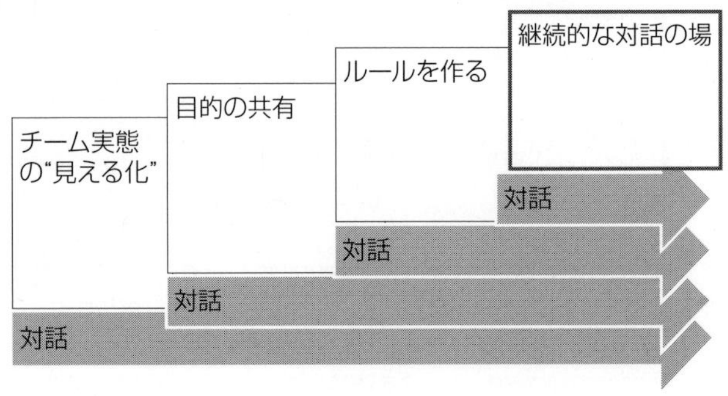

[図表３－22] 会議の位置づけマップ

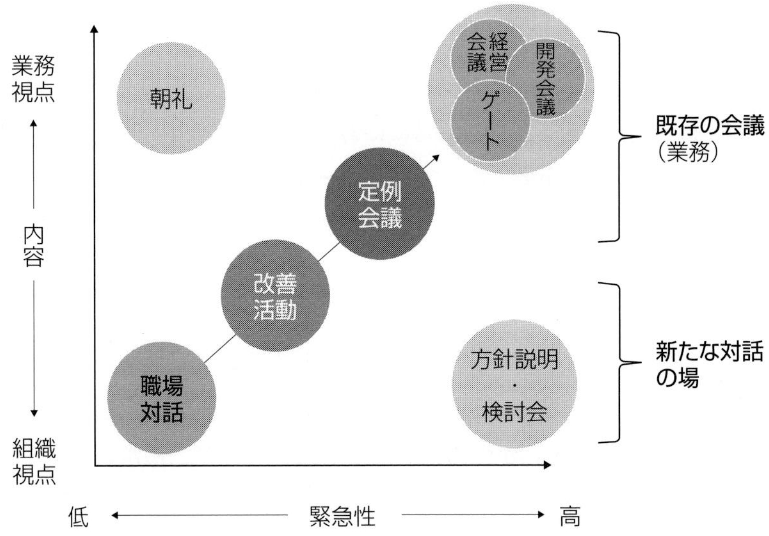

場を変えることは簡単にできる。そうすることで、誰でも意見を言える場となる可能性が高い。

4　日頃の会議における場づくりを振り返ろう

改めて伝えたいが、われわれは普段の仕事の現場では、タスクの内容や進め方について話をしていることがほとんどだ。実際の仕事の場では、このタスクの内容・質（タスク・プロセス）に対するフィードバックが非常に大切であり、それが実際の仕事に目に見える成果となっている。

一方で、議論の仕方や伝え方、人間関係というメンテナンス・プロセスは目に見えない部分だが、チームの成果（タスクの質）に影響を及ぼしている。なぜならば、伝え方次第で良いアイデアをチーム内で共有できたり、個々人がタスクに取り組むモチベーションに影響を与えたりするからだ。

会議の中での質問の仕方や問いの立て方により、チームの雰囲気や成果を上げることも下げることもある。いつもの会議の仕方がどの対話のレベルにあるか、ぜひ見返してほしい。

TOPICS 13

場を作ろう②
ミーティングの進め方

タスク・プロセスの段取りを良くすることは、メンバーの意識をメンテナンス・プロセスに集中させるため、心理的安全性の醸成を助ける。ミーティングを効率的・効果的に進めることが大切だ

1 効率的なミーティングは心理的安全性を高める

会議の効率性と心理的安全性は一見、無関係である、もしくは「皆が言いたいことを言っている」状態のため、心理的安全性が高いほど会議が長引き、非効率となりそうな感じもするが、実はそうではない。実際に筆者らが共同研究をした企業においては、心理的安全性が高いチームほど会議の効率性が高かった。心理的安全性の高いチームでは、基準が明確であるからこそ、議論が滞ったり本論から大きく脱線したりすることもなく効率的に会議が行われていた。

一方で、心理的安全性が低いチームの会議では、質問しても意見が出ず、深みのある議論ができない、議論が後戻りしてしまうなどの非効率な結果を招いていた。

2 ミーティングのルールを決めよう

心理的安全性を高めるための一つの方法が、ルールや基準を明文化しておくことだ。ミーティングにおいてもルールを決めておくことは、発言に対する安心感を醸成するための第一歩になる。

ルールの例

- ミーティングには、必ず全員が参加する

- 時間厳守！
- メンバーは必ず発言する
- メンバーは本音を言う
- 相手の発言を遮らない
- 議論に集中するため、必要があるとき以外はパソコンを持って来ない
- メンバーの意見について頭ごなしに否定をしない
- 反対意見を言う場合は、提案も一緒にする

ルールは公平性を担保するためにも、役職、年次、忙しさなどで区別せずに、ルールの徹底は基本的に全員にお願いをすることが望ましい。

例えば、業務に追われて忙しくなると、宿題をやってこない・時間どおりに集まれないといったメンバーが必ず出てくるが、ルールが曖昧にならないように、事前に欠席・遅刻の連絡を必ずもらうようにすることが大切だ。

3 効率的かつ率直に言い合える チームミーティングの進め方

「効率的かつ率直に言い合える＝発言しやすい」チームミーティングを設計するためには、「事前準備」「実施」「後片付け」の三つの取り組みが大事になる。特にミーティングにおいては、単に「その場に集まる」のでは意味がない。ゴールの設定と段取りイメージなどの事前準備が重要だ。

4 チームミーティングの流れ

事前準備と事後のフォローが徹底していれば、本番のミーティングが成功する確率は高くなる。事前準備がミーティングの成功の８割を決めると考え、ミーティングの全体像を設計することが重要だ**［図表３－23］**。

［図表３－23］チームミーティングの流れ

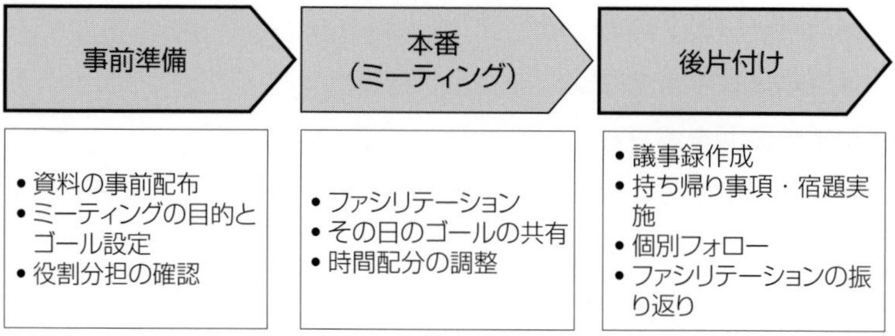

事前準備	本番（ミーティング）	後片付け
• 資料の事前配布 • ミーティングの目的とゴール設定 • 役割分担の確認	• ファシリテーション • その日のゴールの共有 • 時間配分の調整	• 議事録作成 • 持ち帰り事項・宿題実施 • 個別フォロー • ファシリテーションの振り返り

［1］事前準備

⑴事前共有・事前確認

ミーティングの１日前には必要な資料やアジェンダをメンバーに共有し、事前に目を通して、アイデアがあれば考えてきてもらうようにする。また、ミーティングの目的・ゴールについては必ず共有する。

ミーティングの目的を提示することで、ミーティングの場で的外れな発言をするリスクを低減させることができる。また、事前準備（宿題・やるべきタスクの提示）は、熟慮を重ねて発言する傾向の強い日本人には大切な段取りだ。特に、その場の思いつきでアイデアや自分の考えを発言しづらいメンバーがいる場合はなおさらだろう。事前準備が発言に対する知識と心構えを作る。また、前回のミーティングで宿題等が出ていた場合には、必ず事前に宿題の実施状況を確認する（メールで代替してもよい）。

⑵議事録担当などの役割の決定

事前にファシリテーター（司会）、議事録担当、板書担当などの役割を決めておくこともよいだろう。

事前準備などの段取りや会議中の役割は、特定の人が実施するのではなく、メンバー全員の持ち回り制とすることが望ましい。そうすることで、相手の立場を理解し、メンバーの責任感や参加意欲を高めることにつながる。

［2］本番（ミーティングの実施）

⑴ミーティングのファシリテーション・司会進行

ミーティングの成否はファシリテーターによって決まる。以下のファシリテーションのポイントを踏まえて進めてほしい。

ファシリテーション・実施のポイント

- 最初から本題に入らず、アイスブレイクやチェックインを行う
- リーダーが発言し過ぎない、仕切り過ぎない
- リーダーが弱音や本音を最初に発言する
- 相手の意見を否定しない。相手の立場になり、自分と反対の意見が出たときには「なぜそう思うのだろう」と考える
- 相手の意見に対して、「なるほど！」「そういう考えもあるね」という前向きな受け答えを行う
- 全員に対して平等に発言の機会を設ける、平等に目配りする

最初の段階では、リーダー自らがミーティングのファシリテーターとなって司会進行したほうがよいだろう。リーダーは、メンバーに発言をしてもらうためのファシリテーションや聞き役を心掛けることが重要だ。２回目以降は、メンバーの参加意欲を高めるためにも、持ち回りで実施することもよい。

⑵ミーティングのゴールの確認

ミーティングの最初では、必ずその日に決めたいことやここまでは話したいといったゴールを共有しよう。仕事でもミーティングでもゴールの共有とそこに向けた達成意欲は、チームの一体感やメンバーそれぞれの発言＝コミットメントを高める効果がある。

また、必ず全員に意見を聴き、様子を観察すること（全員に目配りすること）も重要だ。心理的安全性を高める場づくりには、「全員が発言

すること・発言できること」も目標の一つとなる。必ず全員が発言できるように心掛けてほしい。加えて、リーダーやファシリテーターは、メンバーの発言内容だけでなく、態度にも気を配り、必要に応じてフォロー・介入するとよい。

観察のポイント

- メンバーの発言の仕方（ストレートか、遠慮がちか、遠慮がちなメンバーは本音が言えていそうか）
- 発言の偏り（特定の人ばかり話していないか）
- 話し掛ける相手（あるメンバーはいつも同じ人に話し掛けていないか）
- メンバーの聴く姿勢（自分の意見のみを主張し合っていないか、相手の意見も尊重しているか）
- 相互の指摘（ネガティブな言い方ばかりしていないか）

※マサチューセッツ工科大学のトーマス・マローン教授のグループの「集合的IQ」の研究において、複数のチームに協力し合わないと解けない問題を与え、その能力を測ったところ、生産性の高いチームの特徴として「メンバー間の発言権が均等であること」「メンバーの人の気持ちを感じる力が高いこと」が分かった。

⑶時間管理の徹底

時間どおりに始めること（開始２～３分前には席に着く）は、ルールの徹底の基本中の基本だ。心理的安全性の構築は基準・ルールが明確であることが一つのポイントだ。時間厳守というルールを徹底できるかどうかが、心理的安全性構築の第一歩ともいえる（部外・社外の方との約束の時間には気を使うのに、社内・部内だから時間にルーズでよいということはない）。

「忙しい人ほど遅れてくる、遅れてもよい」という価値観の社員がいるが、そういった社員は往々にして自分勝手で、ほかの人の時間を奪っている。リーダーは「忙しく、できる人ほど時間どおりに来る」という模範を見せることが大切だ。

[3] 後片付け（振り返りの実施）

リーダーは5分でよいので、ミーティングの成否と「うまくいった／うまくいかなかった」原因を振り返ってほしい（事務局やサポートしてくれる人が参加している場合は、一緒に振り返りの場を持つことが望ましい）。

Tips ファシリテーションとは

ファシリテーションとは一般的には、以下のような役割をいう。

- 会議などの集団活動を円滑に進め、成果を上げるために「段取り」「進行」「支援」を行うこと
- 中立な立場でチームのプロセスを管理し、チームの成果が最大になるように支援すること

ファシリテーターの具体的な役割は、以下のようになる。

①議論の問いに答えるべきか命題設定をクリアにし、議論の全体・構造をデザインした上で

②全員の意見・（感情）に耳を傾け、全員が発言しやすい雰囲気を作り

③議論の切り口や視点を与えるとともに、議論の脱線・停滞・意見の対立に介入し

④一定の基準の下に合意形成を図ること

ミーティングの効果的・効率的な運営に向けてファシリテーターには、「段取り力」「ロジカルシンキング」「コミュニケーション力（傾聴、質問力）」などさまざまなスキルが求められる。

TOPICS 14

場を作ろう③ 1 on 1の場を作ろう

リーダーとメンバーの1 on 1の“場”がうまく機能すると、そのチームでの心理的安全性が高まる。なぜなら、チームの心理的安全性は、リーダーのリーダーシップに非常に大きな影響を受けるからだ

1 1 on 1を活用しよう

リーダーとメンバーの（もちろんメンバー同士の）1 on 1も有益だ **[図表３－24]**。

心理的安全性はチームの概念であるが、個人間の信頼と同義である。リーダーとメンバーの間に“信頼”がなければ、チーム全体の心理的安全性も高まりにくい。

リーダーとメンバー間（もしくはメンバー間）で信頼を構築するための手法の一つとして挙げられるのが1 on 1である。近年「1 on 1」という言葉がはやっているため、本書でも「1 on 1」と表記するが、1 on 1とは、要するに「事前に予定された、リーダーとメンバーの質の高い会話」である。

1 on 1の場で、お互いのことを知り合ったり、日頃相談できないことを相談したり、お互いにフィードバックをしたりするには、ちょっとしたリーダーの心構えやスキルが大切だ。

2 1 on 1の進め方

[1] メンバーのための時間を確保しよう

日頃忙しいリーダーは、メンバーと業務以外の件について会話する時

[図表３－24] 1 on 1の概要

1 on 1 ミーティングとは	• 1 on 1 ミーティングとは、上司と部下が１対１で定期的に行うミーティング • 上司が主役とならない、部下が100%主役となる時間
開催頻度・時間	• １回/２週間 （どうしても無理な人がいる場合は、１カ月に１回） • １人当たり30分程度
場所	• 事務所内の個室 • 会社近くのカフェ ⇒時には場所を変えてリフレッシュ
留意点	• 部下と定期的な時間の設定をすること • 1 on 1を行うことを合意する ⇒勝手にスケジュールを入れない ⇒一方で入れておいてもNG

間を取ることが難しいというよりも、優先順位が自然と下がってしまっている。「1 on 1をやる」ということは、忙しいリーダーがメンバーのために自分の大切な時間を割くというメッセージであり、メンバーに対して、あなたはこのチームで大切な人であるという存在承認につながる行為といえる。リーダーは、部下をマネジメントする立場として、1 on 1は優先度の高い業務として位置づけ、時間を確保してほしい。

[2] 流れをイメージしよう

リーダーの悩みとしてよくあるのは、「何を話してよいか分からない」「会話が続かない」「部下も特に話してくれない」というものだ。そのため、リーダーは前もって1 on 1の進め方をイメージしておくとよいだろう **[図表３－25]**。

何事も事前準備が大切だ。「何を話してよいか分からない」という場合は、**[図表３－26]** のリーダーの心構えを踏まえ、部下の情報（仕事の状況、家族構成、残業量、日頃の様子など）を改めて確認した上で、困ったときの質問フレーズのバリエーションを用意しておくとよい。

[図表３－25] 1 on 1の進め方

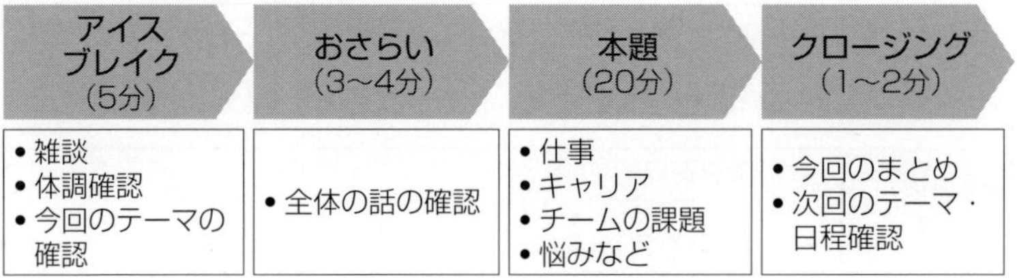

アイスブレイク（5分）	おさらい（3〜4分）	本題（20分）	クロージング（1〜2分）
• 雑談 • 体調確認 • 今回のテーマの確認	• 全体の話の確認	• 仕事 • キャリア • チームの課題 • 悩みなど	• 今回のまとめ • 次回のテーマ・日程確認

[図表３－26] リーダーの心構え

- リーダーが「聞きたい・知りたい」ことではなく、相手が「話したい」ことを話してもらう意識
- 「納得・理解する」のではなく「共感する」
  （自分の意見と違うことに無理に共感をしなくてもよい。ただ、そういう考えもあるのだと否定しないこと）
- 次の「質問」を考えるよりも、今「話していること」に注意を向ける
- うまくやろうとしない（100%完璧な会話はないことを理解する）
- 1 on 1の時間を楽しいものと思って進める

[3] リーダーの心構え

リーダーの心構えも重要だ。1 on 1でのリーダーとしての大切な姿勢は、リーダーがメンバーに興味・関心を持って「メンバーが話したいこと」を聴くことだ。リーダーが聞きたいことばかり尋ねたり、いかにも忙しく面倒くさいといった態度で接していたりしたら、どんなに時間を取っても逆効果である。

[4] リーダーのスキル

1 on 1を実施するに当たり、リーダーにとって大切なのは、何といっても「聴く」スキルと「質問する」スキルだ **[参考]**。この二つの巧拙によって、その時間が双方にとって実りの多い時間にも無駄な時間にもなる。

この「聴く」と「質問する」のスキルの向上にリーダーは努めてほしい（詳細は第４章参照）。

[参考]“聴く”“質問する”際の心構え

聴く際の心構え	
部下の話を遮らず最後まで聴き切る	• 自分の興味があることを聴くのではなく、部下の考えや学びが深まるように、集中して聴く • 次に「何を言うか、質問するか」を先に考えない
自分の解釈を優先させない	• 自分の欲しい情報だけを聞かず、部下が本当に伝えたい情報を聞き取る • 話の内容について、「良い／悪い」という判断・評価をしないで聴く
「ペーシング」の活用	• 相手の言葉を引用する、適度な相づちをするなどして、聴く環境を整える • 相手の状況を認識し、状況を表現する言葉をそのまま返す • うなずきや相づちなどを適度に挟む、相手と視線を合わせて話す

［注］「ペーシング」とは、会話において、話すトーンやテンポ、呼吸などのペースを相手に合わせるスキルのことをいう。

質問する際の心構え	
（質問） 自分の持つ答えに誘導しない	• 答えをせかさない • 上司が持つ正しい答えを押し付けずに、部下自らの発見を促す、問題解決に向かわせる質問をする
（質問） 相手の中の視点を増やす質問をする	• 部下が自動的な「反応」によって行動しないように、視野や選択の幅を広げるような質問を投げ掛ける ※過去否定（なぜできなかったのか？）ではなく、未来肯定（どうしたらできるようになるのか？）という未来思考の問いを心掛ける ※オープン、クローズ／チャンクアップ、チャンクダウンの質問を使い分ける
（フィードバック） 客観的事実、主観的事実を伝える	• 客観的事実と感情を分けて伝える • 主観的事実に「これは○○だ」と記述的に伝える。そのことに対し「私は○○と感じました」と分けて伝える（伝え方のショートカットをしない）

［注］「チャンクアップ」とは、背景や目的を問うなど議論をより抽象化していく質問形式をいう。
「チャンクダウン」とは、より物事を具体的にしたり、課題を細分化していく質問形式をいう。

TOPICS 15

人の関係性を作ろう①
お互いを知ろう

あなたはチームのメンバーのことをどれだけ知っているだろうか。相手のことを知らずに、お互いの信頼関係や心理的安全性を高めることは難しい。まずは相手に興味を持ち、知ることが必要だ

1 “知り合う”ことの大切さ

心理的安全性の一つの要素は、情報や先の見通しの透明性である。その対象には、“チームのメンバー自身”のことも含まれる。人は相手のことを知ることで自然と親近感が湧くものである。特にその結果が、例えば、同郷であったり、出身大学が同じであったり、趣味が同じだったりするとよりそうだ。

また、心理的安全性はチームの土台であるが、われわれが目指している姿は、メンバー同士がお互いに助け合い、協力しながら“チームとして機能している”状態を作ることだ。

エドモンドソンの心理的安全性の測定指標（67ページ）に「他のメンバーに助けを求めることは難しい（R)」とあるが、これは「他のメンバーに気軽に助けを求めることができる」ことが心理的安全性を高めることを示唆しており、心理的安全性の中に“助け合い”の一部が含まれているといえる。

発言者が、自ら「助けてほしい」と言えるということだが、この“助けてメッセージ”は、日頃から受信側が「困ったらいつでも言ってね」というスタンスでメッセージを発信していないと難しい。お互いに助け合え、受け止め合える関係性の構築が必要だ。

相互に言える関係性

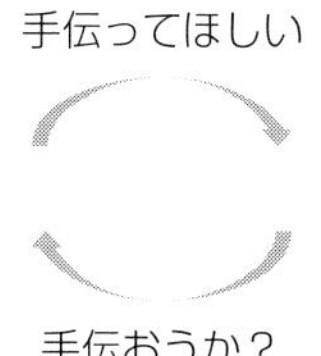

2 「共感」が「助け合い」を生む

この助け合いの文化を作るためには、チームの中でお互いの気持ちや状況に共感することが重要なファクターとなる。実際、学術的にも協力行動と共感の研究事例は多く、共感性が高いほど協力行動は増えることが実証されている。

また、脳科学でも、親しみを感じている相手は「私たち＝仲間」と認識し、親しみを感じていない相手は「彼ら＝部外者」と認識するといわれている。相手を自分と同一視し「私たち」と位置づけるときには、相手の成功を賞賛し、共感し、許容し、利他的である一方で、「彼ら」と考える場合には、相手の失敗を喜び、敵対し、排除してしまう。

この“共感性”を作り出すために大切なことは、以下の三つといえる。

①相手に興味を持ち、バックグラウンドを知る
②相手の置かれた立場・状況を知る
③相手との共通点を見つけ、相違点の背景を知る

[1] 相手に興味を持ち、バックグラウンドを知ろう

まず、チームで疎遠な人を何人か思い浮かべてほしい。その人のことについて、どこまで知っているだろうか**[図表３－27]**。

実際にインフォーマルな状況を含めて、意外と知らないことが多いの

[図表3－27] 相手のバックグラウンドを知る

No.	項目	(　　)さん	(　　)さん	(　　)さん
1	前職（前の職場）はどこか？			
2	出身地はどこか？			
3	年齢は何歳か？			
4	誕生日はいつか？			
5	家族構成は知っているか？			
6	子どもがいる場合は年齢・性別は？			
7	趣味は何か（週末は何をしているか）？			
8	好きなもの（食べ物・人物など）を一つでも知っているか？			
9	会社で親しくしている友人・上司は誰か？			
10	どのような専門性を持っているか？			

[注] 相手がプライベートな情報を話してもよいと思うことが前提であり、相手との関係性により項目は取捨選択してほしい。

ではないだろうか。

ちなみに、メンバー同士がインフォーマルな情報を知り合っている度合いが高いチームと低いチームでは、そのチーム力に差がつくことが研究結果からも分かっている。

今の時代は、個人情報保護や各種ハラスメントの対策が徹底され、インフォーマルな情報を聞きづらいという実態があるが、雑談や何げない会話などでお互いが知り合える機会を増やしていこう。

[2] 相手の状況を知ろう

属性だけでなく、相手が置かれている状況を知ることは、心理的に安全な場を作り、相互に助け合えるチームを作るために重要だ。

⑴相手の状況を知ってチームが良くなった例

あるリーダーは、よく休暇を取るメンバーにその理由を聞けずにいたが、1 on 1の場でそのメンバーの両親は介護が必要な状況ということを知った。その状況を共有できてからは、リーダーは仕事の与え方を工夫したりするようになり、メンバーも休みの相談がしやすくなった。

⑵相手の状況を知らずに険悪になった例

ある設計チームで商品開発の際にトラブルが起こり、休日出勤をしなくてはならなくなった。A、Bの両チームに関連するトラブルだったが、Aチームのメンバーは全員出勤したにもかかわらず、Bチームのメンバーはほとんど出勤しなかった。「なぜ、自分たちばかりが対応しなければならないのか」とAチームのメンバーからリーダーに不満の声が届いた（後でBチームのリーダーに話を聞くと、運動会シーズンでメンバーはそれぞれ子どもの運動会の予定が入っている者が多く、出勤できない事情が分かった）。

⑴の例のように、相手の状況を知っていれば、きっと受け止め方は違っただろう。今後は育児・介護などを抱えるメンバーも増えていくことが予測される。このような多様な人材をマネジメントしていく時代においては、相手の背景・状況を知っていくことが大切だ。

［3］相手と共通点を見つけ、相違点の背景を理解しよう

前述のとおり、われわれは相手との共通点があると親近感を持ちやすい。最初の段階では、共通点を見つけて心理的距離を縮めておくことも一つのポイントである。

一方で、心理的安全性を高める次のステップとしては、相手との相違点を受け止めることが求められる。チームで仕事をしていく中では、自分の慣れ親しんだ進め方や意見の違いなどに相違点があると“違い”ばかりを認識しがちである。その進め方や意見にこだわりがあればあるほど、自分と違う場合は、感情的にも否定的になりやすくなる。否定的な感情を肯定的な感情に変えるためには、上記［2］のように相手の背景や状況を知ることが大切であるし、また、その人が大切にしている価値観を知ることが大切である。この考え方がダイバーシティ（多様性）を超えてインクルージョン（受容）につながる一つでもある。

TOPICS 16

人の関係性を作ろう②
メンバーで1 on 1をやろう

心理的安全性が高く学習・挑戦できるチームを作るためには、そのチームや組織のメンバー同士に信頼関係があることが大切だ。また、お互いが知り合うためにも、そうした機会を意図的に作ることが大切だ。そのための一つの方法が、メンバーとの1 on 1である

1　ダイバーシティが進む中での1 on 1の大切さ

中途採用が少なく、人材の流動性が低い企業では、多少異動があったとしても、組織に属するメンバーのことは昔からよく知っているという場合が多いだろう。そのため、考え方や価値観も同質性が高く、話さなくても分かるといった「暗黙の協調」「阿吽（あうん）の呼吸」が通じることも多い。

一方で、グローバル化の促進や働き方の多様化が進み、人材の流動化が増している今の時代においては、十分に「お互いのことを知っている」という組織も減ってきている。特に中途採用社員、契約社員などの多様な雇用形態の社員が存在する流動性の高い組織において、メンバー同士の1 on 1は機能するケースが多い。

また、流動性が低く、以前から一緒に働いているチームでも、実際にはメンバー同士の1 on 1は心理的安全性の構築に大きく寄与していた。

実際の声を聞いてみると、20 〜 30代の若手社員では、身近な同期としかプライベートの付き合いがなく、世代を超えた交流はあまりしていない（飲み会に誘っても若手は参加しないなど）ことも多い。40 〜 60代では当たり前だった付き合い方は既に風化しつつある。このように世代、性別、国籍、働き方などが以前より多様化した組織・チームでは、お互いに知り合える機会を意図的に作っていくことが大切だ。

2　1 on 1の進め方

[1] 新参メンバーとは必ずやろう！

メンバー同士で1 on 1をやろうといっても、実際には、仕事に追われており、時間が取れないことも多い。

まずは、中途採用した社員や新入社員など新しく部署に配属された社員がいたら、必ずメンバー同士で1対1で話す機会を作る（今はこれを1 on 1と名付けている）ことをお勧めしたい。1回でも個別に話したことがあれば、集団になったときの心理的抵抗感は格段に減るはずだ。ゼロと1の差は非常に大きい。

[2] 短く気軽にやろう（マイクロ1 on 1）！

メンバー同士の1 on 1を日常に組み込むためには、無理なくできるようにすることがポイントだ。例えば、朝礼、昼礼などの時間を5～10分捻出し、毎回違うメンバーと2～3分でも近況について会話をするといった方法も考えられる。

ある企業では、新入社員の入社をきっかけに1 on 1を始めたが、それを拡大して、朝礼の後に1 on 1を実施するようにしている。話題は週末に何をしていたのかや趣味などの軽い話だが、お互いの知らなかったことを知ることができて、業務上でも気軽に声を掛けやすくなったという良い効果が見られるようになった。

[3] 1 on 1の結果を共有しよう！

この活動を個人間の信頼構築だけに終わらせないで、チームとして機能させていくためには、次のステップとしてメンバー同士が話している1 on 1の内容を共有することがとても大切だ。誰と誰がどのような話をしているのかを知るだけでも相互理解が進み、安心する。

“見える化”のためには、スケジューリングをした上で、どのような話や気づきがあったのかについて箇条書きでもよいので、さまざまな共有ツールを使うとよい。

[図表３－28] はあくまでもサンプルだが、このように共有化されていると、自分との話では分からなかった他のメンバーへの新しい気づきもある。

[4] 1 on 1で気をつけたいこと

1 on 1の運用において気をつけたいことは、以下の４点である。

①無理なく進める
②全員と平等に行う
③守秘義務は守る
④状況や背景を知っていく

この1 on 1の機会がメンバーの負担になってしまっては意味がない。あくまでも“気軽に”やれることが大切であるため、強制的にどうして

[図表３－28] メンバー間の1 on 1の内容を共有する例

例）各自がその1週間に話した人との会話（主に相手のこと）を簡単に記載

4月第1週

	Aさん記入	Bさん記入	Cさん記入	Dさん記入	Eさん記入	Fさん記入
Aさん		大好き	仕事の相談	週末キャンプに行った	犬を飼っていて一緒にキャンプに行った	けがをねぎらってくれた
Bさん	ゴルフのスコアが90台！		ジム・体力づくりの話	ジムに通って体力づくりをしている	ジムに通って目指せ○kg	ジム通いの有用性を教えてくれた
Cさん	エアロビが趣味想像できない	体力づくりに燃えている		ランニングが趣味、毎日5km走っていてすごい!!	実は登山部。知らなかった	クライアント情報の共有
Dさん	共通の趣味が乗り物と分かった	遠出の良い名所は○○	バイクを買った話		ヤマハのバイクを買ったらしい	仕事を一部頼んでしまった
Eさん		仕事の相談	救急車に初めて乗ったらしい	階段で転んで大けがをした		仕事の愚痴を聞いてもらった
Fさん	Fさんの仕事の相談	チーム運営の話	クライアントがきつい！	仕事が大変・残業ばかり	仕事が大変でスケジュール遅延するかも（泣）	

もやらなくてはならないということではなく、無理のないように進めることが大切だ。

また、われわれは人間なので、当然、人によって“話しやすい”“話しにくい”があるだろう。メンバー間の1 on 1の目的は、特定の人とばかり話す形式にせず、全員と平等に行うことに意味がある。この平等感がないと、結果的に単なる仲良しの内輪話に終始してしまう。

また、会話がない場合はサイコロトーク（サイコロの出た目の話題を話すことを通して、参加者同士の相互理解を深めるゲーム）のように、あらかじめ幾つかテーマを決めておくことも有益だ。**[図表３－29]** のテーマ設定シートのように幾つか事前に出しておき、今日のテーマを決めて話すことも一つのアイデアだろう。

そして、お互いが知り合えていない場合は、最初は趣味の話や雑談から始まることが多いかもしれないが、回数が進むにつれて、個々人が置かれている状況や背景を共有できるようなテーマを取り扱っていくこともお勧めしたい。

[図表３－29] テーマ設定シート（例）

□ 趣味	□ 自分の秘密
□ 週末の出来事	□ 将来設計
□ 家族	□ 仕事上のキャリア
□ 健康	□ 仕事で助けてほしいこと
□（コロナ禍の）生活の工夫	□ 自分の専門性・得意領域（助けられそうなこと）

TOPICS 17

人の関係性を作ろう③ コミュニケーションタイプを知ろう

相手とコミュニケーションを取るときに、やりやすい人もいれば、やりにくいと感じる人もいるだろう。これは、人にはそれぞれ、好むコミュニケーションタイプがあり、それぞれが好むやり方でコミュニケーションをしているからだ。自分と相手のタイプの違いを理解して歩み寄ることは、相手を知り、心理的安全性を高める一助となる

1 コミュニケーションタイプとは何か？

144ページの「**15 人の関係性を作ろう①　お互いを知ろう**」において、相手の属性、考え方や価値観を知ることが大切であることを伝えたが、相手を知り、コミュニケーションの促進につながるツールの一つが「コミュニケーションタイプ」である。人は相手とコミュニケーションを取るときに、自分が日頃行動しがちな、またこう接してほしいという特性がある。この特性分類の方法はさまざまあるが、この特性を四つのパターンに分類したものがコミュニケーションタイプという考え方である**［図表３－30］**。

2 各タイプの特徴

各タイプの特徴は、**［図表３－31］**のとおりである。各タイプに応じて、好むコミュニケーションの方法も違う。ここでは隣り合うタイプ同士は親和性が高いが、対角線上のタイプ（例えば、コントローラーとサポーター、プロモーターとアナライザー）は対局にあるため、コミュニケーションに齟齬（そご）が生じやすいという特徴がある**［図表３－32］**。

[図表３－30] コミュニケーションタイプの４分類

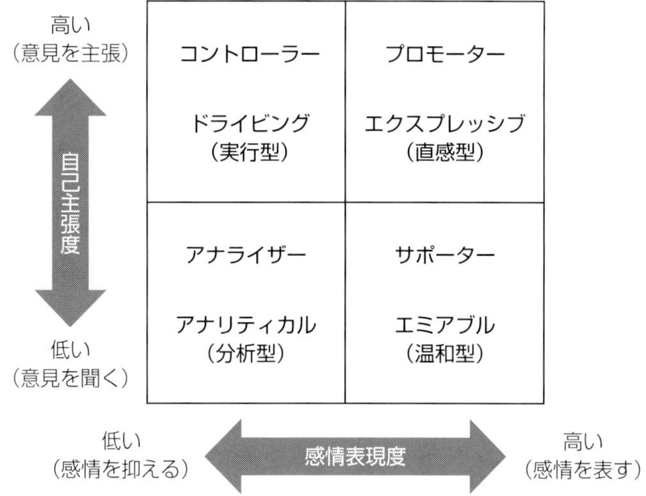

［注］　上段はコーチ・エィのコミュニケーションタイプの名称、下段はデビット・メリルのタイプ分類の名称を表す。

[図表３－31] コミュニケーションタイプ

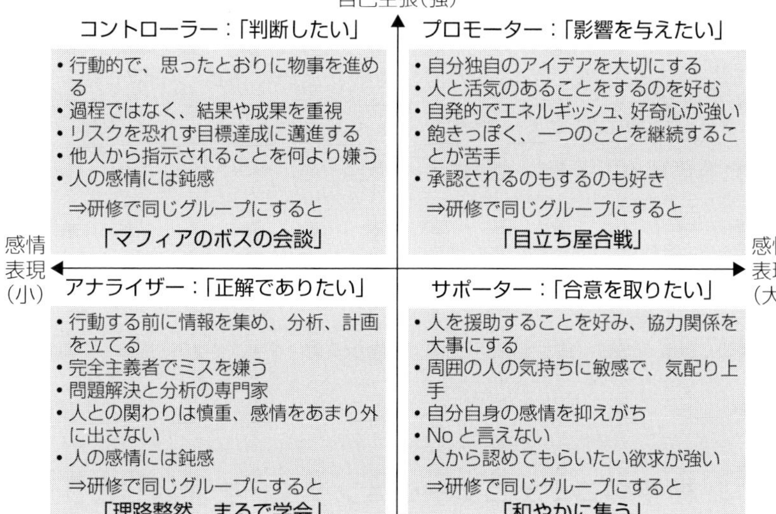

資料出所：コーチ・エィ資料を基に筆者作成。

[図表3－32] 各タイプの特徴

	コントローラー	プロモーター	サポーター	アナライザー
表情	頼れそう	楽しそう	優しそう	真面目そう
姿勢	腕組み、足組み、硬い	身ぶり手ぶり、くだけた	うなずき、相づち	直立不動、硬い
話す速さ	速い	速い	ゆっくり	ゆっくり
声の調子	断言口調	抑揚がある	穏やか、温かい	単調、冷静
会話のテーマ	仕事・課題	人・人間関係	人・人間関係	仕事・課題
会話のスタンス	要点を話そうとする	人に影響を与えるように話す	期待に応えるように話す	正直に話そうとする
話の長さ	短い	長い	長い	長い
話の構成	結論から単刀直入に話す	話があちこちに飛び、展開が早い	前置きが入り、すべてのことを話す	順を追ってロジカルに整理して話す

3　自身のコミュニケーションタイプを理解しよう

まずは自分のタイプを知ろう。自身のコミュニケーションタイプを知るには、株式会社コーチ･エィの診断アプリや書籍等[※10]を活用すれば可能だ。アメリカの心理学者デビット・メリルの診断項目については、巻末付録②として掲載しているので、時間があれば確認してほしい。自分のタイプを理解した上で、自身がやってしまいがちなことと気をつけたいことを確認してほしい **[図表３－33]**。

※10 「タイプ分け™」診断のアプリ等と書籍は下記のとおり。
　サイト：Test.jp―リーダーのための自己診断テストサイト―（有料）
　アプリ：iPhone向けアプリ「タイプ分け™」／Android向けアプリ「タイプ分け™」（いずれも有料）
　書籍：伊藤 守監修、鈴木義幸著『図解 コーチング流「タイプ分け™」を知ってアプローチするとうまくいく』[ディスカヴァー・トゥエンティワン]

4　相手のコミュニケーションタイプを理解しよう

自分のタイプが分かったら、次は相手のタイプを理解することだ。相

[図表3－33] 各タイプがやってしまいがちなこと

タイプ	やってしまいがちなこと	気をつけるポイント
コントローラー	●部下の仕事に介入し過ぎる、把握したがりで権限委譲できない ●自分が褒められることを必要としないため、あまり相手を褒めない ●相手の意見を聞かずに、その場を仕切ってしまう（せっかち）	●できるだけ権限委譲を心掛け、自分1人でやらない ●相手の成果ではなく、プロセスに感謝する ●優しい感情を表す
プロモーター	●直感・イメージで、深く考えず断定・指示してしまう ●計画が甘くなり、手戻りが生じる ●飽きっぽいところがあり、興味がないことは部下に任せてしまう	●緻密な計画を心掛ける ●判断する前にきちんと情報を収集する ●人の話を最後まで聞く（聞いているふりをしない）
サポーター	●あれこれ考え、場の空気を読み過ぎてしまい重要な決断ができない ●すべての人の意見を聞こうとし過ぎて、なかなか物事が先に進まない ●相手の気持ちをおもんぱかり、言うべきことを言えない	●自分の考えを率直に伝えてみる ●時には、（相手のためを思い）率直なフィードバックをする ●「人」から「事」へ視点を変える
アナライザー	●正確性を重視するあまり、決断に時間がかかってしまう（タイムリーな決断を求められる場合で対応できない） ●細かいことに固執し過ぎて前に進めない ●相手が意見しづらい堅苦しい雰囲気を作ってしまう（無表情）	●情報が不足する中でも決断し、スピード感を持った仕事を行う ●自分の言葉で思いを語る（プレゼンスを高める）

手のタイプを知ることで、自分では当たり前と思っていたことが、別のタイプの人にとっては、時には戸惑ったり、やりにくかったりする場合もあることに気づくことができる。相手のタイプに合わせた接し方をすると、コミュニケーションは格段に円滑になる **[図表3－34]**。

5　チーム内でコミュニケーションタイプを共有しよう

コミュニケーションタイプをより有効活用するためには、チームメンバー全員でお互いのコミュニケーションタイプを知り合うことをお勧めする。チーム全員で1時間程度使って、タイプ診断と結果の共有を行うとよい。各自のタイプを発表する前に、お互いのタイプを当てるといったゲームを取り入れても面白いだろう。ぜひ活用してみてほしい。

[図表３－34] 相手のタイプに応じたコミュニケーションのコツ

タイプ	指示	支援	聞く	褒める
コントローラー	●基本的に指示されることを好まないため、任せて見守ることが理想 ●指示をする時にはその目的・意図を明示する ●指示の時でも部下には「任せたぞ」「頼んだぞ」と言うことでやる気が出る	●基本は任せているため、見守っている姿勢がベスト。部下が困っている時、支援が必要と感じられたタイミングで手を差し伸べる（タイミングが重要） ●過度なアドバイスは行わず端的にポイントを伝える	●結論から話すため、本人が話したい情報だけをまずは伝えてもらう ●情報が少ないと感じて質問する場合でも、質問攻めにしない。部下であっても「教えてほしい」「聞かせてほしい」という表現を使い、引き出す	●事実をシンプルに褒める 「君がやった××はクライアントの評価がとても高かったよ」
プロモーター	●大きな目的・夢を示した上で、具体的な内容を伝える ●途中で承認（いいじゃないか、期待しているぞ！などの声掛け）を行う ●同時に複数の作業に手を付け、優先順位を見失うことがあるので、優先順位付けを行うことが効果的	●困っている時には、一緒にアイデアを出すなどの時間を取って相談に乗る ●部下のアイデアや考えを尊重しながら、それをサポートできる材料を提供する	●とにかく自由で思いついたままに話すため、話がいろいろなところに飛ぶが、(上司がコントローラーの場合は）**結論をせかさない**。（上司がプロモーターの場合は）**話の横取りをしない**	●肯定的なメッセージをたくさん伝える 「すごいね、○○君」「さすが○○君だね、皆見習おう」
サポーター	●どんな時でも、**まず肯定的なメッセージ**を投げ掛けてから指示する ●指示を出しっ放しにはせず、まめに進捗をフォロー・声掛けをする ●最初に肯定的なメッセージを伝えることで、「相手の期待に応えなければならない」というサポーターのプレッシャーを軽減する	●任せられることが不安なため、**日々支援・相談に乗る** ●**困っている際に気軽に話しかけやすい関係性を作ることが大切** ●仕事内容だけでなく人間関係の相談にも積極的に乗る	●結果・結論でなく、そこに至る**プロセスや気持ちを聞いてほしい**ため、とにかく丁寧に聞く。どんなことを感じたり思ったりしているのかに焦点を当てる ●聞くこと自体は、モチベーションを高める要因となる	●頻繁なねぎらい 「君がいると助かるよ、メンバー皆感謝しているよ」
アナライザー	●具体的な手順について、漏らさず**ロジカルに説明**をする ●"任せた"ではなく期待している領域・役割を伝えた上で、その部分を任せる ●性格な根拠と予測されるリスクについても明確に伝える	●具体的に困っている内容を細かく聞き、それを解決するための**具体的な**スキル、やり方について丁寧に教える ●「大丈夫？」「進捗はどう？」など、曖昧な声掛けはあまり意味がない ●専門性を磨けそうな機会や場を積極的に提供する	●1～10まで順を追って話したいため、じっくりと丁寧に聞く ●（上司がコントローラーやプロモーターの場合は）結論をせかさない、飽きても耐える。時間がない時は、「続きは午後の××時からやろう」と仕切り直す	●具体的な承認をする 「あの資料の×ページ、とても分かりやすかったよ」「○○のスキルが上がっているね」

TOPICS

18

人の関係性を作ろう④ エクスチェンジプログラムをやろう

われわれは、自分のことをよく知っているつもりだが、チームの中で自分がどういう影響を周囲に与えているのかについては、よく分かっていないことが多い。この“他者から見えている自分”を理解することが人を成長させ、チームを機能させる一つの方法になる

1 “開放の窓”を広げよう

心理的安全性の構築に向けて大切な“人の関係づくり”では、相手のことを知るだけでなく、自分のことを知ることも大切だ。

特に「自分の日頃の言動がどう見られていて、どのような影響を与えているのか」を理解することが重要である。なぜならば、人間の関係性は、日々のささいな言動によって相互に影響し合っているからだ。

一方で「自分はこう見られているだろう」という自己認知は多少なりともあるものの、自分自身をメタ認知[※11]することは意外と難しい。

※11　メタ認知とは、自分が物事を認知している状態を、さらに客観的に認知するということを表す。メタという概念は、古代ギリシャの哲学者ソクラテスが提唱した「無知の知」という概念が起源であり、この有名な「無知の知」を例に取ると「知らないことを自覚している」ということである。

コミュニケーションの方法で有名な「ジョハリの窓」がある**[図表3－35]**。ジョハリの窓とは、心理学者ジョセフ・ルフトとハリー・インガムが発表した「対人関係における気づきのグラフモデル」である。このグラフモデルには四つの窓がある。コミュニケーションを円滑に進めるためには、「自分も他人も知っている自己」である「開放の窓」を広げていくことが望ましいということを、このジョハリの窓では提唱している。この窓を広げるために、相互にどのように見られているのかを交換

[図表３－35] ジョハリの窓

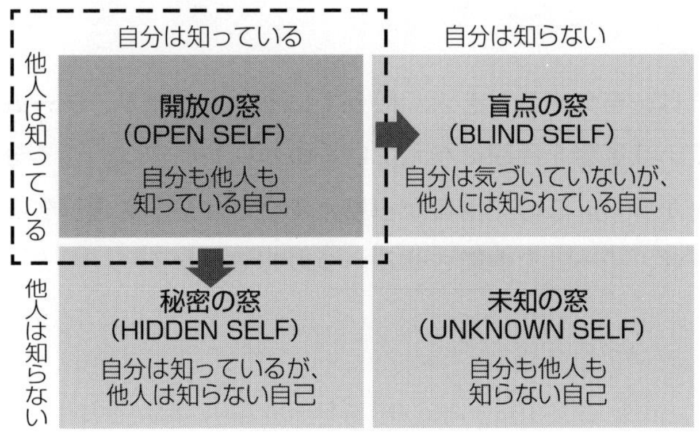

し合うエクスチェンジプログラムを紹介したい。

2 エクスチェンジプログラムをやってみよう

[1] エクスチェンジプログラムとは

エクスチェンジプログラムとは、チームメンバー一人ひとりがお互いの期待役割を知り、行動変革を促進するプログラムである**[図表３－36]**。このプログラムでは、チームのメンバーが日頃、自分に対して「こう接してほしい、行動してほしい」と思っていることについて一人ひとりからフィードバックをもらう。それを相互に交換し合うことで、前述のジョハリの窓の「開放の窓」の部分を広げていくことを目的としている。具体的には、他者のフィードバックは「盲点の窓」（自分は気づいていないが、他人には知られている自己）を小さくし、また、フィードバックに対して自分の感想や思いを伝えることで、「秘密の窓」（自分は知っているが、他人は知らない自己）を小さくすることを狙っている。そして、自身の周囲からの期待を踏まえて自ら目標設定を行い、その目標に向けた行動をすることをチームのメンバーに宣言してもらう。

ここで大切なことは、チームのメンバーがお互いの目標と行動を見合

[図表３－36] エクスチェンジプログラムの全体像

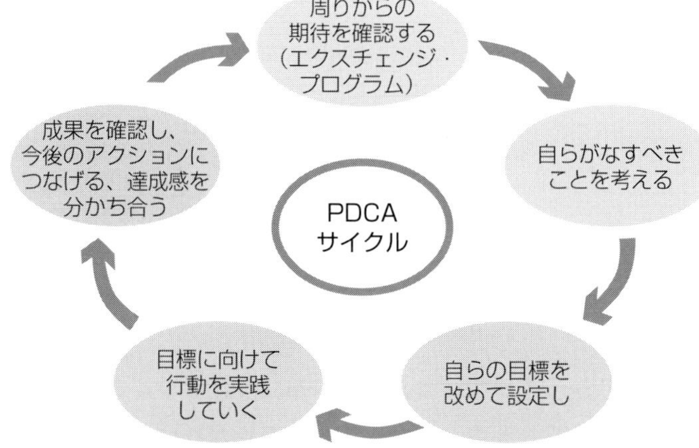
周りからの
期待を確認する
（エクスチェンジ・
プログラム）
自らがなすべき
ことを考える
自らの目標を
改めて設定し
目標に向けて
行動を実践
していく
成果を確認し、
今後のアクションに
つなげる、達成感を
分かち合う
PDCA
サイクル

い、日々の中で、お互いにフィードバックをしていくことである。

行動変革に関わる取り組みは１人でやると続かないことが多い。チーム全員で、お互いに支え合い、励まし合い、フィードバックし合いながら進めることが本プログラムを機能させる肝である。

[２] エクスチェンジプログラムの進め方

⑴事前アンケートの実施

共有したいことは、チームメンバーに対して日頃それぞれが感じている①良い点・続けてほしい点、②改善・見直してほしい点である。①は言いやすいが、②は、このような機会がないとなかなか伝えることが難しい場合もあるだろう。

進め方としては、**[図表３－37]** のシートに、それぞれのチームメンバーが日頃感じていることについて事前にアンケートを実施して、集計しておく。また、この時は、誰がどのコメントをしたのかは、伏せておいてよい（できれば集計は、客観的な第三者として人事部などに頼めるとよいだろう）。ここでは、必ず各項目に一つ以上記入することをルー

[図表３－37] エクスチェンジシート（イメージ）

誰から／誰に			
	続けてほしいこと（お礼）	新たに取り組んでほしいこと	できれば改善してほしいこと（やめてほしいこと）
	続けてほしいこと／新たに取り組んでほしいこと／できれば改善してほしいこと（やめてほしいこと）を記載。続けてほしいことには、日頃のお礼もあれば、ぜひ記入する。		

ル化する。そのルールがないと、本来改善してほしいことがあっても書かない人が出てきてしまう。また、相手と接点がないので分からない場合には、素直に「分からない」と記載してもらう。この「分からない」ということは、実はお互いが関わっていないというメッセージにもなるからだ。

⑵第１回ワークショップの実施

アンケート結果をメンバー全員で共有する場を設けよう。

ステップ1：エクスチェンジプログラムの目的とルールを共有

まずは、改めてエクスチェンジプログラムの目的とルールを伝えることが重要だ。目的を伝えない場合、シートの課題点ばかりに目が行き、その結果マイナス感情に流され、ネガティブな空気や受け止め方になってしまうことがある。

> エクスチェンジプログラムの目的は、“個人がより成長するため”および“チームがより機能していくこと”である。人は完璧ではない。良い点は心に留め、改善点は、今後成長できる伸びしろだと考えよう。

また、ここでは「誰が書いたのか」という犯人捜しはしないこと、コメントについては真摯（しんし）に受け止めることをルールとする。

ステップ２：自分は自分自身をどう見ているかを記入

アンケート結果をフィードバックする前に、自分は自分自身をどう見ているかを記入することをお勧めする。これは自分のことを客観的に見るスキル（メタ認知力）を身に付けることにもつながるからだ。

ステップ３：結果の配布

アンケート結果を配り、各自に確認してもらう。各自にはメンバー分の結果が配られることになる。その中の記載を見て想定内だったこと、想定外だったことについて色分けをして印を付ける。

ステップ４：各自が感じたことを発表

アンケート結果について各自が自身で感じたことを発表する。

ファシリテーターは、結果を見てショックを受けたり、防衛的・悲観的になっていたりするメンバーもいることを想定して丁寧に観察する。

アンケートには、良いことも必ず書かれてるため、一人ひとりの発表において、ネガティブなことばかりが話題に挙がるようだったら、書かれているポジティブな面にも着目するように伝えていく。

⑶第２回ワークショップの実施

アンケート結果を受けて、一人ひとりがこれから取り組むことを発表する場を設けよう。

エクスチェンジプログラムでは、単にそれを本人の気づきとするだけでなく、実際の行動に結び付けることが大切になる。エクスチェンジシートの内容を踏まえて、自分自身がもらった期待とこれから取り組むことを一人ひとりに宣言してもらうためのワークショップを開催する。どのような書式でもよいが、第２回のワークショップまでに［図表３－38］のようなシートを作成してもらい、各自の考えを共有しよう。

各自が発表・記載した目標や取り組みは、ぜひメンバー全員に見えるような方法で共有し、相互に日々フィードバックし合えるとよい。

前述のとおり、日々相互に見合い、フィードバックし合うことが本プログラムの肝である。そのために相互に確認・フィードバックできる仕掛けやルール（朝礼で毎日１人ずつ、目標の達成状況を確認するなど）を日々の仕事の中で埋め込んでいくとよいだろう。

[図表３－38] エクスチェンジプログラムを踏まえた目標設定シート

これまでのチームでの話を踏まえて、ご自身の目標と取り組みを記載してください。

1. 目標は定性的なもので構いません。
2. 取り組みは、SMARTの法則（※）を意識して、できる限り具体的に、他のメンバーが見てもその発揮が分かる行動を記載してください。

（※） 目標設定に向けたSMARTの法則

Specific：誰が読んでも分かるように明確で具体的
Measurable：目標の達成度合いが測定可能であるよう定量化する
Achievable：達成可能な内容
Realistic：事業ニーズと明確にリンクし、適切なレベルに設定されている
Time-bound：目標達成までの期限を設定

①あなたの目標

②あなたの取り組み

TOPICS

19

人の関係性を作ろう⑤

お互いに感謝をしよう

「ありがとう」の反対は「当たり前」。ありがたいことなのに、当然のことだと思ってしまっていることはないだろうか。"感謝"のやりとりは、この「当たり前」を「ありがとう」に変え、物事の捉え方を転換する効果がある。それが心理的安全性の醸成にもつながる

1 感謝することの大切さ

近年、多くの企業で感謝カードやアプリによるThanks pointsなどの導入が進んでいる。学術界でも、感謝の気持ちを表すことは心理的にプラスの効果があることが、さまざまな研究で判明している。

リッツカールトン	感謝したいときにカードを渡す。朝礼などでも渡す
P&G	サポートしてくれた人に電子的なThanksカードを送る
村田製作所	上司が部下への感謝の気持ちをカードに書き、職場に張り出す
KPMGコンサルティング	独自開発のスマートフォンアプリを使って、感謝の気持ちを皆に送る

われわれ人間は「感情の動物」でもあり、自身の気持ちやモチベーションによって、その働きぶりや生産性は大きく変わる。心理的安全性という"対人不安"も、われわれが感情を持つ動物だからこそ生まれるものだ。

感謝するという行為は、人の感情にプラスの影響を与え、このポジティブな感情が"対人不安"を軽減できる可能性があると考える。

【図表３－39】のように、感謝をするという行為のプラスの効果はさまざまあるが、特に焦点を当てたいのは、感謝の心が"視点の転換"を促進できるということだ。ネガティブなフィードバックをもらったとき、自分にとって想定しない結果が起きたときに生じる不安・不満のネガティブ感情は、視野を狭くさせる機能を持ち、相手の立場や意図を考えたりすることを抑制してしまう。一方で、日頃から感謝することが習慣化できていると、視野の矮小化(わいしょうか)を防ぎ、嫌な出来事でも意義ある経験と捉えたり、相手の立場で物事を捉えたりするなどの視点の転換ができるようになる【図表３－40】。

【図表３－39】感謝をすることで生まれる効果

- 個人の幸福感が増し、抑うつ傾向が減少する
- 仕事へのモチベーションが向上する
- プロアクティブ行動が増加する
- チーム内での一体感や部署内での連携・協力が高まる
- 視点が高くなり、ネガティブな経験をポジティブに捉え直すなど物事の捉え方を転換できる

【図表3－40】感謝の習慣の効用

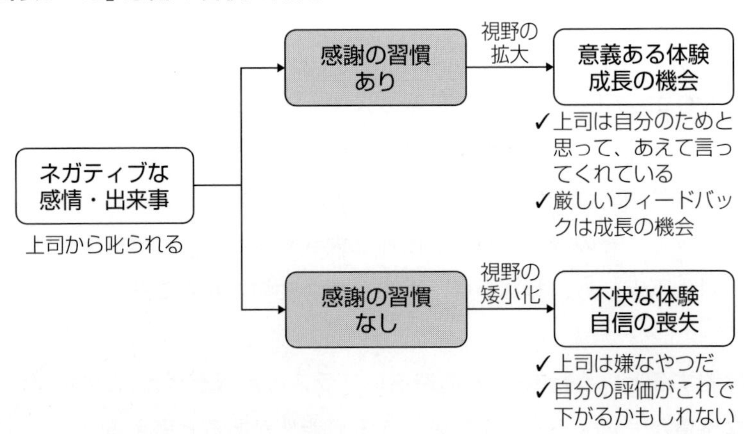

2 感謝“されること”よりも“すること”に焦点を当てる

感謝する仕組みは、既に多くの企業において導入されているが、どちらかといえば「感謝をされる側」に焦点が当たっていることが多い。もちろん、感謝されれば、感謝された人のモチベーション向上やお互いの関係構築に大いに役立つと思われる。

一方で、“感謝されること”ばかりに意識がいくと、“感謝してくれた人・時”よりも“感謝してくれない人・時”のほうに不満が生じてしまう可能性もある。

前述のとおり、本来“感謝”の行為とは、相手から感謝されるということの見返りを期待せずとも、自分が感じたことを素直に伝えることのほうが大切である。ある企業では、感謝カードを渡した枚数、もらった枚数と心理的効果の関係性を調査したところ、もらった枚数には関係がなかったが、渡した枚数が多いほどチームへの一体感や連携などの指標に大きな影響を与えていた **[図表３－41]**。感謝することの大切さを実証した結果といえる。

実際の運用の現場では、周囲から多く感謝されたメンバーを表彰する制度を導入している会社もある。より多く感謝されたメンバーを表彰することは間違ってはいないが、感謝カードやThanks pointsなどの導入に当たっては、そこばかりに焦点が当たらないような工夫も必要だ。

[図表３－41] 感謝カードの効果検証

	仕事へのモチベーション	上司と同僚とのコミュニケーション	チーム内の一体感の向上	チーム内の連携の向上
感謝カードを渡した枚数	.67	.49	.61	.48
感謝カードを受け取った枚数	−.46	.01	−.09	.08

※数字は重回帰決定係数を示し、どの程度関係性があるかを表しているのかを意味している。

3 感謝を表す方法とポイント

感謝を表す方法はいろいろある。感謝カード、感謝メール、アプリのThanks pointsを送るといった方法を採る企業もあれば、朝礼で感謝の気持ちを共有する感謝ミーティングを行っている企業もある。また、このような決まったツールや場を設けずとも、“感謝”することを日々の業務の中に盛り込んでいる例もある（メールには必ず「いつもありがとうございます」と記載をする、日々の打ち合わせにおいて必ず感謝の言葉を述べる、ネガティブな事柄についても、必ず「報告してくれてありがとう」を添えるというルールを設けているなど）。

「言葉で直接言うのは恥ずかしい」という口下手のメンバーが多いような企業や職種では、感謝カードやThanks pointsなどの口頭で伝えなくても済むツールが有効だろう。ある自動車販売会社では、車の修理や点検を担当するサービスマンと営業担当者との間で連携が取れていなかった。口下手なサービスマンは、営業担当者にお客さまの情報を伝えたり、部門の壁を越えた協力をしたりすることができていなかった。その解決に向け、サービスと営業の間に情報伝達＋感謝カードを導入したところ、協力体制がうまく作られるようになったそうだ。このように社員の特性によって、使うツールを見直してもよいだろう。

また、渡す方法は、上司も部下も階層に関係なく渡し合えるほうがよい。ある企業では、一定の強制力を持って導入したいという理由から、1週間に必ずそれぞれの階層（上司、部下、同僚）に1枚と決めていたが、もっと渡したいという要望を踏まえ、「毎週1枚以上渡すこと、それ以上は何枚渡しても大丈夫！」というルールに変更した。

4　やってみて、改善して、続けられる仕組みとする

「感謝を伝える」という仕組みは効果が見えにくいため、その導入効果への期待が持てず、導入をためらうケースは多い。しかしながら、まずやってみて、改善して、やり続けることが大切だ。

ある企業では、最初は少なからずやらされ感をもって感謝カードを導入したが、実施してみると、その効果を実感できたメンバーも多かった。感謝することの目的を伝えることは必要だが、理屈で考え過ぎず、やってみて、その効果を実感するというステップが大切だ。また、ルールや仕組みを導入してもやり方によっては形骸化してしまう企業も多い。そうならないためにも、取り組みが軌道に乗るまでは、リーダーが率先して渡すことが大切だ。人には返報性の法則（やってもらったらお返ししたいという気持ち）や、行動の結果、良いことが起きればその行動が強化される傾向（行動分析学）がある。組織の中で、感謝され、感謝するループを継続的に作っていき、個人の習慣と組織の文化に昇華させていってほしい。

※本パートは、池田 浩『モチベーションに火をつける働き方の心理学』[日本法令]「第７章　チームに自律性を生み出す感謝の心」から抜粋。

Tips 日々の出来事に感謝したことを“書く”作業

感謝するという行為は、人の感情にプラスの影響を与え、このポジティブな感情が“対人不安”を軽減できる可能性があると伝えた。このポジティブな感情を引き出すために、お勧めしたいのが“書く”という行為だ。ジャーナリングという言葉がある。ジャーナリングとは、「書く瞑想（めいそう）」とも呼ばれ、頭に浮かんでいることを一定の時間を決めて紙に書いていくというものだ。心理学の分野でも、ジャーナリングは自己理解を深め、日々の不安やストレスを解消してくれる効果があるといわれている。

また、ポジティブな感情や体験を書くことで幸福感や睡眠の向上、身体的な不調の低減に効果があることも明らかになっている。相手に感謝をすることも大切だが、日々の日常の出来事に喜びや感謝を見つけていく習慣づくりとして活用・実践してほしいことが、“感謝ノート（よろこびノート）”の記載である。

このノートには、自分やチームのメンバー、家族、友人に良いことがあったら、ささいなことでも毎日書き留めていく。そして、小さな喜びを大きな成長の糧としていくことを目的としている。これは、心身の健全性の維持だけでなく、物事を前向きに捉える一つの訓練ともなる。ある企業では、このノートの活用がチームの目標達成やメンバーのプロアクティブ行動にプラスの影響を与えている。

“よろこび”の効果

皆さんは、日々の生活や仕事の中でうれしいこと、良いことをどのくらい実感しているだろうか。

喜び、感謝、笑顔といったポジティブな感情や表現は、心身の健康に良い効果をもたらすことが分かっている。脳科学の分野でも、喜び、笑顔は幸せホルモンと呼ばれるセロトニンに影響を与えることが分かっている。

一方で、実際には良いことがあっても、日々の忙しさに追われて認識できていないことが多いのではないだろうか。朝起きて晴れていることに感謝する人もいれば、何も感じない人もいる。物事に対する捉え方は人それぞれだ。「コップの水が半分もある」という捉え方は喜びだが、「コップの水が半分しかない」という捉え方は悲しみの感情を引き起こす。このように同じ事柄に遭遇したときでも、人によって捉え方・感じ方が大きく違っていることが現実である。物事に対してポジティブに捉えるか、ネガティブに捉えるかの積み重ねが人生の方向性を決めているといっても過言ではない。

自分にとって良いことがあったこと、チームのメンバーや家族、友人に良いことがあったことを書き留め、小さな喜びを大きな成長の糧としていこう。

※相手に関する感謝の気持ちは“承認”そのものであり、一人ひとりのモチベーションやチームの一体感を高める効果があることが研究成果でも実証されている。

“よろこびノート”の使い方

忙しいビジネスマンにとって、日々“よろこびを感じる心”を作ることは意外と難しいことではないだろうか。

このノートは、“幸せを感じる心”“よろこびを感じる心”を作るトレーニングを助けるためのノートである。

・どんなささいなことでも構わないので、身の回りで起こったうれしいことを書き込もう
・なるべく毎日書くように心掛けよう
・3分でもよいので、1日を振り返る時間を持とう
・ノートに書かれた内容は、他人に公開することはないので、自分の日記のような感覚で書こう

第4章

リーダーの心得
12カ条

TOPICS

1 リーダーシップとは

リーダーシップとリーダーは本質的に違う。リーダーシップとは、ビジョンを描き、それに向けて人々を鼓舞し導くことであり、全員が発揮するべきものである。一方で、リーダーとは、組織上の役割である。リーダーは、リーダーシップを発揮しつつも、権威を笠に着て、権力を乱用してはならない

1 リーダーシップとマネジメント

改めて、リーダーシップとマネジメントの違いは何だろうか？

「マネジメント」と「リーダーシップ」は混同して語られることも多いが、簡単にいうと、マネジメントとは「(あらかじめ決められている)やるべきことが、計画どおりに進み、想定の品質が担保されるように業務と人を管理していく」ことであり、リーダーシップとは「ビジョンを描き、それに向けてメンバーを鼓舞し、導く」ことである**[図表４－１]**。

マネジメントは、権力や権威が人を動かすパワーとなるが、リーダーシップは、信頼や人望が人を動かすパワーとなる。心理的安全性が低い職場では、リーダーは地位や権威で部下に指示・命令し、リーダーシップを発揮していないことが多い。

経営学の大家ピーター・ドラッカーは、「組織のリーダーはマネジメントのし過ぎであり、リーダーシップのなさ過ぎである」と言っている。改めて、これから発揮するべきはリーダーシップである。

[図表４－１] マネジメントとリーダーシップの違い

マネジメント	リーダーシップ
（あらかじめ決められている）やるべきことが、計画どおりに進み、想定の品質が担保されるように業務と人を管理していく	ビジョンを描き、それに向けてメンバーを鼓舞し、導く
短期的視点 地位や権威で人を動かす	長期的視点 人望や信頼で人を動かす

2 リーダーとは役割である

リーダーとして職位が上になればなるほど、自分は大物であるとか、権力があると誤解する場合も多い。また、部下も出世や保身のために、自分の本意とは違うにもかかわらず、上司にごまをすったりたいこ持ちをしたりする。例えば、本当は尊敬していないにもかかわらず、「部長のことを尊敬しています」などと言ったりする。このように部下の態度が迎合的になればなるほど、リーダーはますます自分の立場や影響力を勘違いしていく。

しかしながら、リーダーとは組織の単なる“役割”であり、その役割の大小に人間的な上下はない。

もちろん職位が上がるほど役割も責任も大きくなり、投資配分や経営的な判断・意思決定はより上位の職責のリーダーが下すため、組織全体の方向性を決めるといった影響力は大きい。

しかし、リーダーの役割は、目標達成のために部下を何でも自分の思いどおりに活用し、駒のように扱うことではない。また、能力が低いと部下にレッテルを貼り、一方的に評価することでもない。

本来の役割は、メンバーが相互に人間として尊重され、自律的に意見を言え、それぞれの個性と強みを伸ばせる組織づくりを行うことである。

3 リーダーシップの定義

改めてリーダーシップとは何だろうか。リーダーシップとは、以下の三つの要素を含んだ影響力である。

①方向性やビジョンを提示し
②同じ方向に向かって
③メンバーを動機づけ、目標を実現していく

この影響力は、立場に関係なく発揮できるものであり、リーダーシップとはリーダーだけのものではない。誰でも発揮できるものである。ちなみに、ドラッカーは著書『マネジメント』［ダイヤモンド社］において、リーダーシップの目的は、カリスマ性を発揮することでも人を惹(ひ)きつけることでもなく、❶人のビジョンを高めること、❷成果の基準を高めること、❸人格を高めることだと言っている。

この“人のビジョンを高める”や“成果の基準を高める”方法については、リーダーそれぞれの個性や好むやり方でパフォーマンスすることが望ましい。

リーダーシップというと、一見、強くて魅力的な、例えば著名な経営者として知られるスティーブ・ジョブズやゼネラル・エレクトリック（GE）会長を務めたジャック・ウェルチ、柳井 正・ファーストリテイリング代表取締役会長 兼 社長、孫 正義・ソフトバンク創業者 取締役などをどうしても思い浮かべる人が多いが、それればかりではない。

多様性という観点からは、リーダーもいろいろなタイプがいてよいだろう。自分らしく振る舞うことが大切だ。よって、女性のリーダーがあえて男性的に振る舞う必要もない。

リーダー自身も自分の価値観を大切にし、尊重されるべきであり、自分らしくてよいはずだ。ぜひ、本書をヒントにしながらも、自分らしいリーダーシップを模索してほしい。

TOPICS 2

心理的安全性を高めるリーダー行動

心理的安全性を高めるリーダー行動として、エドモンドソンは八つの行動を挙げている。リーダーは、親しみやすく、弱みを見せる一方、組織のために望ましい行動を提示し、行き過ぎは責任を取らせるという、優しさと厳しさの両方の行動が求められている

心理的安全性を高めて学習するチームを作るために、リーダーは、具体的にはどのような行動をするとよいのだろうか。

エドモンドソンの著書『チームが機能するとはどういうことか』[英治出版] では、心理的安全性を高めるリーダー行動として、以下の八つを挙げている。これまで筆者は多くのリーダーに会ってきたが、特にこの八つの項目の中でも、リーダー行動として難しいとみられる項目は②③⑤⑦⑧ではないだろうか。

①直接話ができる（親しみやすい）言動を取る
②自分が持っている知識の限界を認める
③自分もよく間違うことを積極的に示す
④参加を促す
⑤失敗は学習するチャンスであることを強調する
⑥具体的ですぐ行動に移せる言葉を使う
⑦望ましい行動はどこまでで、どこからは行き過ぎなのか、その境界線を明示する
⑧境界を越えて行き過ぎた行動を取った場合、その責任をメンバーに取らせる（＝公正な態度）

組織の中で、メンバーがリーダーに対して「リーダーは答えを持っているべきだ」という固定観念・メンタルモデルが備わっていると、リー

ダー自身が②自分の知識の限界を認める、③間違うことを積極的に示すことを表現するのは難しい。リーダー自身も、部下からの質問に答えられないことや間違ったことを言うことは「リーダーとして失格だ」と感じてしまう。一方でVUCAの時代は、過去の成功体験や経験が必ずしも未来の成功につながるとは限らない。上司が答えを持っていることはおのずと少なくなってくる。リーダーは、「自分が正解を持っているべきだ」「自分の過去の成功体験が絶対だ」と思わずに、チームをマネジメントすることが大切だ。

リーダー自身が、自分も答えを持っていないこと、間違ったときにそれを素直に認めること、間違った体験をメンバーに共有することは、実際にはかなり勇気がいることだ。

しかし、そのような行動をリーダーが率先して行うと、部下自身も同様の行動（知らないことを知らないと言える、間違いを認める）の規範ができていく。この点においては、リーダーはメンバーの模範となるべきだ。そして、模範となるためには、リーダー自身の自己肯定感とメンバー同士の信頼関係を醸成することが大切となってくる。

⑤失敗は学習するチャンスであるということは、“言葉”としては理解をしているリーダーも多いだろう。「失敗は学習する機会である」や「ミスほど早く報告した人を奨励する」など、失敗やミスに対して前向きに捉えるメッセージを発信している上司も少なからずいる。その一方で、実際に失敗やミスをすると、上司に詰問されたり、評価が下がったりということが組織の中で横行していることも事実だろう。もちろん回避すべきミス＝失敗が許されないミスと、挑戦の結果の“失敗”や回避できなかったミスの区別は必要だが、失敗を学習と捉え、奨励するだけでなく、実際に失敗したときの上司の前向きな反応が大切だ。失敗したときに責任を取るのは、部下ではなく上司のほうである。

⑦⑧の境界線を明示し、行き過ぎた場合には責任を取らせることができているリーダーは少ないだろう。この例で真っ先に思い浮かぶことは、

組織で起きている各種のハラスメント行為である。心理的安全性が低い組織では、さまざまなハラスメントも起きやすい。

ハラスメント行為が起きたときに、責任を厳格に取らせている組織は少ないだろう。ハラスメント行為自体が、その是非を判断しにくいという性質もあるが、そのような事情を考慮しても、本来厳格な対処が必要な場面において、多くの企業の対応は玉虫色となる。

また、日々の業務において、多少の越権行為やハラスメント行為が判明しても、上司が目をかけている部下や能力が高い・仕事ができる部下に対しては見過ごすなどの事態が起きていることも多い。要するに、上司の判断が人基準であり、ルールや職責という基準に対して公平ではないのだ。

また、行き過ぎた場合には責任を取らせるということは、“何”が良くて“何”が駄目なのか、どこまでが“自分の責任”でどこまでが“自分の責任ではない”のかを事前に伝え・共有しておく必要がある。しかし、これまで阿吽(あうん)の呼吸や暗黙知を基軸としてきた日本流マネジメントにおいては、このような基準が明確になっていることは少ない。

リーダーは、改めて、上記の文脈も含めて、①〜⑧の行動が日頃できているかを見直してみてほしい。

TOPICS

3 セキュアベース・リーダーシップ

セキュアベース・リーダーシップとは、「守られているという感覚と安心感を与え、思いやりを示すと同時に、物事に挑み、冒険し、リスクを取り、挑戦を求める意欲とエネルギーの源となる」リーダーシップである

対人関係リーダーシップと変革型リーダーシップの二つの概念を併せ持ったリーダーシップスタイルとして、本書では「セキュアベース・リーダーシップ」を紹介したい。

15ページで、心理的安全性と似た考え方として愛着理論から派生した“安全基地＝セキュアベース”の概念を紹介した。

安全基地とは、「いざというときに頼ることができ、守ってもらえる居場所であり、心の支えとすることのできる存在」であり、子どもにとっては「親（主たる養育者）」という存在を表している。この考えに基づく「セキュアベース・リーダーシップ」[※12]という概念は、心理的安全性を高めるリーダーシップに関して非常に有益な示唆を与えてくれる。

※12　ジョージ・コーリーザー、スーザン・ゴールズワージー、ダンカン・クーム著、東方雅美訳『セキュアベース・リーダーシップ〈思いやり〉と〈挑戦〉で限界を超えさせる』[プレジデント社]

セキュアベース・リーダーシップとは、「安全基地」の概念のリーダーシップ版であり、「守られているという感覚と安心感を与え、思いやりを示すと同時に、物事に挑み、冒険し、リスクを取り、挑戦を求める意欲とエネルギーの源となる」リーダーシップである。この「源となる」ということが、愛着理論の「安全基地」になることに近い。

この概念には、「安心＝思いやり」と「挑戦＝挑ませる」という二つの要素が含まれている。思いやりだけでは、甘やかし・ぬるま湯になってしまうし、挑ませるだけだと不安に駆られて前に進めない。子育ても同様であり、甘やかしの中で、安全の場にいるだけでは人は成長しない。この両輪があるからこそ、われわれ人間はより良く成長できる。

ロッククライミングでは、登っている「クライマー」のロープを下で保持し、クライマーの安全を確保する「ビレイヤー」という存在がいる。ビレイヤーはクライマーが安全に、かつクライミングに集中できるようにロープを操作する。クライマーは、このビレイヤーがいるからこそ登頂に向けて果敢にチャレンジできる**［図表４－２］**。ビレイ（安全確保）がない中で登頂を進めることはまずない。職場においても、安心がないのに難しい課題にチャレンジさせることは、過度な不安やストレスを与え、部下に挫折という“落下”を味わわせることになる。

セキュアベースであるリーダーとは、「思いやり」と「挑ませる」の両方で、ビレイヤーのように安全を確保しながら、リスクを取ってチャレンジさせることができるリーダーのことである**［図表４－３］**。

筆者の過去の上司で、このような人物がいた。その上司は、最初は一切指示をせず「自分で考えて、できるところまでやってみて」と言い、

［図表４－２］ロッククライミングにおけるビレイヤーの存在

部下からの成果物が全く期待したものでなかったとしても、自分が一からカバーできる直前までやり切らせる。その上司には、最終的にフォローしてくれるという安心感がどこかにあった。また、内容が上司の意にそぐわなくても、声を荒らげて叱責（しっせき）されることはなかった。部下には、自分の考える力を信じてくれている行動に見え、だからこそ、部下も必死で自分自身で考えようという気になっていた。これは、数カ月で高額なフィーをクライアントからいただくコンサルティングの現場では、かなりリスクが高い。難解な仕事ほど、普通、上司はこまめにチェックをして手取り足取り指示したくなるものだが、そうはしなかった。振り返ってみると、当時の上司は、「セキュアベース」リーダーというスタイルを15年前に体現していたのだろう。

このように、リーダーは部下のためにチャレンジの場を与え、信じて任せ切ることがセキュアベース・リーダーシップといえる。

ちなみに前掲書『セキュアベース・リーダーシップ 〈思いやり〉と〈挑

[図表4－3] リーダーシップのタイプ

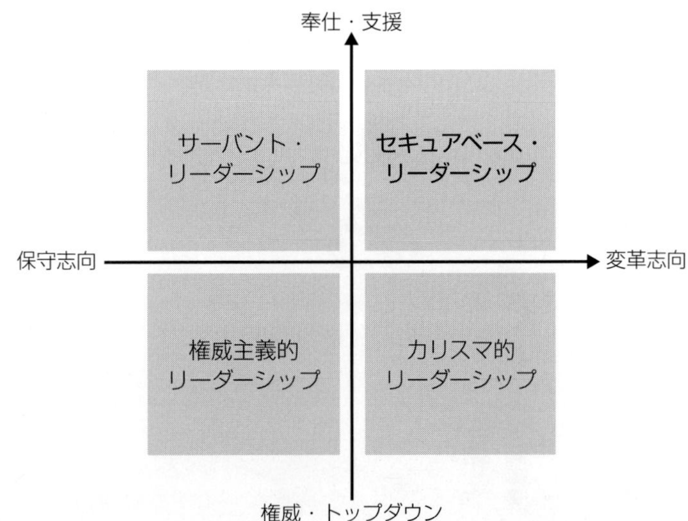

戦〉で限界を超えさせる』では、セキュアベースには、目標と人の両方の絆が必要と説いている。共通の「目的」や挑みがいのある「目標」は、人のチャレンジや意欲を促進し、その方向に動機づける。「目標」の存在がエネルギーの源になることは誰もが実感したことがあるだろう。

一方、現実社会では、リーダーは目的よりも数的な目標ばかりにとらわれて、セキュアベースとなるようなやりがいのある目標の提示ができていない。そして「人」との絆の形成は置き去りにされがちだ。

改めて、安全基地が組織の心理的安全性であるように、人材育成は子育てに似ており、リーダーの役割は親の役割に近い存在だと実感する。人材育成とは、部下に対して、自分の子どものようにその成長を願い、その潜在能力を信じて後押ししていくことだろう **[図表4－4]**。

片や、近年、働き方改革やワーク・ライフ・バランスの影響を受け、管理監督者であるリーダーに業務のしわ寄せが来ていることは否めない。リーダーは以前よりもますます忙しく、目標達成へのプレッシャーを受けつつ、業績向上を求められる環境に身を置いている。

そうした環境の中で、セキュアベース・リーダーとなるためには、リーダーにも「セキュアベース」という場が必要であろう。リーダーの上司、

[図表4－4] セキュアベース・リーダーとは

セキュアベースになっていないリーダーの特徴
- 部下に与えている影響に気がつかない
- 目標や事柄ばかり追いかけて、人間関係や部下の気持ちを顧みない
- 自分の感情をコントロールしない

セキュアベースになっているリーダーの特徴
- メンバーを人間として尊重している
- 限界や弱さを、彼らの支えとなって受け入れている
- 人を判断し、批判する前に、その人の中にある良さを見つけている
- 部下に対する可能性を見通している
- キャリアに対する望みや夢を尋ねている

資料出所：ジョージ・コーリーザー、スーザン・ゴールズワージー、ダンカン・クーム著、東方雅美訳『セキュアベース・リーダーシップ〈思いやり〉と〈挑戦〉で限界を超えさせる』［プレジデント社］より引用（**[図表4－5]** も同じ）

さらにその上司がセキュアベースとなっていると、組織として良い連鎖が生まれてくる。その意味では、現場の管理職だけでなく、経営陣自身も、部下のセキュアベースとなれているかが大切である。

Tips セキュアベース・リーダーシップの特性

前掲書のコーリーザーは、セキュアベース・リーダーシップの特性を、①冷静でいること、②人として受け入れること、③可能性を見通すこと、④傾聴し質問すること、⑤力強いメッセージを発信すること、⑥プラス面にフォーカスすること、⑦リスクを取るように促すこと、⑧内発的動機で動かすこと、⑨いつでも話せることを示すこと――の9点に整理している。

筆者らが前掲書の共著者であるダンカン・クームの研究を基に、ハつのカテゴリーでセキュアベース・リーダーシップの項目を作成し、調査を行った結果、特に影響力が高かったのは、「いつでも話せる」感とリーダーの「冷静でいる」「傾聴し、質問する」の三つであった［図表4－5］。

［図表4－5］セキュアベース・リーダーシップの特性

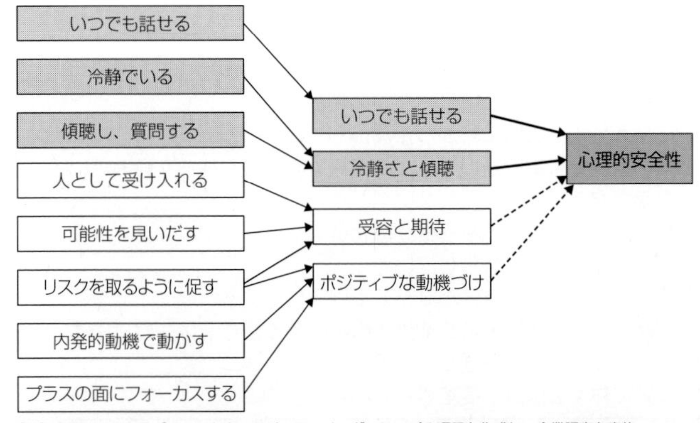

［注］上記ハつのカテゴリーでセキュアベース・リーダーシップの項目を作成し、企業調査を実施。
因子分析の結果、四つに集約され、「冷静でいる」「傾聴し、質問する」は１因子にまとまった。

TOPICS 4

実践したい リーダーシップの12行動

心理的安全性を作るために、安心と挑戦の両方を兼ね備えたリーダーシップが求められる。メンバーが人と目標と両方の絆を形成できるように、リーダーは12の行動を実践してほしい

リーダーシップにおいては、多くの研究が存在している。本書でもエドモンドソンのリーダー行動、PM理論の課題達成リーダーシップ、対人関係リーダーシップ、変革型リーダーシップ、セキュアベース・リーダーシップなど、さまざまな概念を紹介した。

どの概念も組織を率いるリーダーシップ行動としては大事だが、本書では、これまでの企業研究やフィールドワーク、実際のコンサルティング支援の実績を踏まえ、不確実な時代におけるリーダーシップとして、心理的な安全性を高めるための大切な12の行動を紹介したい **[図表4－6]**。

これらの12のリーダーシップ行動は、セキュアベース・リーダーシップの①「安心」と②「挑戦」の二つの軸で分類できる。

これまで伝えたとおり、愛着理論を基にしたこの概念には、「安心＝思いやり」と「挑戦＝挑ませる」の二つの要素が含まれている。

心理的安全性と同様に、セキュアベース・リーダーシップが目指すものは、居心地の良い安全な場所に退避し、そこに居続けることではない。そこから出てリスクを取ってでも挑戦していくところに、人や組織の成長の本質がある。心理的安全性がセキュアベースの「思いやり」であり、高い基準が「挑ませる」と位置づけられるといえる **[図表4－7]**。

セキュアベース・リーダーシップにおいては、「思いやり」では人との、「挑ませる」では目標との絆の形成により、人が安心して挑戦できるよ

［図表４－６］リーダーシップの12行動

項名	エドモンドソン提唱のリーダー行動	セキュアベース提唱のリーダー行動	筆者提唱のリーダー行動（調査研究より）
①安全・安心の場を作る：部下を見る・人として受け入れる		○	○
②安全・安心の場を作る：オープンさ・いつでも話せる	○	○	
③安全・安心の場を作る：失敗を認める		○	○
④安全・安心の場を作る：冷静でいる	○	○	○
⑤安全・安心の場を作る：聴く		○	
⑥安全・安心の場を作る：質問する		○	○
⑦挑戦の場を作る：ビジョンを描くファシリテーション		○	○
⑧挑戦の場を作る：共感できるストーリーを語る			○
⑨挑戦の場を作る：役割を再定義する	○		
⑩挑戦の場を作る：部下に任せる		○	○
⑪挑戦の場を作る：境界線を示す	○		
⑫挑戦の場を作る：フィードバックする	○		○

うになると説いている。

　リーダーは、メンバーが人と目標の絆を形成できるように、「思いやり」と「挑戦」の二つにまつわるリーダーシップ行動を上手に使いながら、人と組織の成長を支援していくことが必要だ。

［図表４－７］リーダーシップに必要なのは「安心」と「挑戦」

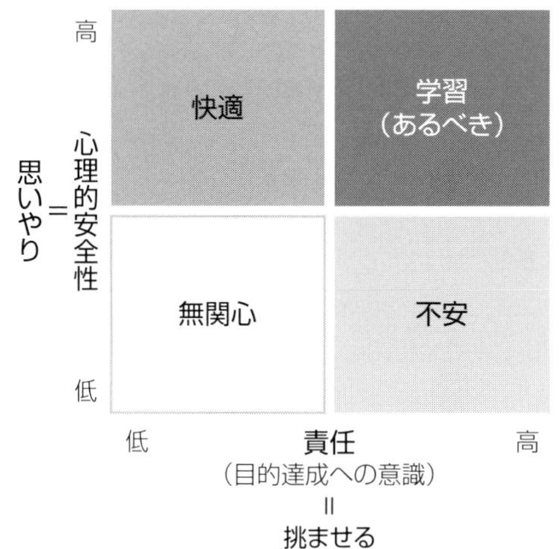

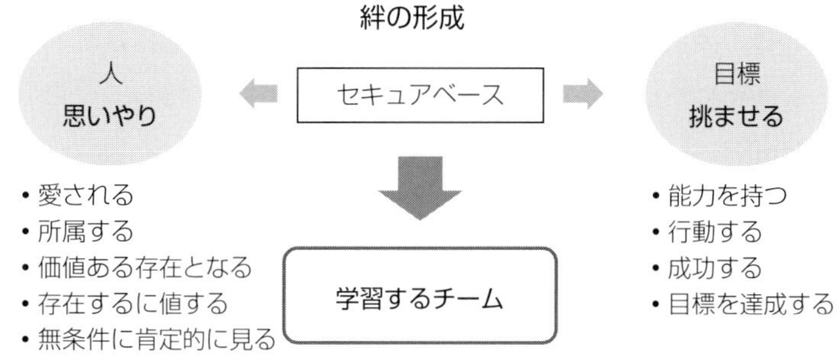

資料出所：ジョージ・コーリーザー著『セキュアベース・リーダーシップ』を基に筆者加筆。

TOPICS 5

①安全・安心の場を作る
部下を見る・人として受け入れる

部下を“見る”力とは、部下に対して関心を持ち、レッテルを貼らないで“見る”こと、人として“受け入れる”ということだ。人は知らず知らずのうちに過去の言動や情報から、この部下はこういうタイプだと決めつけている場合も多い

安全・安心の場を作るためのベースとなる最も大切なことは、相手や所属組織が、自分を単なる歯車や作業者ではなく存在を価値あるものとして受け入れ、尊重してくれているかだ。

アメリカの臨床心理学者でカウンセリングの大家であるカール・ロジャーズは、人間尊重とは、“**無条件に肯定的に見る**”ことだと言っている。人は恐れや批判がない人間関係や組織の中で、初めて「自分らしく」、主体的に行動することができる。そのためには、メンバーが組織に貢献する“人”・役割を持った“人”ではなく、あるがままの“人”としてリーダーに認めてもらえていると感じることが大切だ。

1 固定観念を捨てよう

リーダーだけでなく、人は過去の言動などに基づいて、相手を評価しながら見ている。それは自分が「見たいように見ている」ということだ。相手を“人として受け入れる”ためには、過去のレッテルやバイアスをいったん取り除いて、相手を見る訓練が必要だ。「自分は相手に対して、どのような“見立て”を過去にしてしまっただろうか」「それは相手の存在や個性を認めた行為だっただろうか」を改めて振り返ってほしい。

[図表4－8] 自分の価値観で相手を評価することをやめる

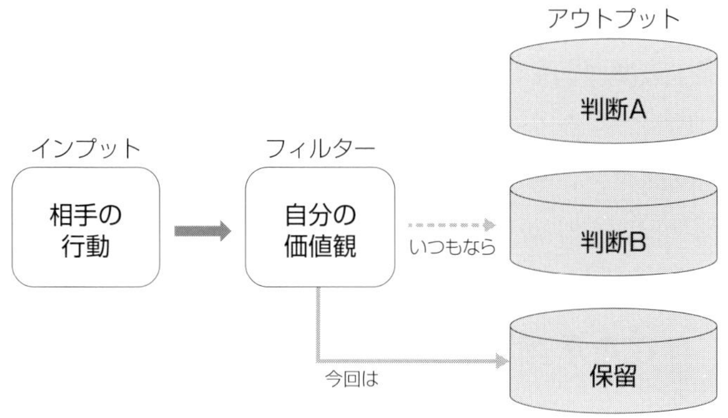

2　相手を"評価する"ことをやめよう

リーダーという立場では、日頃からメンバーを自然と評価していることが多い。相手を二極化しての「得意／苦手」「正しい／間違っている」「できる／できない」といった判断は、仕事で必要な判断・処理をスピードアップさせてくれる一方で、無条件に受け入れる心理を作ることとは逆行する（自分の子どもですら、成長するにつれて周囲と比較をして"評価"してしまっていることもある）。

仕事上は人事評価などの場面で評価する必要があるが、それとは切り離して、根底にある相手に対する見方として「存在そのものに価値がある」と自然と思える状態を作りたい。そのためには、相手の言動を見て"二極化"して判断したくなった考えを"保留"の箱に入れる訓練が大切だ **[図表4－8]**。

3　問題と人を切り離そう

組織の中で、相手を評価してしまうときに最もよく起きることは、起きた"問題"と起こした"人"を同一視してしまうことだ。問題となる

“行動”は否定されるべきだが、それによって“人”自身を否定してはいけない。

仮に子どもが万引をしたとしても、“万引をした行為”は許されないが、万引をした“子どもの人格”をも否定してしまってはいけないことと同義だ。ありがちな“駄目な子”“いけない子”ではなく、“万引をしたことがいけない”というメッセージの発信が重要だ。

4 存在を承認しよう

前記 3 において問題と人を切り離すと提案したが、一方で良い行動については、その人の存在そのものを承認することが動機づけにつながる。心理学実験においても、相手が良い行動をしたときに「その行動は素晴らしい」と褒めるよりも「そのように行動したあなたの人間性・人柄が素晴らしい」と称(たた)えるほうが、その後に同じような良い行動を行う確率が高いことが分かっている。このように、問題行動は行動そのものを叱り、良い行動は人間性を褒めることをお勧めしたい。

5 アンテナを高く張ろう

リーダーは、部下のことをよく分かっているだろうか。“無条件に肯定的に見る”以前に、関心を持って“知りたいと思う”気持ちも大切だ。第３章で紹介した、個人のパーパスを知るための価値観や背景、コミュニケーションタイプ、部下との1 on 1は、部下を知るツールであり、よい機会となるだろう。もろもろのツールを活用するとともに、相手の表情・声（例：元気そうだ／元気がなさそうだ）について日頃からアンテナを高くして観察しよう。

TOPICS 6

②安全・安心の場を作る
オープンさ・いつでも話せる

愛着理論では、“安全基地”があるからこそ子どもは外の世界に興味を持ち、挑戦できる。リーダーにいつでも話せる感覚をメンバーが持つことは、セキュアベース＝安全基地となるための中心概念である

なぜか不思議ととっつきやすい人、話しやすい人がいる。そういう人は、リーダーであれ、友人であれ、受容度が高く、態度や思考がオープンであるからだろう。

いつでも話せるということは、エドモンドソンが提唱している「直接話ができる親しみやすい言動を取る」ということでもある。これは「会おうと思えば、いつでも会える」という心理的な安心感を表している。

具体的には、部下がリーダーに対して以下のように感じているならば、いつでも話せるオープンな状態といえる。

- リーダーに、いつどんなときでも連絡を取ることができると思う
- たとえリーダーからの連絡が少なくとも、リーダーが私を支援してくれると感じている
- たとえリーダーに会う機会がなくとも、リーダーは私が困ったときにはいつでも相談に乗ってくれると思える存在である

1　いつでも会える感覚とは

「いつでも話せる」感は、メンバーが、そう思えているかが重要である。仮に1年に1回しか話さなくても、メンバーにとって何か困ったときには、いつでも頼れる存在であると思われているかという意味である。

組織の枠を超えれば、あなた自身のセキュアベースとなっている人物

が何人かいるだろう（いると信じたい）。あなた自身のセキュアベースとなっている人を思い浮かべてほしい。その相手はおそらく、対人リスク（返事をしてくれるだろうか、話を聞いてくれるだろうかという不安）を感じることなく、あなたが困ったときにはいつでも相談に乗ってくれ、手を差し伸べてくれるだろうと思っている存在ではないだろうか。リーダーは、そのような感覚を部下に持ってもらえる存在となっているかが大切だ。

リーダーが自分の業務の都合ばかり優先していたり、仮に連絡をしたとしてもなかなか返事が来なかったりすると、この安心感は減っていく。改めて自身の行動を見返してほしい。

前述のとおり、いつでも話せるということは、いつも頻繁に連絡を取っているということではない。実際には、年に1回、半年に1回しか話さなくてもセキュアベースとなっている場合がある。大切なことは、物理的に近い距離にいて、いつでも“話せる”という実際のコミュニケーションではなく、遠くにいたとしても必要なときには手を差し伸べてくれるという本人の感覚だ。この感覚を持ってもらうためには、プレッシャーが高い場面でも、一匹狼の回避型リーダーや自分の殻に閉じこもる孤独なリーダーとならないように心掛けることが必要だ。

2 すべてのタッチポイントで いつでも相談できると思ってもらう

この感覚をお互いに持つためには、日々の関係づくりの積み重ねが必要だ。

リーダーはオープンであり、いつでも話せる状態を作るための工夫を怠ってはいけない。

- メールやチャット、LINEなど、気軽につながる連絡先を伝える
- 自分（リーダー）から声を掛ける、会話に誘う
- 相談や依頼があった場合は、忙しくても必ず時間を取る

- 電話やメールには、適切な時間内に返答する
- 約束を守る
- OutlookやGoogleなどの共有スケジュール表に、話せる時間を明記しておく
- 自分の席の前に椅子を置き、座って相談しやすくする
- 個室を持つ上司の場合は、いつでもドアを開けておく

いつでも話せるという感覚は、日頃のささいな行動から出来上がるものだ。開放的なリーダーに向けて、できることから始めてみよう。

TOPICS 7

③安全・安心の場を作る

失敗を認める

チャレンジを奨励し、失敗を認めることは、部下が自身の失敗やミスを報告しやすくする環境づくりの第一歩である。一方で、失敗のリスクを取る行動は、リーダーが率先垂範しないと、その文化は醸成されない

本来、人は習慣の動物であり、これまでのやり方や慣例を変えることに本能的に抵抗を示すものだ。しかしながら、VUCAの時代では、これまでのやり方を否定し、新しいチャレンジが必要となる。

チャレンジや挑戦をキーワードとしてメッセージを発信している組織は多いが、それは成功を前提としたものである。いざ挑戦したものの失敗した場合に責任を部下に押し付けたり、上司からはしごを外されたりする実態があると、誰も挑戦しなくなるのは当たり前だ。

1 チャレンジを奨励し、失敗責任を取らせない

仕事において失敗した場合や組織のルールや方針に反した場合など、責任を取るべき場面があることは当然だ。一方で、新規事業や組織改革、新技術の導入など成否が不確定だったり、是非の判断が難しいものだったりする案件こそリスクを取ってチャレンジすることを奨励し、もしそれが失敗・間違いに終わったとしても決してその責任を負わせないというメッセージを発することが重要だ。仮に部下が、リスクテイクの全責任を取らされるのならば、本当の意味で挑戦せず、成功確率が高い“安全パイ”の選択をするはずだ。“安全パイ”の選択を回避するためには“罰を与えない”というメッセージに加えて、リスクを取ったことに対してねぎらうなど、その行為をより前向きに評価することが大切だ。

2　上司にも限界があり、よく間違うことを示す

リーダーにとって、自分が「答えを持っていない」と言うことは、非常にストレスであり、言いたがらないことの一つだ。

予定調和性の高い時代（先の見通しが立てやすい時代）に育ったリーダーは、「リーダーは答えを持っている人」という規範が成り立っており、「分からない・知識を持ち合わせていない」と言うことは、リーダーとして失格・不適合の烙印（らくいん）を自分に押してしまうことになるという恐れを感じている。

一方で、VUCAな時代において、リーダーは、おおよそ正解を持っていないし、その事実を謙虚に認めることが本当の意味でのリーダーともいえる。エドモンドソンは「自分はよく間違うしほかの人の意見が必要だと認めることは、メンバーの意見が尊重されていることをさりげなく示し、プロジェクトに積極的に参加するという規範を確立することになる。さらには、マネジャーや監督者が、あることについて自分は知らないとか間違いをしたと認めると、謙虚さを誠実に示したその姿勢によって、ほかの人たちにも同様の姿勢を持つよう促すことにもなる」と言っている。

3　部下との認知的信頼を高める

リーダーが自ら限界を認め、自分も失敗することを言うには、部下とリーダーの間に信頼関係がないと難しい。シンガポール国立大学のマカリスター教授は、信頼を「認知的信頼」と「情緒的信頼」の二つで定義している。認知的信頼は、「この人はこの仕事をやり遂げるための能力・意欲がある」といった相手が持っている知識に対する信頼であり、情緒的信頼は、「この人に頼っても大丈夫だ、弱みを見せても大丈夫だ」といった相手との感情的な絆を表している。

自分が答えを持っていないと言うことは、部下の「認知的信頼」を低下させることにつながるが、もう一方の「情緒的信頼」が担保されていれば、自分も正解が分からないという発言のリスクは軽減できる。

ちなみにマカリスターの研究では、特に情緒的信頼が心理的安全性を高めると報告されている**［図表４－９］**。これまでのフィールド調査から、リーダーとメンバーの間に情緒的信頼があるケースでは、リーダー自身が自分の弱みを見せる、もしくは自分も失敗することを伝えるという行動をしていた。このような例は、Googleのアリストテレスプロジェクトの報告でも言及されている。お互いに弱みを見せ合うことは、双方の共感を呼び、情緒的信頼を構築し、心理的安全性を構築する第一歩となっていく。

鶏と卵のような話となるが、この情緒的信頼を作るためには、リーダーが率先して弱みを見せることが必要だ。

［図表４－９］マカリスターのモデル

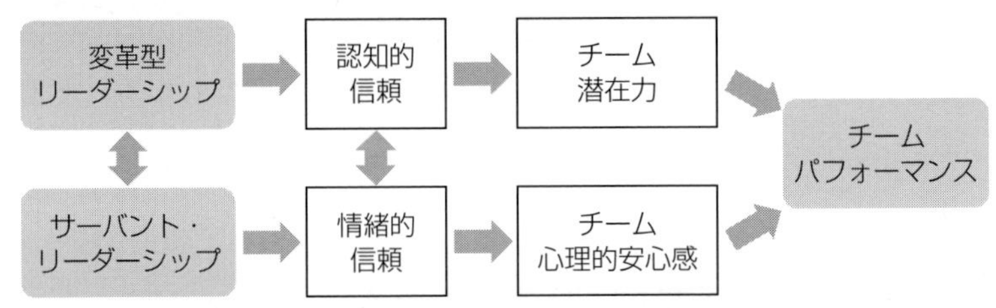

TOPICS 8

④安全・安心の場を作る

冷静でいる

リーダーは、日々プレッシャーが高い中で組織をマネジメントしている。平常時だけでなく、プレッシャーを受けたときでも変わらず「冷静でいる」ということが、チームの心理的安全性を作る重要な要素となる

「冷静でいる」ことは日頃から気分や感情が安定している、プレッシャーを受けても冷静でいられるということである。

これは親子の関係でも重要な要素である。仮に子どもが同じ言動をしても、昨日は何も言われず見過ごされたのに、今日は叱られたとする。子どもからすると、「昨日は何も言われなかったのになぜ？」と親の行動に矛盾を感じてしまう。親としては、単純に今日は虫の居所が悪かったか、もしくは昨日は機嫌が良かったのかもしれない。このようなことが続くと、子どもは何が正解か分からず、いつも親の顔色をうかがうようになってしまい、「安全基地」の機能が失われてしまう。

家庭でも、組織でも、上に立つ者の「矛盾がない行動」は心理的安全性・安全基地を作るために大切な要素である。この矛盾がない行動の裏にあるのはリーダーの安定性・冷静さだ。

リーダーがイライラしていたり、不安でおどおどしたりしていて、冷静な状況でない場合、部下も安心して仕事をしたり、新たなことに挑戦したりできない。

企業研究の結果からも「冷静さ」はセキュアベース・リーダーシップの中でも心理的安全性に大きな影響を与える要素ということが分かっている。

1　プレッシャーを受けたときにどこにいるか？

多くの理性的なリーダーは、物事が予定どおりに進んでいれば、冷静に仕事にも部下にも対処している。筆者が会ったリーダーたちもほとんどがそうだ。一方で、プレッシャーを受けたときはどうだろうか。その時こそ、リーダーの本質が出る。コーリーザーの『セキュアベース・リーダーシップ』［プレジデント社］では、「挑ませる」と「思いやる」の2軸で**［図表４－10］**のモデルを示している。セキュアベース・リーダーシップは、勝利型の象限にいることを意味するが、リーダーは置かれた状況によって、この四つの象限のどれかに移動することがある。冷静でいられるリーダーは、プレッシャーを受けたときでも、勝利型にとどまることができるが、そうでないリーダーは、そこから左（支配型）に寄ったり、下（安全型）に寄ったりする。支配型に寄るアプローチは、プレッシャーを受けたときに人間関係を犠牲にし、結果を重視する傾向が見られる。結果を出すためには自分だけでやったほうが早い、自分のほうがもっとうまくできると考え、孤立した状態に陥り、他の意見を寄せ付けなくなる。このような状態は、短期的にはうまくいくかもしれないが、長期的には独り善がりで“心理的安全性”が担保されないチームを作ってしまう。

安全型に寄るアプローチは、プレッシャーを受けたときに失敗や間違いをなるべく回避しようとし、慎重になり過ぎる傾向が見られる。その結果、リーダー自らが意思決定をすることを恐れ、他人の意見を必要以上に尊重しようとしてしまう。心理的安全性が損なわれることはないが、リスクを取って挑戦する方向に舵（かじ）を切れないため、結果的に組織としては競合他社に後れを取り、チームの中にイノベーションが起きにくい環境を作ってしまう。

日頃プレッシャーを受けたときに、自分自身がどちらに移行しがちであるか、ぜひ振り返ってみてほしい。

[図表4－10] セキュアベース・リーダーシップの4類型

挑ませる（強い）

思いやる（弱い）　　思いやる（強い）

自分OK 他人NG **支配型**	**勝利型** 自分OK 他人OK
• 重要なのは結果だけ • 仕事は個人的なものではない • あまり人に頼りたくない • 結局のところ、人は一人だ • 自分でやったほうが早いし簡単だ • 部下は私に自分の能力を見せるべきだ	• 成功するには人間関係が重要だ • 部下を信頼している • 必要なときに部下は助けてくれる • 私は有能である • 意思決定をすることは楽しい • 他の人を率いるのは楽しい • 適切なリスクが必要だ
自分NG 他人NG **回避型**	**安全型** 自分NG 他人OK
• 部下は私のことが嫌いだ • 私の部下は無能だ • 私のことは誰も理解してくれない • 感謝されていない • これはただの仕事だ • 仕事はつまらないし、挑みがいがない	• 結果について心配し過ぎる • 自分で決定したくない • 他の人のほうが詳しいかもしれない • もっと情報があればいいのに • どうなるか様子を見よう • 他の人からの同意を得なくては • 他の人の反対が心配だ

挑ませる（弱い）

①あなたは普段どの象限にいるだろうか

②ストレスやプレッシャーを受けたとき、どのスタイルを取っているだろうか

③自分のリーダーや周囲のメンバーは、どのスタイルを取っているだろうか

[図表3－30] で示したコミュニケーションタイプも参考になるかもしれない。実際のところ、コントローラータイプは支配型に寄りがちで、サポータータイプは回避型に寄りがちという傾向がある。

2 冷静を保つアプローチ

冷静を保つ方法としては、自身が今どんな状態か、自分を見失わないことだ。そのためにも周囲からのフィードバックは欠かせない。また、重要なのは、状況に反応している自分を客観的に見て、今、自分自身が“怒っている”“イライラしている”“不安に思っている”ということを理解することだ。自分を客観的に見ることで、感情に巻き込まれている状況から脱出できる。ぜひ、感情モニタリング（自分の感情を意識化することで情緒的安定度を高めること）のスキルを上げてほしい。

マインドフルネスやアサーション、アンガーマネジメントも人によっては有益だ（1回だけでなく、日々意識するところまで実践できるとよい）。

行動に働き掛ける主な手法

アサーション：アメリカで1950年代の心理療法から生まれた概念。本来、人は誰でも平等に自分の意思や要求を表明する権利があるという考え方に基づき、相手と自分の双方を尊重しながら、自分の意見や気持ちをその場に適切な言い方で表現するコミュニケーションスキルの一つ。

マインドフルネス：瞑想（めいそう）の手段を利用し、意識的に“この瞬間に起こっていること”に注意を向け、心の状態を落ち着かせること。ネガティブ感情から解放され、ストレス軽減や集中力アップの効果が期待できる。

アンガーマネジメント：1970年代にアメリカで生まれたとされる怒りの感情と上手に付き合うための心理教育。怒りや劣等感などのネガティブな感情を自分の中で整理し、その状況を客観的に見ることで怒りの感情を適切にコントロールしていくスキルの一つ。

TOPICS 9

⑤安全・安心の場を作る 聴く

心理的安全性の肝は“聴く”ことにある。リーダーの“聴く”スキルが高まれば、メンバーの「率直に発言する」という行為は格段に増加するだろう。日頃からメンバーの話を聴けているだろうか。改めてチェックしてみよう

1 心理的安全性の肝は“聴く”ことにある

何度も伝えるが、心理的安全性が低い職場の原因の多くは、発言する側の問題ではなく、発言を受け止める側の姿勢・態度にある。

前述のとおり、リーダーが、自身も間違うことを認め、相手の意見を聴きたいというメッセージを発信すれば、部下は積極的に意見やアイデアを伝えてくれるようになるはずだ。一方で、その意見やアイデアを本当の意味で“聴く”姿勢がなければ、いくらリーダーが“自分の限界”を伝えても、メンバーの発信量は減っていくだろう。

特に、高ストレスの職場のリーダーは、部下の本当に話したいことを聴いているのではなく、自分のミッションやノルマの達成に向け、興味や関心のあることだけを「聞きたいように聞いている」可能性がある。

また、上位者になればなるほど成功体験を積み、自分が答えを持っていると思っている場合が多くなる。優秀なプレイヤーだったリーダーほど、部下の意見を聞いたりすることは「時間の無駄」と感じてしまう。実際に、このように感じているリーダーが儀礼的な態度で部下の意見を聞いても、安全基地とはならない。相手の意見や質問を本心から聴きたいと思う気持ちを込めて傾聴することが大切だ。

2　聴く行動とは？

それでは、具体的に「聴く」とはどういうことだろうか。巷(ちまた)にコーチングやアクティブリスニングの研修もあふれているため、本書での詳細な説明は割愛するが、われわれが測定指標に用いている項目は**［図表4－11］**のとおりだ。

自身の行動ができているかを、改めて確認してみてほしい。

3　聴くスキルを自分で確認しよう

前述のとおり、15～20年ぐらい前からコーチングがはやっており、「聴く」ことの重要性については多くのリーダーが理解しているはずだ。具体的なスキルは、コーチングの本を1冊買って読めば分かる。

一方で、自分が「本当に聴けているのか」については、本を読んでも実際には分からない。それを知るためには、部下からのフィードバックも重要だろうし、もし相手の承諾が得られれば、自身の部下との会話を

［図表4－11］「聴く」行動チェックリスト

1	話し掛けられたとき、行っている作業をやめ、相手に顔を向けて話を聞く姿勢を取っている
2	相手の話を途中で遮ったり否定したりすることなく、最後まで聞いている
3	メンバーに対してうなずき、相づち、合いの手などの反応を交えながら会話している
4	挨拶やメールに対して必ず返事をしている
5	先入観を持たずにメンバーの話を聞いている
6	結論を急がせたり先取りしたりすることなく、メンバーの話を聞いている
7	メンバーの話を聞いているときに、結論は何かや次の質問を考えてしまうことがある（R：逆転項目）

録音して聴いてみるとよい。今やZoomやTeamsでのオンライン会議も当たり前になったので、自分の会話を改めて聞くことも容易になった。また、コーチングのトレーニングとして、3人1組になって、2人がロールプレーイングをしているところを残り1人に撮影してもらうというやり方も有効だ（今は多くの人がスマートフォンを活用しているため、すぐに録画できるようになり、研修効果もだいぶ向上した）。

これによって、内容だけでなく、話し方・態度・身ぶり・手ぶりまで自分が相手に与えている影響を知ることができる。自分の姿を自分で見ることは、あまり良い気がしないだろうが、ぜひ成長の機会だと考えてトライしてみてほしい。

TOPICS 10

⑥安全・安心の場を作る

質問する

思考のフレームを変え、視点を転換させるための重要なスキルが「質問力」だ。質問力が素晴らしいリーダーは、メンバーを成長へ向かわせることができ、組織力を一段上に上げるだろう。おおよそ、これは獲得が最も難しく、日々の実践の中で鍛えてほしいスキルだ

1 フレームを変える"質問力"

エドモンドソンのチームづくりの核の一つに「フレーミングの力」という概念がある。フレームとは、状況に対する思い込みや信念のことである。心理的安全性がない硬直した組織では、仕事や上司に対するフレームが固定化している。メンバーは仕事を「学習フレーム」とは捉えず、単なるタスクである「実行フレーム」で捉えている **[図表４－12]**。この「フレームを見直す＝物事の見方を変える」ためのスキルがリーダーの質問力だ。

[図表４－12] 学習フレームと実行フレーム

	学習フレーム	実行フレーム
仕事	仕事は学習のチャンス	仕事は片付けるもの
上司	チームの一つの役割 方向性は出すが答えは持っていない	権力を持った役割 答えを持っている 他人を評価する役割
部下	重要なパートナー 提案してくれる	管理・統制する相手 言われたことをやる

2 考えさせる問いを発信しよう

質問の力は強力だ。「問いの方向に行動は流れる」といわれるように、人は質問されると、その質問の答えを「反射的に見つけにいく」癖がついている。その質問によって人の思考も固定化していく。

例えば「挨拶したか」という問いは、何も思考の発展を生まないが、「そもそも挨拶する目的は何だろう」「挨拶という行為で伝えているメッセージは何だろうか」という問いは、一歩立ち止まって考えさせ、それによって思考が広がり、正しい方向に人の言動を向かわせることができる。

『恐れのない組織』[英治出版] においても、「あなたはミスやエラーをどれだけ見ましたか」ではなく、「今週、あなたの患者さんは、あなたが望むぐらい、あらゆることに関して安全でしたか」というように具体的で丁寧な言葉遣いをし、心から知りたいという関心を表現した問いが、スタッフに対して深く考えさせることにつながり心理的安全性が浸透し始めた事例として挙げられている。

良い質問は、必然的に相手に自分の声が望まれていることを示し、その瞬間に回答することが心理的に安全であると感じさせることができる。

3 質問が詰問になっていないか？

リーダーが部下に質問するとき、実際には自分が「聞きたいこと」を尋ね、部下が心を閉ざしてしまうような質問の仕方になっていないだろうか。部下がミスやエラーをしたときは特にそうだ。「なぜできなかったのか」という過去否定の質問は心を閉ざさせる。一方、「どうしたらできるようになるのか」という質問は、心を開放的にして前向きな思考を醸成させる。質問力の第一歩として、部下がミスやエラーをした際に過去否定の質問をしていないか見直してみてほしい **[図表４－13]**。

[図表4－13] 過去否定でなく、未来肯定で尋ねる

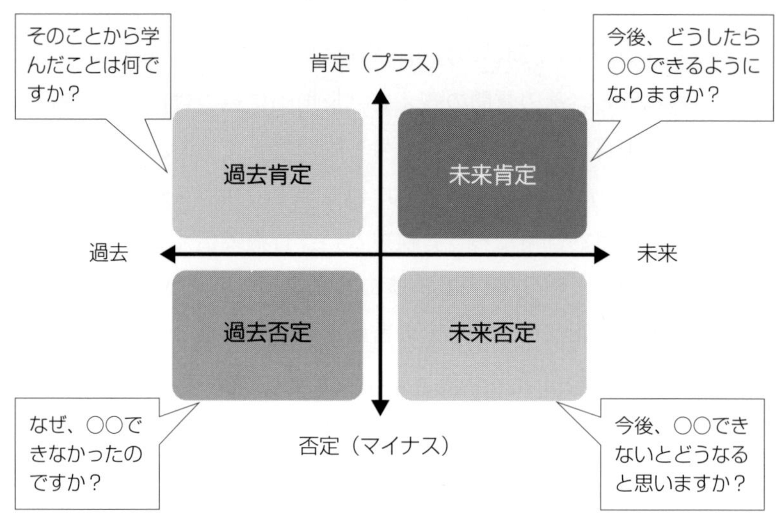

4　質問のバリエーションを増やそう

明日からすぐに質問力が上がるわけではないし、これについてはかなりのトレーニングも必要だろう。実際にコーチングのプロといわれる人たちでも、この質問力にはかなりのバラつきがあるように思う。第3章でお勧めした1 on 1についても、実際には既に多くの企業が導入していると思うが、何を話してよいか分からないという声も多く聞く。1 on 1をうまく機能させるためにも、まずは自身が日頃使えそうな質問のバリエーションを増やしておくとよいだろう（巻末付録③参照）。

TOPICS 11

⑦挑戦の場を作る
ビジョンを描くファシリテーション

VUCAの時代、ビジョンを描くことはリーダーだけではなく、チームの役割だ。そして、ビジョンやパーパスの再定義・共有に当たって重要なのは、その対話を進めるリーダーのファシリテーション力である

ビジョンやパーパス、ミッションが、人の心を動かし、内発的動機を高めるものとして重要であることは周知のとおりだ。これらは組織の根幹を成すものだが、会社やチームのビジョンでも、たった１人の優秀な経営者・リーダーが作ったものと、経営チーム・チーム全員で作ったものとでは、どちらがより人の心を動かし、組織の羅針盤となるだろうか。

スティーブ・ジョブズのような非常に先見性の高い経営者がいれば別かもしれないが、VUCAの時代の今、答えは後者であることは明白だろう。ここで大切なスキルは、リーダー自身のビジョン構築力に加えて、そのビジョン構築をチームで進めるための「ファシリテーション力」だ。

1　リーダーに求められるファシリテーション力

リーダーに求められるファシリテーション力とは、端的には、①限られた時間の中で結論を出し、組織・人を実際に動かす技術であり、②客観的な視点で、チームの議論をスムーズに進めるためにプロセスに支援・介入する技術といえる。この①②は言葉にすると簡単なようだが、実際はさまざまなスキルが求められる。ファシリテーションの基本をタスク・プロセス、メンテナンス・プロセスの二つの視点と共有・発散・収束・決定のステップで整理をすると、**[図表４－14]** のようになる。

また、タスク・プロセス、メンテナンス・プロセスの視点からは、リーダーは、課題スキル、対人スキルの両方を発揮し、二つのプロセスについて支援・介入しなくてはならない。タスク・プロセスを適切に管理するには、問題解決力を中心として論点やポイントを論理的・構造的に整理していく“さばき”のスキルが重要であり、メンテナンス・プロセスへの介入には“観察力”と“質問力”が重要となる **[図表４－15]**。ミーティングの多くは、このタスクにフォーカスしてしまう傾向が強いが、タスク・プロセスばかりにフォーカスすると、メンテナンス・プロセスが置き去りになってしまう。一方で、この“さばき”ができないと場が

[図表４－14] ファシリテーションの基本の４ステップ

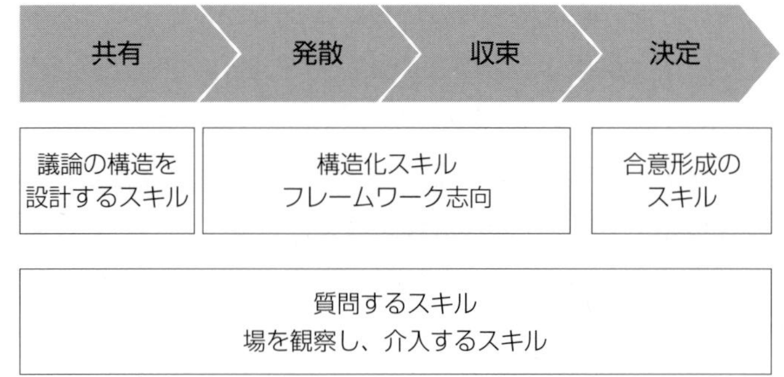

[図表４－15] タスク・プロセスとメンテナンス・プロセスからのアプローチ

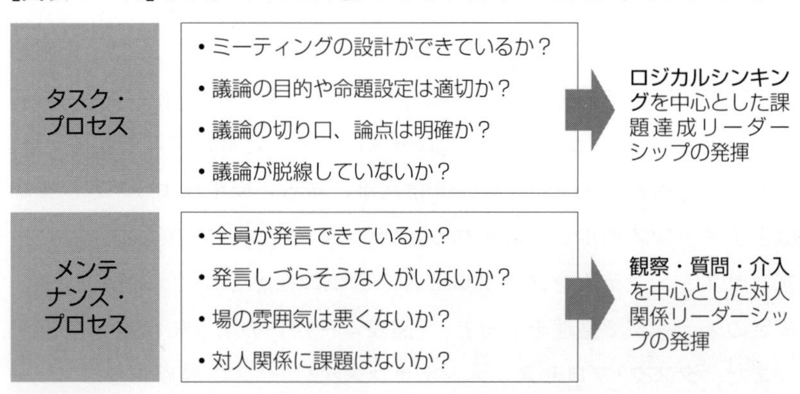

成立しない。ぜひリーダーは、タスクとメンテナンスの双方を管理するスキルを身に付けてほしい。どちらが欠けても、ファシリテーションはうまくいかない。

2 場を観察し、介入すること

メンテナンス・プロセスの介入には、“観察力”と“質問力”が重要だと述べた。ファシリテーションの観察のポイントは、第３章「13 **場を作ろう②　ミーティングの進め方**」にも記したが、実際に観察をした結果、リーダーは必要に応じて適切に介入していかなければいけない。ネガティブな意見や意見の対立によって場の空気が悪くなったとき、もしくは議論が停滞気味になったときなどが介入すべきタイミングとなるが、このようなときに上手にさばくことは意外に難しい。このような場合にファシリテーションで重要となるのは、“質問力”だ。例えば、議論の停滞に対しては「今の前提や制約をなくして考えると、どうだろうか？」や「もう一つ上の視点や相手の立場に立って考えてみると、どういう意見があるだろうか？」など、視点を変える質問をしてみるとよいだろう。

また、ネガティブな意見に対しては、前述したように「なぜできないのか？」(過去否定) ではなく、「どうしたらできるようになるのか？」(未来肯定) の質問に変換したり、その意見そのものをポジティブに変えたりする言い換えの技術が有益だ。例えば、「担当者なんだから分かるだろう？」と詰問するのではなく、「担当者でよく業務を知っているので、意見を聞かせてほしい」と前向きな表現に言い換えるなどだ。

ファシリテーション力も一朝一夕には身に付かないため、日々の実践の中で、一つでも自己のテーマ・実践目標を決めて取り組んでほしい。

3 参考にしたいファシリテーション例

[1] 限られた時間の中で結論を出し、組織・人を実際に動かす技術

上記［1］のファシリテーション技術で参考になるのは、映画『アポロ13』の中で、管制センターのリーダー、伝説のフライト・ディレクターと称されるジーン・クランツが見せたファシリテーションだ。アポロ13号の酸素タンクが爆発するトラブルが発生し、月への着陸は断念せざるを得なくなる。そして、３人の宇宙飛行士を無事に地球へ帰還させることが新しいミッションとなった場面において、ジーンは、一度に話し掛けてくるスタッフに１人ずつ話すように命じるなど落ち着かせ、推測で行動しないように命じ、また、目的を明確にし、絶対にジム船長たち全員を死なせないと強い意志をスタッフに見せている。このファシリテーション力こそ、限られた時間の中で結論を出し、組織・人を動かす技術であるといえる（ぜひ映画『アポロ13』を見てみてほしい）。

[2] 客観的な視点で、チームの議論をスムーズに進めるためにプロセスに支援・介入する技術

上記［2］のファシリテーション技術で参考になるのは、世界中に出向いて南アフリカのアパルトヘイトをはじめとする紛争を解決に導いたアダム・カヘンのファシリテートである。カヘンは、未来に起こり得る複数のシナリオを描いた上で、組織がどう対処すればよいのかを導き出すシナリオプランニングという手法で、組織を変革した。リーダーは、カヘンのような外部者ではないため、少しイメージが違うが、共通する要素は多い。ファシリテーターであるリーダーがオープンで真摯（しんし）に聴く姿勢を実践することで、メンバー全員が対等に内省的に話し、共感的に聴く状態を作るようにする。また、リーダー自身もチームの一部であることを認識することだ。これらは非常に高度な技術だが、筆者も日常で実践し続けることで身に付くと信じて心掛けている。

TOPICS 12

⑧挑戦の場を作る

ストーリーを語る

スティーブ・ジョブズのように、優れたリーダーは体験を語ることを通じて人を動かすスキルを体得している。共感を呼び、心に訴え掛けるストーリーを語るスキルは、今やビジネスに必須である

「ストーリーテリング」とは、伝えたいことと関連する印象的な体験談やエピソードなどの“物語”を引用することによって、聞き手に強く印象づける手法のことだ。

世の中には、サクセスストーリーや感動ストーリーなど、さまざまなストーリーがあふれている。ストーリーは、芸術や音楽と同様に、理屈抜きで人の心を癒したり、動かしたりする効果がある。

ストーリーテリングは右脳に働き掛けて聴き手に強い印象を与え、共感を高めるだけでなく、物語を通じた疑似体験をしてもらうことで、共通理解を深める効果がある。また、話し手（ここではリーダー）に対する信頼感を獲得する手段でもある。

リーダーが、部下にチームの目的や仕事の意義を伝え、そこにコミットしてもらうためには、数字や内容の理解だけでなく、共感、共通理解、信頼が必要だ。そのためにストーリーテリングという強力な伝達手法の活用を勧めたい。

1　自分はどういう人間かを語る

お互いを知ることの大切さは伝えたが、自分がどういう人間かをストーリーで語ることは、より深く自分を知ってもらうには有益な手段である。

もちろん、逸話や他人の話でも十分だが、よりインパクトが強いのは自分の過去に経験した出来事にまつわるストーリーだ。これらは極めて「私的」な問題であるため、語り手にもパワーがいるが、相手の心を動かし、本当の自分を伝えるための強力なメッセージとなる。自己開示は、相手を信頼しているというメッセージにもなる。

2 失敗のストーリーを語る

自分もよく間違うことを示すことは、心理的安全性を高めるリーダーの行動の一つである。実際のところ、本当のリーダーとは「完璧ではなく、自分の限界を認めることができる人物」のことだと筆者らは感じている。

一方で、「私も知らないこともあるし、よく間違うよ」と単に言っても、あまり説得力はないだろう。その代わりに、自分の体験談を基にストーリーを持って語ったらどうだろうか。どちらが共感を呼ぶかは一目瞭然だ。

3 会社の方針を自分の言葉で語る

会社の方針・目標を部下に伝えるミッションマネジメント（方針管理）の際に、それらを具体的にチームレベルに落とし込み、チーム内で機能させるためには、各チームのリーダー（部長や課長）は、上位から降りてくるミッションを自分の言葉で語らなくてはならない。よく見られるのは、部長や課長が会社方針の資料をそのまま活用して「うちの本年度の方針はこれです」と伝えるだけで、自分の言葉で語っていないケースだ。そうではなく、自分の言葉でストーリーを持って語ってほしい。ここで重要なことは、「何を」「どう」ではなく、「なぜ」を語ることだ。

TOPICS 13

⑨挑戦の場を作る 役割を再定義する

リーダーに期待される役割は、部下の存在を承認し、行動を促進することである。そして、チームが機能するためには、各自の役割をリーダーだけにとどめず、メンバー全員に周知しておくことが必要だ

1 業務の役割を明確にする

チームとは、「共通の目的・目標に向かって役割や責任を分担する2人以上のメンバーが、相互に協力しながら課題や作業に取り組む組織」であることは伝えたとおりだ（第1章「2 **チームづくりと心理的安全性**」）。チームが機能するためには、メンバーの役割が決まっていることが前提であり、チーム内での期待役割が明確になっていることが、動機づけにも存在承認にもなっている。また、アイヒマン実験にもあったように、人は役割が与えられるとその役割を忠実に全うしようとする動物である。その意味でも、集団の中で役割を明確にする意義は大きい。改めて、一人ひとりの職務上の仕事や役割が明確になっているか、そこに公平性があるのか、また、相互の透明性が担保されているのかを見直してみてほしい。

2 部下に適した仕事を作る

役割を明確にするとは、その役割に見合った仕事をリーダーが付与するということだ。ポイントは、“部下がストレッチすればできる”仕事を与えることだ。現状の能力やスキルとあまりにもかけ離れた仕事を与えることは、部下の挑戦意欲を引き出すことにつながらない。特に若手社員の場合は、少し難しい仕事を与え、それが“達成できた”という成功体験を積み重ねていくことで、仕事の中での自己肯定感や失敗したときのレジリエンス（回復力）を養うことができる（仕事を付与するときに、上司がお手並み拝見的な意図を込めてはいけない。その達成を心から願い、惜しみない支援をするという気持ちが大切だ）。

もちろん、OKRという手法を紹介したとおり、高い目標設定（ムーンショット）が決して誤っているということではない。VUCAの時代を生き抜くためには、このような発想も必要だ。ただし、OKRという手法が心理的安全性を高める前提には、目標の達成責任を一人が担うのではなく、チーム全体でその責任を負うことに意義がある。チームで取り組むからこそ相互にフォローやフィードバックをしながら進めることができ、それらが一人ひとりの頑張る動機になる。また、この時にも個々のメンバーの力量は違うはずであり、一人ひとりの目標設定は平等ではなく、公平であるべきである。

3 役割・責任を“見える化”する

目標管理シートやチャレンジシートなどを運用している企業は多い一方で、その内容がチーム内に公開されていることは少ない。しかし本来、チームメンバーの役割や目標を公開することは、情報の透明性を担保し、助け合える風土を作ることにつながる。筆者らの調査において、ある企業の中で最も成果を上げていたチームは、それぞれの目標をメンバー全員に開示し、またメンバーの得意分野にまつわる“あだ名”を付けていた **[図表４－16]**。もちろん、あだ名を付けることに抵抗感がある社員もいるので、その点は個人の気持ちを尊重する必要がある。

得意分野に関するあだ名を付けることは、リーダーが部下のことをよく見て理解しているからこそできる。また、目標についても、部下ごとに目標設定の公平性が担保されていないと不平不満につながってしま

［図表４－16］チーム力を上げるための工夫例

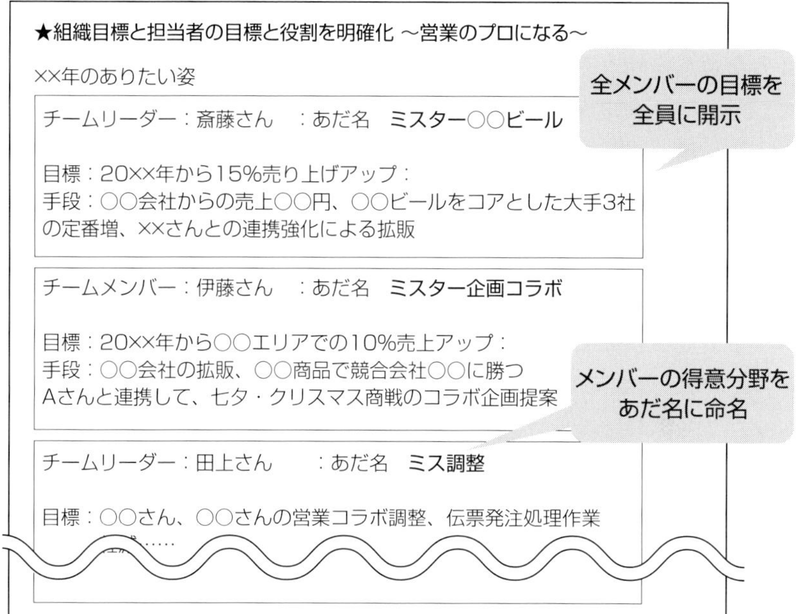

★組織目標と担当者の目標と役割を明確化 ～営業のプロになる～
××年のありたい姿
チームリーダー：斎藤さん　：あだ名　ミスター○○ビール
目標：20××年から15%売り上げアップ：
手段：○○会社からの売上○○円、○○ビールをコアとした大手3社の定番増、××さんとの連携強化による拡販
チームメンバー：伊藤さん　：あだ名　ミスター企画コラボ
目標：20××年から○○エリアでの10%売上アップ：
手段：○○会社の拡販、○○商品で競合会社○○に勝つ
Aさんと連携して、七夕・クリスマス商戦のコラボ企画提案
チームリーダー：田上さん　：あだ名　ミス調整
目標：○○さん、○○さんの営業コラボ調整、伝票発注処理作業
全メンバーの目標を全員に開示
メンバーの得意分野をあだ名に命名

う。リーダーは、横並びで見たときに公平性のある目標設定を行い、部下一人ひとりをより知った上で、“見える化”の取り組みを推進しよう。

4　業務以外の強みの役割を作る

どのような仕事でも、その仕事に対する意味づけを行うことが大切だが、実際の業務において自分のやりがいや適性と100％マッチしている仕事に就けないことはたびたび起こる。

また、職位や専門性における権威勾配（＝上位者ほど発言権がある）のために、自然とチームの中で発言しづらい“立場”ができてしまう。そのような状況を改善する方法として、一人ひとりの“強み”を発揮できる機会や役割を意図的に作ることを勧めたい。

仕事が自分の強みや動機につながっていると、自発的に取り組むことができる。権威勾配によらず発言権が与えられ、他のメンバーに自分のことを新たに知ってもらえる機会があれば、チーム内での関係性を深めていくこともできる。CoP（Community of Practice：実践共同体）の立ち上げでもよいし、その機会や場は何でもよい。例えば、旅行が好きなメンバーがいたら各地の名産講座を開いてもらい、歴史が好きなメンバーがいたら歴史について学ぶ会を作り、ワインが好きなメンバーがいたら飲み会の企画担当をするなどでもよい。メンバーが自分の強みを発揮できる仕組みをチーム内に作ってほしい。

TOPICS 14

⑩挑戦の場を作る
部下に任せる

やってみせ、言って聞かせて、させてみて、ほめてやらねば、人は動かじ
話し合い、耳を傾け、承認し、任せてやらねば、人は育たず
やっている、姿を感謝で見守って、信頼せねば、人は実らず

連合艦隊司令長官　山本五十六

心理的安全性のポイントの一つは「主体性」であるが、この主体性を担保するために重要なリーダーのスキルは、仕事を「任せる力」だ。

心理的安全性が低いチームの多くは、仕事が権限委譲されていない、もしくは仕事は権限委譲されていても、実際には部下の提案を無視して、上司の鶴の一声や事情によって上位の方針がころころと変わってしまい、それが常態化すると、部下の主体性はますます低くなっていくという悪循環が生まれてくる。リーダーには、方針の伝達と本当の意味での「任せる力＝権限を委譲すること」が必要だ。

1　ポイント①：任せることは育成プロセスの一つ

権限委譲というと、自身の忙しさも相まって、部下に任せきりとなってしまうリーダーもいる。ただ任せるだけでなく、仕事づくりから始まり、フォロー、確認や声掛け、承認の一連のプロセスの中で、“任せる”ことが重要だ**[図表４－17]**。冒頭の山本五十六の言葉にあるように、「させてみて」「任せて」やらせるだけでは人は動かない。その前後の関わりを含めて権限委譲することが大切だ。

また、任せる仕事は、❶部下が少し難しいと感じること、❷部下のやる気をかき立てること、❸達成感・成長感が得られることを意識しよう。

自身の動機につながる有意味感を持てる仕事の付与が大切だ。

2　ポイント②：部下のレベルに合った権限委譲

任せるといっても、一律に権限委譲しようということではない。新入社員などのスキルが乏しい部下には、指示的行動も多くなることは当然だ。ポール・ハーシーとケネス・ブランチャードが提唱したSL理論（状況対応型リーダーシップ）の概念でも、**［図表４－18］**のように部下の成熟度の違いによるリーダーの関与度合いを定義している。それぞれの部下の能力、意欲を見極めて仕事を付与しよう。

［図表４－17］育成プロセスの中での仕事の付与

STEP1	STEP2	STEP3	STEP4
部下に適した仕事を作る	仕事を付与する	日々フォローし、見守り、やりきらせる	達成・成長に向けたフィードバックを与える

［図表４－18］部下の成熟度と指導スタイル

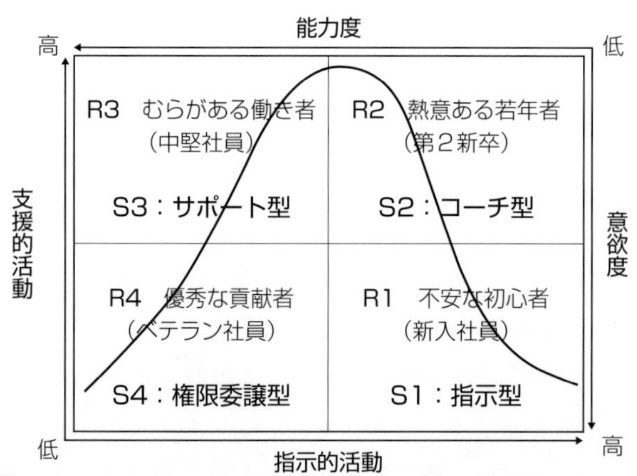

［注］　ポール・ハーシー、ケネス・ブランチャードの研究調査に基づき開発されたリーダーシップ理論およびスマートビジョン株式会社の資料を基に筆者作成。

3 ポイント③：任せる勇気を持つ

「任せる」ことの重要性が分かったとしても、実践することは難しい。リーダーにも主体性があるため、「任せたくない」といった気持ちになったり、課せられた目標の必達や責任を考えたりすると、部下に「任せると不安」になることもある。そうした気持ちや不安は自然と出てくるものだ。ぜひ、「任せる」ことの認識を変えてほしい。任せることは、リーダーの存在価値を否定するものではなく、よりチームの成果を高めていくための良いサイクルを回すことである **[図表４－19]**。

[図表４－19] 権限委譲の効果

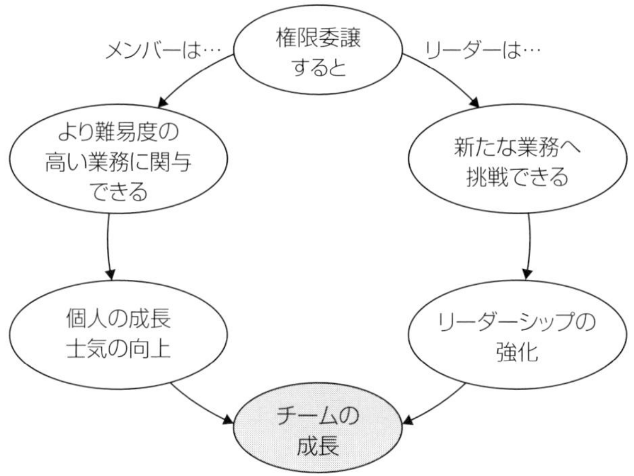

TOPICS 15

⑪挑戦の場を作る
境界線を定義する

境界線を設ける際には、「何が望ましいか」「何が望ましくないか」を明確にすることだ。それが明確になっていれば、メンバーは自信を持ってチームの中で行動できるようになる

1 挑戦する目標と基準を決める

心理的安全性は、ぬるま湯の職場を指すのでなく、組織の目的達成に向けてメンバー一人ひとりに負うべき責任があり、その責任遂行に向けて生じた失敗やミス、疑問を提示する行動をしたとしても、罰せられたり不安を感じたりすることはないということは再三伝えたとおりだ。そして、セキュアベース・リーダーシップの役割は、そのような中で、メンバーに居心地の良い範囲を超えて、リスクを取って挑戦させることだ。

メンバーがリスクを感じたとしても、そこへの挑戦を後押しするべく、リーダーは高い基準を設定し、メンバーそれぞれの負うべき責任を決めなくてはならない。学習し、発展していく組織を作るためには、今のまま同じことをしていても駄目だ。より高い目標と基準を提示することもリーダーの役目である（もちろん責任を決めるだけでなく、いつでも話せることやフォロー・見守られているという感覚がメンバーにあることが前提である）。

2 行動の境界線を決める

チームの指針（Do's＆Don't）を決めるに当たって、行動基準の“見える化”の大切さを説いた（第３章「**10 ルールを作ろう①　チームの**

指針（Do's＆Don't）を決めよう」)。このような境界線があるということは非常に大切だ。子どもが親に「この中だったら自由に遊んでいいよ」と言われれば、その中では思い切り自由に行動できるように、チームでも境界線があるからこそ、その中でメンバーは自由に発言し、行動できる。

この境界線を決めることが、メンバーの不要な臆測や感情労働を減らし、チームの心理的安全性を高めることにつながる。

リーダーは、チームとして明文化された指針だけでなく、日々の業務遂行におけるルールや基準（守るべきレポートラインなど）においても、できる限り明文化・言語化して伝えることが大切だ。多様性が高い時代では、一人ひとりの考えや価値観も違うため、"暗黙のルール"は通用しない。自分にとって当たり前のことでも部下にとっては当たり前でないかもしれないと考え、できる限り、明文化・言語化しておこう。

3　境界線をぶれさせず、公平に対処する

部下が示した基準やルールから行き過ぎた場合には、公平に対処することが必要だ。基準を達成できなかったり、ルールを守れなかったりしたときに、厳正に対処せず曖昧にしたままだと提示した基準や境界線も無意味になってしまう。ハラスメントや相手の人間性を尊重しない行動を放置していると、無法地帯となることは想像できるだろう。また、公平に対処しないと、キャリアが長い人や影響力がある人の意見ばかりが通るだけでなく、派閥が生まれ、組織が健全に成長する一体感や心理的安全性が醸成されない。

また、エドモンドソンは、「メンバーが、あらかじめ設けられた境界を越えたり設けられた基準以上のパフォーマンスを達成できなかったりした場合、リーダーは適切に、かつ一貫した方法でメンバーに責任を負わせる必要がある」と言っている。この"高い基準を決め、責任を取ら

せる”ということは、一見すると心理的安全性と相反しているように思われるが、そうではない。この二つは組織の中で共存できる。というよりも、責任性と心理的安全性が同居してこそ、強いチームができるのだ。この概念が加わることで、“心理的安全性”がある組織とは“ぬるま湯”ではなく、“厳しい組織”であることがよりイメージできるだろう。目標を低く設定したり、責任を曖昧にしたりすることは、チームと個人の成長のためにはならないことを肝に銘じよう。

Tips

ジョブ型人事導入の難しさ

境界線を定義し、公平に対処することの難しさは人事制度の運用でもよく見られる。エドモンドソンが言うとおり「パフォーマンスを達成できなった場合も、一貫して責任を取らせる」ということは、成果主義人事・ジョブ型人事の思想と共通するものだが、これまでの年功的な人事制度を実質運用してきた日本企業にとっては、責任を明確にして公平に対処することは“言うは易く行うは難し”の典型だろう。実態として温情主義的な人事が行われ、成果や基準に対して公平性がなくなると、人は不満が募り、努力してもしなくてもどうせ評価されないのだから、やる気にならないといった“社会的手抜き”が起こってしまう。また、そのため、言うべきことも言う必要がないといった心理的安全性の低下にもつながる。

心理的安全性を作るためには、トップダウンや上意下達の風土は逆効果である一方で、成果・達成基準に対して公平に処遇することは重要な要素である。そして、１回限りの未達がその後のすべての評価に関わるのではなく、次回の挑戦に向けて前向きな動機づけを行うことが何よりも大切だろう。

TOPICS 16

⑫挑戦の場を作る
フィードバックする

信頼関係を基軸とした上で、良いことも悪いこともフィードバックし合うことが大切だ。フィードバックし合う風土は、心理的安全性を高め、より高い目標を達成できる組織づくりに大きく寄与する

1 フィードバックの前提

フィードバックは組織を強くするために非常に有益な方法だ。なぜならば、プラスのフィードバックは、強みを改めて認識することで自己効力感が高まる。マイナスのフィードバックは、自分では気がつかない面を指摘してもらえることで、成長の糧とすることができる。

近年、360度フィードバックやピア・フィードバックなどの導入が増えている一方で、このようなフィードバックの仕組みの導入に苦労している、あるいは慎重となっている企業も多い。なぜなら、「本当のことを言わない／書かないのではないか」「低評価だった場合は犯人捜しが始まり、関係性がぎくしゃくするのではないか」「本人が受け止められないのではないか」といったさまざまな臆測があるからだ。この根底には、その組織に内在化している人間関係のもろさがある。

本来、フィードバックは、成長を思い願って相手のためになることを伝えることが前提だ。一方で、信頼や尊重がない組織では、フィードバックは自分の評価（自分の不満）を伝えるツールとなってしまっている場合がある。フィードバックは、お互いを尊重し合える（人間的に認めている）信頼関係があってこそ成り立つ。それがない中では、極端なことを言うと、相手を傷つけるだけの道具となってしまう。上司が部下にフィードバックを与えるときは、改めて“人として受け入れている”マインドセットとなっている状態かを見つめ直してから行うことが望ましい。

2 フィードバックとは

フィードバックの「feed」とは、「food」から派生した言葉で、「子どもや動物に食べ物を与える」という意味から、「受け取った結果・情報を返す」という意味でも使われるようになった。

このフィードバックは、電子回路で出力された結果を修正・調整するために入力側に返すという意味でも活用されているが、ビジネスの場面に置き換えると「行動した結果を伝えることで、その行動をより良い方向に修正・調整するための行為」といえる。これは、フィードバックを受けた側に気づきがあり、自ら行動を変化させていくことにつながるものでなくてはならない。

また、行動に対する結果（主観、客観双方を含む）を適切に伝えることは、前掲「**15 ⑪挑戦の場を作る　境界線を定義する**」で記した境界線を定義し、それに対する公平な対処をするために重要なスキルだ。人事考課など改めてその評価結果を伝える場面でのフィードバックもあるが、組織内に適切な規範を作っていくためには、リーダーが日頃から適切なタイミングで、メンバーに質の高いフィードバックをすることが大切である。

[1] フィードバックのポイント

フィードバックの際には､その人の性格や人間性を責めるのではなく､その行動の結果として起こった事実を踏まえて、フィードバックを受けた側が次の行動に活かせるよう､具体的な行動レベルで､改善点や良かった点をタイムリーに相手に伝えることが大切である。

フィードバックのポイント

- 事実を基に伝える
- 具体的な行動レベルで伝える
- タイムリーに伝える
- みんなの前で行うときには慎重に
- ネガティブ・フィードバックだけを行わない

［2］客観的フィードバック・主観的フィードバック

フィードバックには、「客観的フィードバック」と「主観的フィードバック」がある。起こった結果を見たまま、聞いたまま、事実として返すことを「客観的フィードバック」と呼び、起こった結果、事実に対して自分なりの解釈（思ったこと、感じたこと）を返すことを「主観的フィードバック」と呼ぶ。

フィードバックでは、この客観と主観を意識的に使い分けて行うことが大切だ。

業績などの数字のフィードバックは客観的フィードバックである。また、行った行動自体について伝えることも客観的フィードバックであるが、その際には、できる限り見たまま、聞いたままを具体的に伝えることを心掛け、評価や主観を挟まないようにしよう。

例えば、「先日のお客さまへの説明のときに、説明の仕方がとても早口だったよ」は客観的フィードバックだが、「先日のお客さまへの説明のときに、説明の仕方がとても早口で、クライアントへの心証がとても悪かったよ」という言い方には、一部フィードバックする側の評価が入ってしまっている。

もちろん、客観的な事実を伝えた後に、「主観的フィードバック＝自身の解釈」を伝えることも相手の気づきを促進するためには重要である。その場合は、私はどう感じたのかと自分を主語にして表現する“I（アイ）（私）メッセージ”で伝えることが大切だ。

上記の例を“Ｉメッセージ”に変えると、「先日のお客さまへの説明のときに、説明の仕方がとても早口だったので、私からは、クライアントへの心証が悪かったように見えたよ」となる。主観的フィードバックを付け加える際には、自分の考えを汎用（はんよう）化して「他人は、普通はこう思う」といった視点でのフィードバックにならないように注意しよう。

[3] ネガティブ・フィードバック／ポジティブ・フィードバック

ネガティブ・フィードバック／ポジティブ・フィードバックの定義を改めて整理したい。

責任・目標の達成度に対して、リーダーが感じている「ギャップ＝ズレ」と、そのズレが起こっている課題（本人の弱み）を伝えることは「ネガティブ・フィードバック」である。一方、達成度に対して、ギャップがなく、ギャップがない理由（本人の頑張り、強み）と今後のさらなる成長や将来に向けた期待を伝えることは「ポジティブ・フィードバック」である。

ポジティブ・フィードバックは、伝える側にもそれほど心理的負担はないが、ネガティブ・フィードバックは、多少なりとも伝えられる側にも伝える側にも負担が生じる。その負担を減らすためにも、伝えられる側の受け取る準備と伝える側の伝え方の工夫が大切だ。

受け取る側の準備としては、あらかじめ「フィードバックしていいですか」「より良い仕事をしてもらうために、感じていることがあるのですが、伝えていいですか」というように、フィードバックを伝える前に相手から許可を取ることを心掛けることだ。

伝える側の工夫は、前述の“Ｉメッセージ”を活用するとともに、ネガティブだけではなく、ポジティブも織り交ぜつつ、それが改善されたらどのような良いことがあるのかまでを伝えることだ。

伝えたことがネガティブでも、それをどう受け止めるのか（ポジティブにとるか、ネガティブにとるか）は相手次第である。フィードバックがポジティブな感情で終われることをイメージして、受け取った側の感情（どう受け取って、どんな気持ちになっているか）を含めて、双方向で率直に話し合うプロセスを大切にしてほしい。

宇宙飛行士の若田光一氏は、リーダーの心構えとして「良い行いに対してはすぐに称賛する。一方で、リーダーである以上、時にはクルーに対して厳しいことも指摘しなければならない。ネガティブ・フィードバックを行う際は、慎重に言葉を選びつつ、指摘する目的を具体的に説明し、改善したら個人・チームにとってどのような効果が得られるのかまで、きちんと伝えた」（アカデミーヒルズ　日本元気塾セミナー　JAXA若田光一が語る「リーダーシップ」後編　若田光一流「リーダーの心構え」）と言っている。宇宙船という非常に狭く、どこにも逃げられない空間の中で、チームとしてミッションを達成するためには、上記のようなリーダーシップの発揮が欠かせないことは想像に難くない。

Tips　心理的安全性と360度フィードバック

360度フィードバックを導入する企業も増えているが、実際には、導入そのものに慎重になったり、導入してもうまく活用できていなかったりする企業も少なくない。

心理的安全性の観点から360度フィードバックというツールを見ると、この360度フィードバックがうまく機能しているチーム・組織は心理的安全性が高いと想定できる。そもそも心理的安全性があれば、定点観測的な意味合いを持つ360度フィードバックは必要ないかもしれない。なぜならば、リアルタイムに日々の対話の中で階層に関係なくフィードバックできているからだ。もちろん強み・弱みを体系的に指標化して確認するツールとして活用することは有益だろうが、その場合は記名式で実施してもよいだろう。

一方で、360度フィードバックが機能していないチーム・組織は心理的安全性が低く、忖度文化があったりすることが多い。そのため、心理的安全性が低い組織に360度フィードバックを導入する場合は、実施によって余談や臆測を呼んだり、チームの風土をかえって悪くしたりしないように工夫や注意が必要だろう。

第5章

テレワークで
心理的安全性を
高めるコツ

TOPICS 1

テレワークがチームに与える影響

顔が見えない、一緒に場所・時間を共有できないテレワークは、心理的安全性の阻害要因となる対人不安にも影響を与えているようだ。一方で、必ずしもテレワークがチームの生産性を低下させるというわけではない。テレワークのコツを理解して、チームワークを高めよう

1 テレワーク下による心理的安全性の重要性

2020年1月に発見された新型コロナウイルス感染症（COVID-19）の影響により、国内外においてテレワークが急速に進んだ。コロナ禍をきっかけに進展したテレワークだが、終息後も、この働き方は一定程度支持され、進んでいくだろう。

これまでは「働き方改革」と言いながら遅々として進まなかったテレワークだが、約2年という月日を経てわれわれも慣れつつある。また、一部の企業は本社を都心から移転したり、休暇を取りながら働く「ワーケーション」を促進したりすることで、個人のワークとライフのトータルの充実度を高める方向性にシフトしている。

このように一人ひとりの「働き方」が大きく変わる状況において、本テーマである心理的安全性は、どのような影響を与え、もしくは受けているだろうか。テレワークは通勤時間が削減できる、上司からの「これやっておいて」といった横やりがなく自分の仕事に集中できる、ワーキングマザーにとっては効率的に隙間時間を使え、仕事と家事を両立できるなどのメリットがある。一方で、打ち合わせや会議などにおいては、相手の表情が分からず、真意がつかみづらいといった心理面な距離感を生み、人間関係構築上のデメリットや対人不安も生じている。

筆者も、コロナ禍の環境下においてさまざまな会議をZoomやSkype、Teamsなどのツールを使って実施しているが、その会議の時間を有意義にするためには、それまでに作られたチーム内の心理的安全性やお互いの信頼関係が大事なポイントであると改めて実感している。

チームの中で、心理的安全性があるメンバーでの議論は非常にスムーズで、対面と変わらないが、そうでないメンバーでの議論はぎこちなく、一方的に司会者が話すだけにとどまってしまう場合も少なくない。特にバーチャルの空間においては、これまで日本人が得意とし、多くの企業で求められてきた“その場の空気を読む”ことは難易度が高まる。

顔が見えない中で、「Aさんは、どう思っているのだろうか？」「Bさんは、何と言うだろうか？」「自分の考えは発言すべきだろうか？」といったことばかりに気を取られていくと、対面よりもコミュニケーションコストが上がってしまう。このような状況に陥らないようにするためにも、対人不安を最小限に抑え、心理的安全性が高い状態を作ることがテレワークを円滑に運用していく上での近道といえる。

2 オフィスワークからテレワークになって消えたものは何か

改めて、オフィスワークからテレワークになって消えてしまったものは何だろうか。大きな変化は「地理的制約＝同じ場所で働けない」「時間的制約＝同じ時間を共有できない」「非言語情報の欠落」の三つである。

この三つには、いずれもメリット・デメリットがある **[図表５－１]**。地理的・時間的な要因は、世界中から優秀な人材を確保できるメリットもあるが、現時点では、物理的な空間が共有できなくなったが故の「個業」化や、ちょっとした「助け合い」や「相談」がしにくくなった、「雑談」から得られるアイデア・知恵が少なくなってしまったというデメリットのほうが上回っているだろう。「非言語情報の欠落」は、「阿吽（あうん）の呼吸」や「空気を読む」ことを大切にしてきた日本人にとって、「相手の気持

[図表5－1] テレワークのメリット・デメリット

	メリット	デメリット
地理的制約	場所を問わずに人を雇える	場所を共有にできず（たばこ部屋やリフレッシュルームなどでの）気軽な出会いの機会が減る
時間的制約	他人から時間を気軽に取られない（自分の仕事に集中できる）	他人の時間を気軽にもらえない／時間を一緒に過ごせない（ちょっとしたことを聞けない、所属の欲求が満たされない）
非言語情報の欠落	（知らない・分からないために）余計な気を使わない	非言語情報が分からないため、人間関係・空気が読めない

ちを察することができずに不安」という心理的負担を増加させる。

また、同じ場所・時間を共有できないからこその、さまざまな対人不安も生じている。

3　テレワークにおける対人不安

パーソル総合研究所では、テレワークにおける就業者の意識調査（2020年4月、5月、11月実施）で、心理的安全性の阻害要因の中心である“対人不安”について調べている **[図表5－2]**。中でも興味深いのは、上司・部下(テレワーカー)ともに「サボっているのではないか？」「サボっていると思われていないか？」という評価懸念が予想以上に高かった点だ。

2020年11月に実施した調査では、4月、5月よりも改善傾向にあるものの、年代別で見ると若い世代（20代）の評価懸念が突出して高い傾向にあり、まだまだテレワークにおける不安については、オフィスワーク時と同じレベルまで低減できていないようだ **[図表5－3]**。

これらは、これまで部下を目の前で管理してきた上司にとっては、自然に生まれる不安なのかもしれないが、上司がいかに性悪説で部下を見ているのかということと、管理対象が「成果ではなく時間」ということ

［図表５－２］テレワークにおける上司と部下の不安

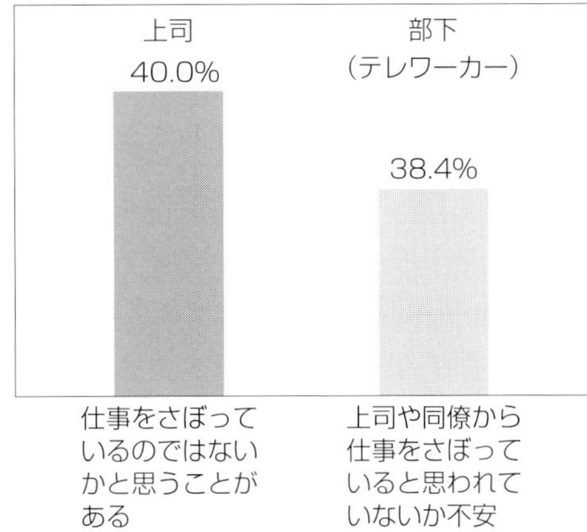

資料出所：パーソル総合研究所「テレワークにおける不安感・孤独感に関する定量調査」（2020年6 月10日）

［図表５－３］年代別に見たテレワーク業務時の不安

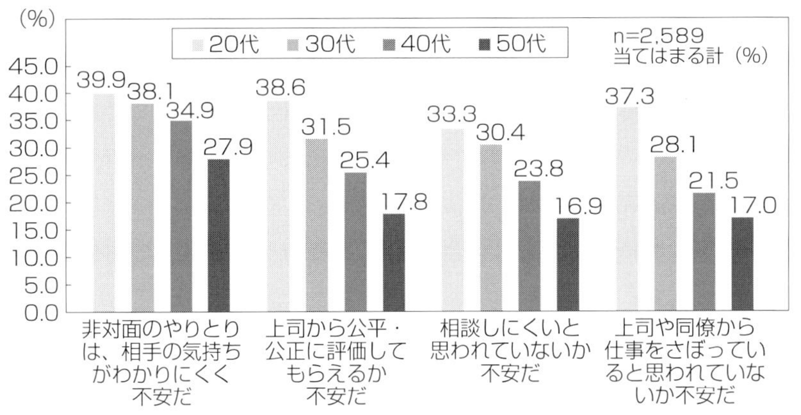

資料出所：パーソル総合研究所「第４回・新型コロナウイルス対策によるテレワークへの影響に関する緊急調査」（2021 年 1 月）より抜粋

を数字で示した結果ともいえる。

部下も同様だろう。アウトプット・成果で管理されていれば、このような気持ちになることは少ないはずだ。今の日本社会の「時間を管理したい上司、管理されたい部下」を象徴した結果といえる。

4 テレワークはチーム力を下げるのか？

テレワークは対人不安を助長してしまう一方で、果たしてチームのパフォーマンスや成果、その土台となる心理的安全性にどう影響を与えているのだろうか。

われわれが行ったクライアント数社の簡易調査から分かったことは、テレワーク（チームバーチャリティ＝テレワークの実施度合い）は、チームのパフォーマンスや心理的安全性に実は大きな影響を与えていないということだった。ある企業では、テレワークをしているチームほど、心理的安全性以外のチームワーク指標が高かった。また、別の企業では、特にテクノロジー利用の高いチームほど、良好なチームワークが出来上がっていることが示された**【図表５－４】**。

この結果は、テレワークは心理的安全性といった組織やチームが長年かけて形成してきた風土を変化させるまでには至っていない一方で、テレワークによるデジタルツールなどのテクノロジー活用が、目標設定、情報共有、協働といったチーム活動自体を向上させる有益な手段であることを示唆している。これは、われわれにとって、テレワークを前向きに捉える良い結果といえるだろう。

人は本能的に変化に対して抵抗しがちであり、「テレワークが進み、直接対面しなくなったチームは、チームワークが悪化するのではないか」といった素朴な疑問を持つことや、これまでの対面のほうがチームで働きやすいと過度に思い込んでいる節がある。

また、対面を望むメンバーほど、デジタル活用に抵抗感を示す傾向にある。業種にもよるが、“対面神話”をいったん脇に置き、テレワークを前提としたリテラシー向上やテレワークに合わせた業務改革、コミュニケーション設計が必要である。

一方で、前述のとおり、テレワークによってチームの対人不安が増していることは事実である。テレワークだからこそ発生しがちな対人不安

[図表５－４] チームのテレワーク度合いとチーム活動の相関分析結果

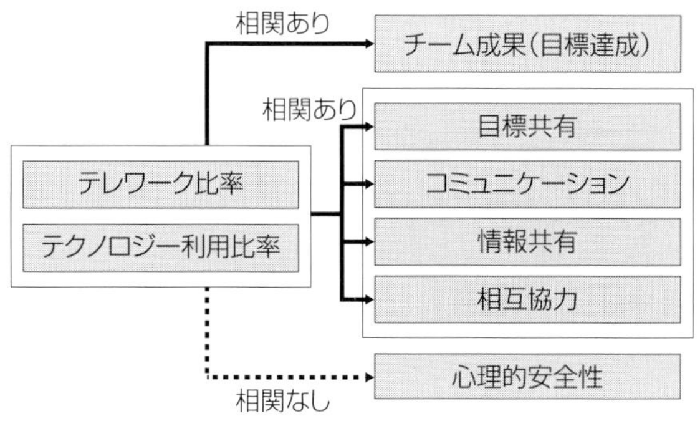

	チーム成果	目標共有	コミュニケーション	情報共有	相互協力	心理的安全性
テレワーク比率(※1)	.68	.44	.39	.55	.33	.21
テクノロジー利用比率(※2)	.46	.75	.22	.63	.68	.00
テクノロジー適応度(※3)	.58	.56	.69	.74	.71	.06

（※１） テレワークが占める業務割合
（※２） ＩＴツール(情報機器、アプリ等)の活用度合い
（※３） チームの業務やコミュニケーションを情報機器やアプリに合わせている度合い

［注］ 1. 相関分析とは、２変数間の関係を数値で表す分析方法で、相関係数の値の範囲は−1.0〜+1.0である。相関の強さの判定は、一般的に絶対値で 0〜0.2 は「ほとんど相関がない」、0.2〜0.4 は「弱い相関がある」、0.4〜0.7 は「中程度の相関がある」、0.7〜1.0 は「強い相関がある」と判断する。
2. 調査対象となった A社で、テレワーク前後の心理的安全性を含むチーム指標の変化量とテレワークの実施率との関係性を検証した（2020 年１月と６月での定点観測）。B社では、テレワーク実施チームと未実施チームにおけるチーム指標の相関分析を行った。どちらの結果からも心理的安全性との関係性は確認できなかった。

は、（既に心理的安全性が備わっているチームにおいては）これまでに醸成されたチームの心理的安全性を毀損させるリスクも否めない。また、今後、風土づくりに取り組むには、心理的安全性の構築の一つのハードルとなる可能性もある。テレワークだからこそ発生しがちな対人不安をより意識し、それらを軽減させていく取り組みが重要である。

TOPICS 2

テレワークにおける“仕事”の設計

テレワークになってチームで生産性が落ちた、成果が上がらないといった要因は、そもそもチームとしての仕事の役割分担や、リーダーのマネジメントスタイル、仕事への捉え方が影響していることが多い

前述のとおり、チームづくりにおいてテレワークだからこそ意識すべきこともある一方で、成果を上げるチームづくりという観点では、テレワークやオフィスワークにかかわらず共通な部分が多い。その一つが、“仕事”の設計とマネジメントである。

不確実性が高い時代を先読みして、制度や風土改革に取り組んだ会社は、コロナ禍におけるテレワークにもスムーズに対応をしているはずだ。テレワーク、オフィスワークにかかわらず、仕事が円滑にできる仕掛け（役割分担や段取りなど）や意識が根付いている企業は強い。テレワークの課題として、仕事の性質やインフラ環境、セキュリティー面や書類の壁とはんこ文化などの物理的な制約、コミュニケーションツールに対するリテラシーなどもあるが、コロナ禍において、テレワークにスムーズに移行できたか、できていないかは、組織の状態（チーム活動の出来栄え）を判断する一つのバロメーターともいえる。

2020年11月にパーソル総合研究所が行った調査では、テレワークの働き方において生産性を高めるのは、業務プロセスと上司のマインドがともに柔軟で、結果を重視する志向性の組織であり、逆に生産性を低めていたのは、権威・集団・対面志向が強く、年功的な秩序の組織であったと報告されている**［図表５－５］**。

この「仕事のプロセスよりも、最終的な結果が重視される」という成果志向においては、近年、人材マネジメントの仕組みとして、メンバーシップ型雇用からジョブ型雇用への移行が注目されている。テレワークをきっかけに、ジョブ型雇用に移行する企業も増えてきた。

ジョブ型雇用とは、簡単に言うと「職務」を軸とした「会社と個人の対等な契約関係」に基づく雇用だ。職務中心のため、メンバーシップ型雇用よりも、「会社」ではなく「仕事」やその成果にコミットすることが基本となる**［図表５－６］**。

一方、これまでのメンバーシップ型雇用では、一流企業になればなるほど社名そのものが、自身のアイデンティティーの一部となり、「仕事をする」＝「出社する・オフィスにいる」という意識を生み出してきた。

［図表５－５］テレワーク時の生産性を高める・低める要素

	生産性を高める要素	生産性を低める要素
組織風土	結果重視の風土 働き方のフレキシビリティ	権威主義的な風土 書類・紙への依存
上司マネジメント	遠隔会議のファシリテーションスキル 変化受容マインド	育成重視マインド
個人の働き方	スケジュール管理スキル 問題対処スキル	集団主義マインド 遠隔コミュニケーションの苦手意識

資料出所：パーソル総合研究所「第4回・新型コロナウイルス対策によるテレワークへの影響に関す緊急調査」

［図表５－６］採用から退職までのメンバーシップ型雇用とジョブ型雇用の違い

	メンバーシップ型雇用	ジョブ型雇用
採用	• 新卒定期採用中心	• 職種・ポジション別の中途採用中心
配置・異動	• 職務や勤務地が限定なしで会社裁量（ローテーションあり）	• 職務記述書による職務や勤務地が限定（異動は本人の同意必要） • 社内公募・スペシャリスト育成
育成	• ゼネラリスト育成 • OJTや社内教育中心	• 選択教育や社外教育による専門性向上
評価	•（過去では）処遇決定のための査定目的が多く見られた	• KPI 管理 • パフォーマンス管理 • 人材開発
処遇	• 年功・能力で決定 • 社内公平性を重視	• 職務の価値で決定 • 外部市場重視

資料出所：KPMGコンサルティングの資料より抜粋・筆者加筆。

この意識を作り上げているのは、高度経済成長という環境にフィットした日本型雇用の三種の神器である「終身雇用・年功序列・企業内労働組合」のシステムだろう。新卒一括採用のプロセスや、会社が一生をほぼ保障してくれるこの制度は、社内での昇進が人生の成功という価値観を強化し、会社を超えた仕事やキャリアに対する自律性を削(そ)いできた。

実際には、2000年代初めごろから成果主義の人事制度やキャリア自律の制度が流行し、多くの大企業がジョブ型とは言わないまでも職務等級制度と職能資格制度の間を取った“役割等級制度”の導入を行い、“仕事”や“役割”に対する意識づけと、それに伴う処遇変更を行ってきた。制度そのものは以前の年功を排除したものであったものの、当時はその導入の目的が人件費抑制と捉えられたり（実際に人件費削減が目的の企業もあったが）、制度の運用において不必要なポストを作ったり、年齢要素が強い昇格運用が行われたりするなど、結果的に年配者・経験者に対する温情主義的な運用となり、本当に優秀な若手層は社外へ流出していくという事態を招いている企業も少なくなかったはずだ。これらの失敗は、人事制度自体の設計思想や内容に根本的な問題があったわけではない。問題の根源は、日々の仕事における目標設定や業務付与といった業務マネジメントといえる。

終身雇用の色合いが強い日本では、制度が新しくなっても相変わらず経験や年齢といった要素がそれほど薄まることはなく、重要なポストや仕事の付与は、結局は能力ではなく年齢・経験年数を軸とした“順番待ちのマネジメント”が実践されてきた。

一方で、近年は経済界の要人も、これからの時代において新卒一括採用・終身雇用というシステムを守っていくことは難しく、雇用制度全般の見直しが重要だとコメントしている。デジタルやグローバルといった環境変化に直面し、企業も終身雇用だけでなく、経験を主軸とした人材配置や登用が企業成長の大きな足かせとなっている事実を見過ごせない状況になってきており、ここ２～３年で一気に職務を中心とした人事制度への検討が進んできた。抜擢人事や役員の若返りなども進みつつある。

過去20年で外部労働市場への人材流動化もかなり進み、職務や役割を基軸とした運用が実践されなければ、優秀な若手は不健全な組織にとどまることはなく、外の世界にチャレンジしていくだろう。不確実性の高まりと、少子化が進む時代において、2000年代の成果主義人事の二の舞いにならないためにも、多くの大企業は、テレワーク以前に、改めて“仕事”（仕事の割り振り、目標設定、OJT〔フィードバック〕、成果管理の仕方、人事制度など）自体を職務中心に設計し、運用していく必要がある。

その意味では、ジョブ型雇用のエッセンスも取り入れ、「人」だけでなく「職務」の考えも組み込んだマネジメント全体の真の変革が必要だ。成果や仕事そのものを管理することで、一部の社員が感じている「サボっていると思われているのではないか」といった評価懸念は解消されるだろう。

そして、このような職務や役割を中心とした制度が必要とされるからこそ、年齢や職位にかかわらず、組織目標に向かってお互いが率直に意見を言い合える心理的安全性が組織の中にますます必要となってくる。

［注］ 誤解がないように補足するが、ジョブ型・職務中心の設計は、決して「集団主義」から「個人主義」という思想の転換を推進するものではない。職務中心でも、チームで仕事をするからには、メンバー同士の相乗効果や協力、助け合いが必要となる。

TOPICS 3

テレワークで チームを機能させるコツ

テレワークにおいては、72ページの氷山モデルのうち、目に見える「タスク・プロセス」と目に見えない「メンテナンス・プロセス」の双方からの取り組みが必要である。リーダーは両方の視点を持ち、マネジメントとコミュニケーションの取り組みを見直していく

テレワークを上手に活用しているチームは、どのような工夫をしてチーム力の向上につなげているのだろうか。われわれの調査結果とインタビューを踏まえて、第２章で紹介した氷山モデルのタスク・プロセス、メンテナンス・プロセスの観点から伝えたい。

1 タスク・プロセスを見直し、メンテナンス・プロセスを強化する

タスク・プロセスとは「仕事の進め方、手順、コミュニケーションの方法、ルール、役割分担」を指す。

心理的安全性を高めるためには、目に見えないメンテナンス・プロセスを見ることが大切だが、テレワークでチームを機能させるためには、タスクの部分の視点も欠かせない。なぜならば、テレワークではタスク・プロセスの部分も、お互いに見えなくなってしまっているからだ。タスク・プロセスにおいては、組織全体の人材マネジメントの仕組みやルールの見直しといった大がかりな改革ではないので、現場のリーダーやマネジャーレベルで、すぐに見直しできることも多い。

メンテナンス・プロセスとは「人間同士の関係性、お互いの影響度、メンバーの参加度合い・やる気」を意味するが、このような「メンバーの参加度合いとやる気」は、一緒にいるよりも離れているほうが当然見

えづらい。だからこそ、テレワークでは人と人との関係性やメンバーのやる気に、より配慮したマネジメントが必要になる。

倉貫義人著『リモートチームでうまくいく』[日本実業出版社] に興味深いことが書いてある。リモートワークを続けてきた著者の会社の実体験を踏まえ、オフィスにあってリモートになかったものは「存在感」と「雑談」であり、これらに関することが最大の課題だったという。

われわれのコンサルティングや共同研究を踏まえて、タスク・メンテナンスとメンテナンス・プロセスの双方の観点より、テレワークでチームを機能させるためのポイントを伝えたい **[図表5－7]**。

[図表5－7] テレワークでチームを機能させるポイント

	テーマ	具体策
タスク面	役割の見える化と段取りのマネジメント	•リーダーの段取りを意識したマネジメントの徹底 •タスクの見える化（成果物、レビュータイミングの明確化）
	見える化のマネジメント	•コミュニケーションの見える化（SlackやTeams、チャット） •状態の見える化（在席中・取り込み中） •情報の見える化・共有化（共有フォルダなどの活用） •非言語情報の見える化（カメラのスイッチをオン）
メンテナンス面	存在承認のマネジメント	•テレワークだからこそ会議等における声掛けをするほか、名前を呼ぶ •平等に発言を促す •オンライン会議での参加者の見直し •存在感を出すツールの活用
	雑談のマネジメント	•オンライン会議での参加者の見直しと雑談の機会・場の醸成（1 on 1を含めて）
	返答のマネジメント	•クイックレスポンスの徹底 •レスポンスが遅くなる場合のマネジメント（出張中です、17:00以降は返信できません など）

2 マネジメント術①：役割の明確化と段取りのマネジメント

一つ目は、リーダーが段取り力を上げ、メンバーの役割を明確化していくことだ。同じ時間・空間で仕事していた環境と違い、リーダーは、これまでどおり出勤して、何となく「あれやっておいて」といった場当たり的な指示は出せない。リーダーは「誰が、いつまでに、何を、どこまで行うのか、いつ確認するのか」を事前に言語化し、アウトプットのイメージまでメンバーに伝える必要がある。特に、一人ひとりが時間ではなく“タスク”にコミットでき、セルフマネジメントできるように、タスクレベルまで区分して落とし込むとよい**［図表５－８］**。タスクを明確にしておくことは、タスク遂行度で仕事の出来栄えを判断しやすくなり、「部下がサボっているのではないか」という上司の不安や「サボっていると思われるのではないか」という部下の不安も軽減できる。

もちろん、これは全員に対して「マイクロマネジメントを行え」と言っているわけではない。**［図表５－９］**に掲げたようにメンバーの能力や意欲に応じて、マネジメントの粒度・タイミングを柔軟に設定すること

［図表５－８］業務割り当ての工夫

これまでの業務割り当て（例）

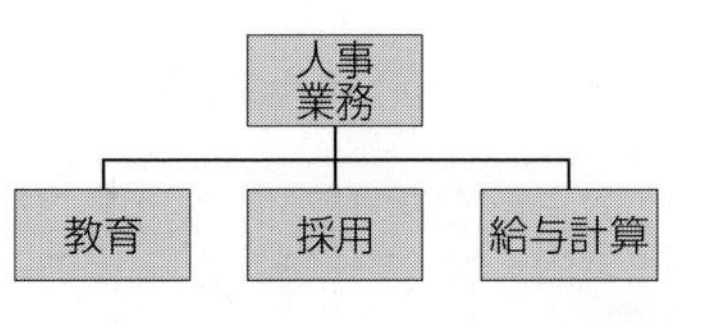

- 大まかなカテゴリによる業務割り当て
- 相互協力や管理職の目配せなどによりカバーが可能

これからの業務割り当て（例）

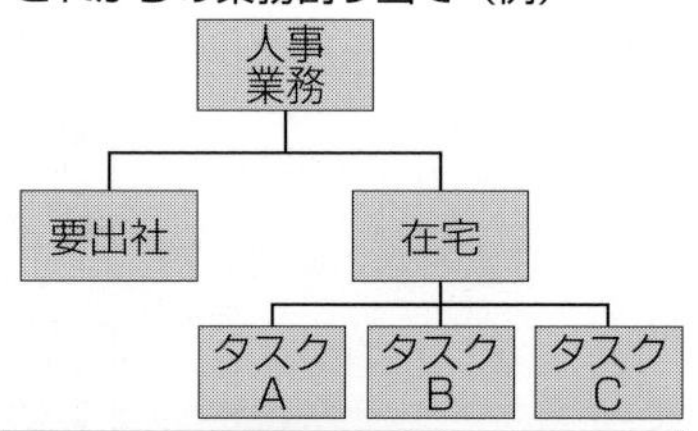

- 出社が必要な業務と、**テレワークで実施可能なタスク（資料作成、企画検討等）を業務のタスクレベルまで区別し割り当て**
- 部下が**セルフマネジメント可能なタスクレベルに分解し**、業務管理を実施

［図表５－９］タイプ別に見た業務管理スタイル

部下の能力や業務の難易度に基づく業務管理の類型

（多）↑ 支援的行動 ↓（少）

参加型の業務管理 （経験・やる気のある部下）	巻き込み型の業務管理 （経験を積んできた部下）
• 課題、行動計画や解決策検討段階で部下が参加 • 部下が基本案を作成し、オンライン会議などで共同で最終決定 • 進捗確認は問題が起こった時だけなど、頻度も少ない	• 指示型ほど細かい指示や情報交換まで行う必要はなく、オンライン会議等で部下を巻き込みタスク推進 • 決定事項の理由等を説明し、オンライン会議等で相手の理解度を確認
委任型の業務管理 （ベテランの部下）	**指示型の業務管理 （経験不足等の部下）**
• テレワークにおける業務分担では、タスクに分解する段階から部下が参加 • 課題へのアプローチや解決策は可能な限り部下に任せ、なるべく成果物のチェックのみ	• 具体的に業務のやり方の指示を行う • 業務開始、終了時のチャット連絡をルールづけるなど、報告・相談・連絡を細かく実施

（少）← 指示的行動 →（多）

が肝要だ（すべての人材にマイクロマネジメントをしていたら、リーダーのマネジメントタスクが増えるばかりである）。

3　マネジメント術②：“見える化”のマネジメント

二つ目は、目標、役割、コミュニケーションなど、いろいろな側面での見える化のマネジメントを行うことだ。テレワークでは、日本人が得意であった“暗黙の了解”といった形で仕事を進めることは難しく、ちょっとした助け合いや協力を気軽にできる工夫が必要だ。また、前述のとおり、一緒にいないからこそ進捗の見える化やタスクの見える化など、無駄な臆測・不安を排除できる情報の透明性も重要になる。

［1］状態の見える化

メンバーが、今、何をしているかという状態を“見える化”することが大切だ。メンバー一人ひとりが離れた環境にいる場合、相手はどこにいて、どういう状況なのか、パソコンの前にいるのか･そうでないのか、今、メッセージを送ってよいのかと、余計な臆測や配慮をしてしまう。

既に会議や打ち合わせの予定などスケジュールを公開・共有している組織がほとんどだろうが、その情報に加えて、相談できる・コンタクトを取ってよい時間を設定したり、SkypeやTeams等の状態表示などを活用して「席にいます」「取り込み中です」などの状態を共有化したりする工夫は、コミュニケーションコストを削減できる手段の一つになる。

[2] 情報・コミュニケーションの見える化

例えば、オフィスに一緒にいれば、誰と誰が話している、最近どのような案件や課題があるのかなど、自然と耳や目に入ってくる。一方、テレワークになると、組織全体の状況や周りのメンバーの状態が見えなくなり、これが続くと孤独感が増して組織に対する信頼も低下していく。

そのような事態を回避するために、Chatwork、Slack、Teamsなどのコミュニケーションツールを利用した情報の見える化が重要だ。

あるベンチャー企業では、秘匿性の高いもの以外、すべての案件をチャットでやりとりし、誰でも見られる状態にしていた。業務上の質問・確認もその中でほとんどのやりとりが完結し、自分が関わっていない案件でも、興味があればその中身を確認できる。新型コロナウイルス感染拡大以前から社員の半数がテレワークをしていたため、このような取り組みは当たり前に行われていたという。このようにチーム全体の情報格差をなくすことは、助け合いができる基盤となるだけでなく、一人ひとりの視座を高くする効果もあったそうだ。

また、進捗の見える化も重要だ。チャットなどでの就業開始時・終了時のタスクの連絡、WBS（Work Breakdown Structure：プロジェクトのタスクを細分化して表で示す手法）を活用した進捗状況の見える化などの運用を徹底することをお勧めしたい。

［3］非言語情報の見える化

三つ目は、できるだけ非言語情報を共有することだ。オンライン会議で、音声だけでなく顔が見られる状態にすることで、多少なりとも表情が分かり、相手の反応を確認できる。すべてにおいてカメラ機能を有効（オン）にすることがよいとは言わないが、議題によってはカメラをオンにするルールも必要だろう。オフィスでは当然顔を突き合わせていたのに、テレワークになった途端、カメラをオンにすることに抵抗感が出てくるのは、さまざまな事情があるかもしれないが不思議なものである。チャットでは会話が無機質にならないように、絵文字などを活用することもよいだろう。また、対面と違って、テレワークでは上司は部下の顔色や表情から相手の体調などを察することが難しい。そこで、部下の状態把握の補完ツールとして、"見える化アプリ"（巻末付録④参照）の利用もお勧めだ。

［図表５－４］の調査結果で裏付けられたように、効果的なデジタルツールの活用はチーム力向上につながるはずだ。各種ツールの高機能化が進んでいる現在、ツールの使い方を少し工夫することで、テレワークのデメリットを克服し、想像以上に良いチームを作ることが期待できる。

4 コミュニケーション術①：存在承認のマネジメント

テレワークに移行してから顕著になった、発言しない人の「存在感」の欠如は、皆さんにも実感があるだろう。オフィスにいればおのずと相手の「存在」を感じられるが、リモートでは難しい。

会議では、対面であれば"その場に集まる"ことで多少なりとも雑談も生まれ、存在自体の承認はされやすい。また、仮に発言しないメンバーがいても、そのメンバーの表情や態度から「意見がありそうだな」「納得していなそうだな」と感じ、配慮することができた。

一方、テレワークでは、発言しない人は「いるかいないか、分からない」といった状態になり、発言者の影響力のみが大きくなっていく。筆者の経験でも先日、次のような出来事があった。

> 筆者がオンライン会議に参加中、娘は隣で勉強していた。
>
> 当時は入社したばかりであったため筆者は当然話す機会もなく、会議の内容を聞いているだけだった。30分くらいたったとき、娘が突然「ママはどうしてしゃべらないの？ ママに少しくらい、『青島さん、どう思う？』って聞いてくれればいいのにね……」と不満げに言ってきた。その後、娘は自分なりに母が参加している会議を正当化するべく「ママは聞いていて、何を勉強しているの？ 前に『聞いているだけでも勉強になる』って言ってたもんね……」と伝えてきた。
>
> しかしながら、1時間も発言しない状態が続くと、娘はいきなり「私、頭にきた。怒っているよ、ママ、参加しなくてもいいのに」と言い放った。

娘は子どもながらに「発言しない会議＝存在承認されていない」と捉え、そこに怒りを感じたようだ。筆者自身はあまり気にしていなかったが、時と場合によっては、このような思いを感じることがあるのだろうと気づかされた。もちろん情報共有が主たる目的の会議は、聞くだけの人がいることも必要かもしれない。しかし、テレワークであれば、資料を見たり、メールを読めば済むものだったりすれば、それで済ませるべきだろう。本当に必要な会議は何なのかを改めて考えることも必要だ。

また、発言しない会議は、発言する会議よりも２〜３倍のストレスがかかる場合もある。必要な会議の必須参加者を限定し、それ以外の参加者は任意にするなどの配慮も大切だ。任意であれば、時間があれば参加する程度の負担なので、それほどストレスはかからないだろう。

加えて、筆者らの最近の研究において、「会議では平等に発言を促す」

[図表5－10] リモート下でのマネジメントの工夫とチーム活動の相関分析結果

	チーム成果	目標共有	コミュニケーション	情報共有	相互協力	心理的安全性
①オンライン上で、メンバーの進捗状況をできるだけ可視化するようにしている	.36	.42	.44	.62	.53	.34
②リーダーは、平等に発言を促してくれる	.07	.30	.40	.61	.33	.29
③リーダーは、オンライン会議で必ず名前を呼んでくれる	－.11	.35	－.20	.13	.38	.05
④リーダーは、オンライン会議の最初に体調や状況を確認してくれる	.16	.45	.14	.59	.51	.28
⑤リーダーは、オンライン会議の最初や途中で、仕事以外の雑談をする	.23	.10	－.16	.44	.45	.60
⑥メールやチャットでは、できるだけ即座に返事するようにしている	.44	.60	.46	.43	.67	.47

［注］　上記値は項目間の相関係数を表す。相関係数とは、変量データの間にある相関関係（＝線形な関係）の強弱を示す指標である。値は、－1～1の間の実数値をとり、1に近いときは二つの確率変数には正の相関があるといい、－1に近ければ負の相関があるという。

といった対面で有効だった存在承認に関する手段は、テレワークでも有益であることが改めて判明した **[図表5－10]**。これらもテレワークだからこそ、より気をつけたいポイントといえる。

5　コミュニケーション術②：雑談のマネジメント

雑談も重要だ。多くの学者やコメンテーターが、職場から雑談が消え、創造的な会話やアイデアが減ったと指摘している。

[図表5－10、⑤] のわれわれの調査からも、テレワークでの雑談はチームワークの重要な要素であり、心理的安全性に大きな影響を与えることが判明している（相関係数は0.60と正の相関が見られる）。

チーム力を上げるには、インフォーマルな情報を含めたお互いの状況や背景を知ることが大切であることは第３章「**15 人の関係性を作ろう① お互いを知ろう**」で伝えたが、そのための雑談は必要不可欠である。上記の例からも雑談の重要性は明らかだ。オフィスワークでは自然と発生していたが、テレワークでは意図的に雑談することが必要である。これまでの上司のためだけの報告や連絡、手間のかかる情報共有はできる限り効率化し、雑談の時間を取ることをお勧めしたい **[図表５－11]**。

雑談が組織の成果につながった例

ある複数拠点を有するコールセンターの会社において、成果が高いコールセンターと成果が低いコールセンターの違いをコミュニケーション量の分析ツールで確認したところ、その違いは休憩時間の会話にあった。成果が高いコールセンターは、日々の休憩時間の雑談で、うまくいかなかったときの悩みや対応について、インフォーマルな会話の中で相互にアドバイスをしていた。一方、成果が低いコールセンターは、休憩時間を個人個人が別々に取っていた。そこで年齢が近い者同士で休憩時間を同じにしたところ、そのコールセンターの生産性は上昇した。

6 コミュニケーション術③：タイムリーな返信・クイックレスポンスを心掛けよう

相手に対する素早い反応（クイックレスポンス）はテレワークになったからこそ重要だ。オフィスワークでは、部下は、すぐ横や目の前にいる上司・先輩に相談や質問ができたが、テレワークになった途端、素朴な質問ですら、チャットやメールを使わなければならない。そして、返事が来ない場合は、その間の仕事が進まなかったり、返信を気に掛けな

[図表５－11] 時間の使い方の工夫・見直し

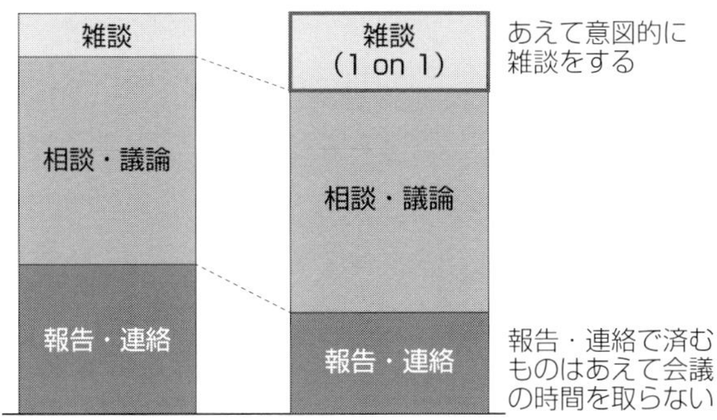

がら別の仕事をしたりすることになる。特にメンバーは、すぐに返信が来ないと「読んでくれているのか」「何か不愉快にさせてしまったのだろうか」と深読みをしてしまう。

このような“感情労働”を軽減するためにも、クイックレスポンスは効果的だ。返事に時間を要したりする場合は「後ほど回答します」など一報を入れるとよい。この返信が、心理的安全性を作る第一歩ともなる。

実際にわれわれの直近の研究 **[図表５－10、⑥]** からも、クイックレスポンスとチーム活動との相関は高かった。チーム力を上げるほかの要因よりも、すべての項目で正の相関が見られた点は興味深い。特に関係性が浅い間柄ほど、クイックレスポンスに気をつけたいものだ。

ちなみに筆者自身で、過去１カ月のメールに対する回答頻度・返信時間と相手に対する肯定感を数値化してみたが、やはりレスポンスタイムが早い人に対する肯定的感情は高かった。ただし、返事が遅い人の都合（育児や打ち合わせ、大学の講義予定など）が分かっている場合は、肯定感は下がらなかった。クイックレスポンスは、セキュアベース・リーダーの「いつでも話せる」という感覚をリーダーとメンバーの間に構築できるはずだ。ぜひ自身の返答の仕方を振り返ってみてほしい。

第6章

心理的安全性に関する研究録

1　心理的安全性の概念の発祥について

組織科学において心理的安全性について論じたのはシャインとベニス（Schein & Bennis, 1965）の研究にさかのぼる。シャインは、組織開発やキャリア開発、組織文化に関する研究を行い、20世紀後半の組織科学を力強く牽引（けんいん）した研究者である。彼は組織活動を支援し補助するさまざまな方略について精力的に研究を行ったが、とりわけ関心を注いだのは、組織における文化の理解であり、組織文化と個人行動の関係性や組織の学習と変革を進める際の組織文化の重要性を明らかにすることであった。

シャインは、急速に変化する社会にあって、組織のメンバーが成長し、学習し、貢献し、効果的に成果を上げる活動に安心して取り組めるようにするためには、心理的安全性が備わった組織文化が必要であると考えていた。組織を環境に適応する存在として捉える視点は「オープンシステム・アプローチ」として組織科学における一大潮流を形成している。そのオープンシステム・アプローチをカッツ（Katz）とともに提唱し、組織科学に大きな影響を与えたカーン（Kahn, 1990）も、組織で働く人々が自分の仕事に愛着を感じ、没頭するのに必要な条件として心理的安全性の大切さを指摘している。

ただ、組織文化に関する研究の中で心理的安全性が論じられることはあっても、実証的な検討は十分には行われなかった。そんな中、1990年代に入り、センゲ（Senge, 1990）によって提唱された「学習する組織論」がインパクトを持って受け入れられると、改めてチーム学習の重要性に注目が集まるようになった。そして、チーム学習を支え促進するために不可欠な要素として、エドモンドソン（Edmondson, 1999）が心理的安全性を取り上げたことで、企業や医療、研究開発等の多様な組織の変革と発展を支援したり、実践したりする人々の関心を集め、実証的研究も次々に行われ、成果が蓄積されるようになってきた。

◈Schein, E. H., & Bennis, W. G.（1965）. *Personal and organizational change through group methods: The laboratory approach*. New York: Wiley.

◈Kahn, W. A.（1990）. Psychological conditions of personal engagement and disengagement at work. *Academy of Management Journal,* 33（4）, 692-724.

◈Senge, P.（1990）. *The fifth discipline: The art and practice of the learning organization.* Doubleday Business: New York.（『最強組織の法則─新時代のチームワークとは何か』, P. センゲ（著）, 守部信之（訳）, 徳間書店, 1995年）

◈Edmondson, A.（1999）. Psychological safety and learning behavior in work teams. *Administrative Science Quarterly*, 44（2）, 350-383.

2　エドモンドソンが主張する心理的安全性の核心

シャインやカーンといった組織科学研究の巨人たちが既に言及していたにもかかわらず､改めてエドモンドソンが取り上げた心理的安全性は、なぜ強い関心を集めたのであろうか。

1965年に発表されたシャインとベニスの研究は、知らず知らずのうちに保守的傾向が浸透している組織が、新たな発展に向けて学習し変革するために、硬直的な保守傾向を「解凍する」プロセスに必須の要素として心理的安全性に注目したといえる。組織で働く人々が、「変革を目指した挑戦であれば、失敗しても叱責（しっせき）されたり、阻害されたりせずに、組織やチームに容認される」と認知するように導くものとして心理的安全性に光を当てたのである。仕事への愛着や没頭を引き出す条件として心理的安全性に注目したカーンも含めて、彼らは組織で働く個人が心理的安全性を認知することに焦点を当てていた。

それに対してエドモンドソンは、組織やチームに備わる特性としての心理的安全性に焦点を当てたのである。個人の認知は、その人自身の性格や状況に影響されて十人十色の様相を呈する。同じ絵を見ても、好き嫌いや評価に個人差が出るのはやむを得ない。個人がどのように認知するかは大事なポイントであるが、それ以前に、組織やチームが、そのメンバーによる変革を目指した挑戦を支援する態勢をとり、たとえ失敗しても、叱責や批難ではなく、そこから学ぶことの大切さを重視して許容する文化や風土、あるいは規範を備えることの大切さに彼女は着目したのである**［図表６－１］**。

エドモンドソンは著書“The Fearless Organization”（2019）の中で、心理的安全性がメンバーへの信頼として解釈されることに違和感を示している。信頼は、個人が特定の対象に対して評価する結果であって、注意の焦点は外部にある。心理的安全性は、組織やチームの変革への挑戦が叱責や批難の対象にならないという信念をメンバー間で共有している状態である。信念の共有を確かめようとするとき、注意の焦点は他者（外部）のみならず、自分自身の内部に強く向かっている。その違いに彼女がこだわるのは、心理的安全性の発露である自分の思いを率直に表明するヴォイシング（voicing：発言行動）は、組織やチームのメンバーと信念を共有していると確信できるからこそできると考えているからであろう。そして、その共有された信念を支持し、補強するシステムやルールを組織やチームが備えていることの大切さを彼女は重視している。心理的安全性は、組織やチームのメンバー間の「共有された信念」であることが彼女の主張の核心なのである。

［図表６－１］心理的安全性の概念の相違点

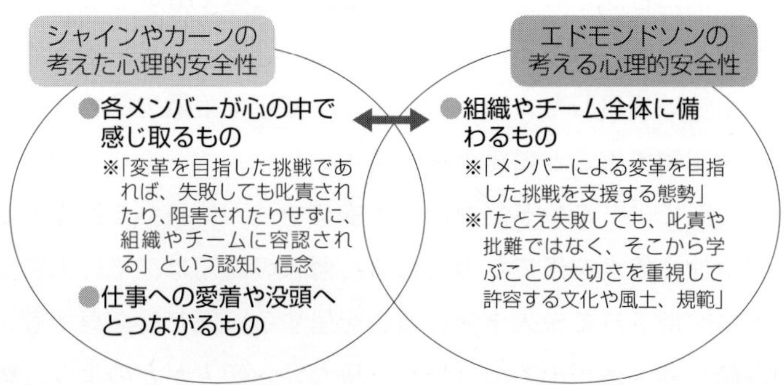

◆Edmondson, A. C. (2019). *The fearless organization: Creating psychological safety in the workplace for learning, innovation, and growth*. John Wiley & Sons.（『恐れのない組織―「心理的安全性」が学習・イノベーション・成長をもたらす』A. C. エドモンドソン（著），村瀬俊朗・野津智子（訳），英治出版，2021年）

3　心理的安全性の三つの中核理念

エドモンドソンは心理的安全性の概念を正確に理解するポイントを示す中で、第一に、記述した心理的安全性を組織やチームの共有信念として捉えることに加えて、第二に、それゆえ心理的安全性はメンバーの潜在意識に深く浸透して、メンバーが無自覚のうちに行う判断や行動に影響を及ぼすことを指摘している。心理的安全性が備わる組織やチームでは、メンバーはいちいち思い起こしたり意識したりすることなく、知らず知らずのうちに仲間の挑戦を支持し、失敗してもそれを責めるよりも、そこから何を学べるかに注目するようになっているのである。心理的安全性は、いわば組織やチームの「常識」として機能するものと捉えている。

もう一つ、非常に重要な第三のポイントとして、彼女は、心理的安全性は、組織やチームの快適で居心地の良い状態を意味するものではないことを強調している**［図表6－2］**。挑戦した結果とはいえ、失敗やミス、エラーは個人にとって痛みを伴う経験であり、できれば誰にも知られたくない気持ちが働くものである。しかし、組織やチームが創造的に変革を生み出し、イノベーティブに発展していくには、その失敗経験を自分一人の経験として秘匿してしまうのではなく、メンバー間で開示し合ったり、問題点を指摘し合ったりして、そこからメンバー全員でより適切で効果的な判断や行動の在り方を学び、共有していくことが大事になる。

それを可能にする組織やチームの規範、風土、文化こそが、心理的安全性の意味するところであることを彼女は強調している。したがって、

[図表6－2] エドモンドソンの考える心理的安全性の三つの中核理念

1
組織やチームの共有信念である
2
メンバーの潜在意識に深く浸透し、
無自覚のうちに行う判断や行動に影響を及ぼす
3
組織やチームの
快適で居心地の良い状態を意味しない

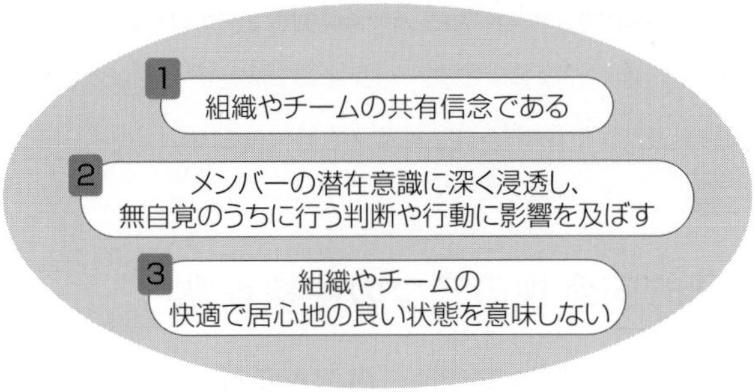

組織やチームに心理的安全性が備わっていることを反映する状態は、温かく快適で居心地の良いものというよりも、挑戦することに価値を置く、身の引き締まるような雰囲気に満ちたものになるだろう。心理的安全性とは、あくまでもメンバーを挑戦へと動機づける特性なのである。

4　心理的安全性を取り巻く関連諸変数

エドモンドソンの刺激的な論究以降、心理的安全性に関する研究は20年以上にわたり活発に行われてきた。その取り組みを整理してみると、個人が認知する心理的安全性を検討する研究（Baer & Frese, 2003; Bienefeld & Grote, 2014, e.g.）や、対人関係レベルで心理的安全性を検討する研究（Carmeli, Brueller & Dutton, 2009; Carmeli & Gittell, 2009, e.g.）、さらにはリーダーがチームの心理的安全性の構築に及ぼす影響に着目する研究（Hirak et al., 2012; Appelbaum et al., 2016, e.g.）が挙げられる。このほか、チームの心理的安全性をメンバー間の信頼関係として捉えるアプローチをとる研究も数多く行われている（Roussin, 2008; Schaubroeck, Lam & Peng, 2011, e.g.）。

これら多様な研究を歓迎しつつも、エドモンドソンは、やはり組織やチームにおいて心理的安全性に影響を与える変数や、心理的安全性が影響を与える変数との関係性に関心を持ち続けている。そうした観点に立つ研究成果をレビューして、メタ分析を行った結果、**[図表6－3]** に示すような変数間の関係性が示されている（Edmondson & Lei, 2014)。

この図から読み取れることは、チームが置かれた状況や経緯（文脈）に関する諸変数と、チームワークに関連する諸変数（チームの特性・特徴およびチーム・リーダーシップ、メンバーとの社会的相互作用、問題解決の効力感、チームとの信頼関係等）が、チームの心理的安全性に影響を及ぼすつながりがあることである。そして、心理的安全性は、情報共有や葛藤発生頻度も介しながらチーム学習を高め、チーム・パフォーマンスと意思決定の質に影響する関係にあることも示されている。

◆Baer, M., & Frese, M. (2003). Innovation is not enough: Climates for initiative and psychological safety, process innovations, and firm performance. *Journal of Organizational Behavior: The International Journal of Industrial, Occupational and Organizational Psychology and Behavior*, 24 (1), 45-68.

[図表6－3] 心理的安全性と集団レベルの諸変数との関係性
(Edmondson & Lei, 2014を筆者が邦訳)

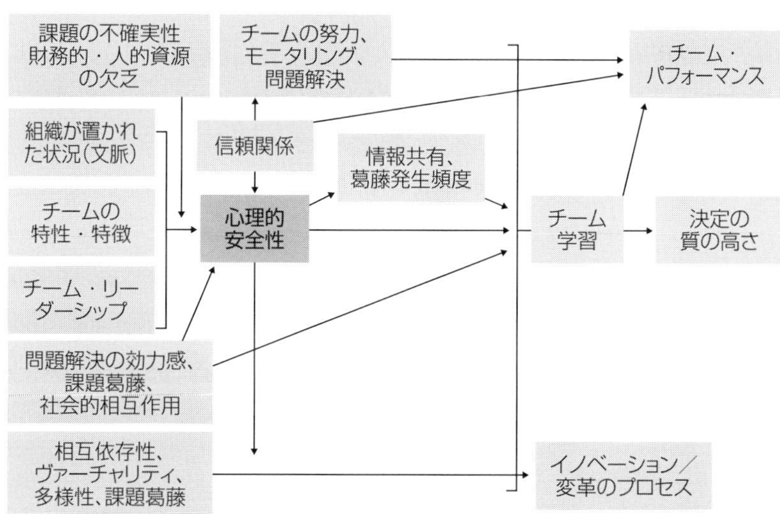

◆Bienefeld, N., & Grote, G.（2014）. Speaking up in ad hoc multiteam systems: Individual-level effects of psychological safety, status, and leadership within and across teams. *European Journal of Work and Organizational Psychology*, 23（6）, 930-945.

◆Carmeli, A., Brueller, D., & Dutton, J. E.（2009）. Learning behaviours in the workplace: The role of high-quality interpersonal relationships and psychological safety. *Systems Research and Behavioral Science: The Official Journal of the International Federation for Systems Research*, 26（1）, 81-98.

◆Carmeli, A., & Gittell, J. H.（2009）. High-quality relationships, psychological safety, and learning from failures in work organizations. *Journal of Organizational Behavior: The International Journal of Industrial, Occupational and Organizational Psychology and Behavior*, 30（6）, 709-729.

◆Hirak, R., Peng, A. C., Carmeli, A., & Schaubroeck, J. M.（2012）. Linking leader inclusiveness to work unit performance: The importance of psychological safety and learning from failures. *The Leadership Quarterly*, 23（1）, 107-117.

◆Appelbaum, N. P., Dow, A., Mazmanian, P. E., Jundt, D. K., & Appelbaum, E. N.（2016）. The effects of power, leadership and psychological safety on resident event reporting. *Medical Education*, 50（3）, 343-350.

◆Roussin, C. J.（2008）. Increasing trust, psychological safety, and team performance through dyadic leadership discovery. *Small Group Research*, 39（2）, 224-248.

◆Schaubroeck, J., Lam, S. S., & Peng, A. C.（2011）. Cognition-based and affect-based trust as mediators of leader behavior influences on team performance. *Journal of Applied Psychology*, 96（4）, 863-871.

◆Edmondson, A. C., & Lei, Z.（2014）. Psychological safety: The history, renaissance, and future of an interpersonal construct. *Annual Review of Organizational Psychology and Organizational Behavior*, 1（1）, 23-43.

5 心理的安全性とリーダーシップの関係

心理的安全性の醸成に影響を及ぼす変数として、最も注目を集めてきたのが組織やチームの管理職やリーダーのリーダーシップである **[図表6－4]**。エドモンドソンも、研究当初からリーダーの開放性(openness)、話しやすさ（accessibility)、話す機会の作りやすさ（availability）が、心理的安全性の醸成には重要であることを指摘していた（Edmondson, 2004)。上記三つの要素を取り入れたインクルーシブ・リーダーシップ(編注：包摂的なリーダーシップ、個々のメンバーのパフォーマンスを最大限に引き出すことに傾注することで、組織全体のパフォーマンスを高めるリーダーシップのこと）の影響に関する研究では、リーダーのインクルーシブネスの度合いが高いほど心理的安全性の醸成も促進されていることを明らかにしている（Nembhard & Edmondson, 2006)。また、倫理的リーダーシップは部下の発言行動に影響を及ぼしており、心理的安全性の醸成に促進的な影響があることを示す研究も報告されている(Walumbwa & Schaubroeck, 2009)。これらに加えて、リーダーシップが心理的安全性を媒介して、チームの変革指向性やメンバーのイノベーション行動を高める効果を持つことを示

[図表6－4] リーダーシップ行動と心理的安全性の関係概略図

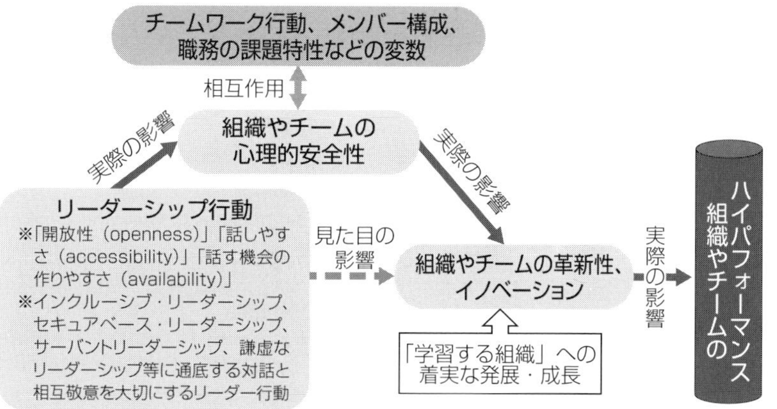

す研究も多くなされている（Carmeli, Reiter-Palmon & Ziv, 2010; Javed, Naqvi, Khan, Arjoon, & Tayyeb, 2019, etc.）。

こうした実証的研究は、現在進行形で次々に行われるようになっている。エドモンドソンの言う「開放的で話しやすくいつでも話す機会を持てるようにするリーダーシップ」は、インクルーシブ・リーダーシップのほかにも、セキュアベース・リーダーシップ（Kohlrieser, Goldsworthy, & Coombe, 2012）、サーバント・リーダーシップ（Greenleaf, 1970）、ハンブル（謙虚な）・リーダーシップ（Schein & Schein, 2018）等、さまざまなリーダーシップの理論に通底する要素であるといえるだろう。こうしたリーダーシップは、単に心理的安全性の醸成にポジティブな影響を及ぼすのみならず、それが、組織やチームの変革やメンバーのイノベーション行動の高まりにつながることを期待し得るものとして注目されており、今後ますます活発な研究が展開されると考えられる。

◆Edmondson, A.C. (2004). Psychological safety, trust, and learning in organizations: A group-level lens. In R.M. Kramer, & K.S. Cook (Eds.), *Trust and distrust in organizations: Dilemmas and approaches* (pp. 239-272). New York: Russell Sage Foundation.

◆Nembhard, I.M., & Edmondson, A.C. (2006). Making it safe: The effects of leader inclusiveness and professional status on psychological safety and improvement efforts in health care teams. *Journal of Organizational Behavior*, 27, 941-966.

◆Carmeli, A., Reiter-Palmon, R., & Ziv, E. (2010). Inclusive leadership and employee involvement in creative tasks in the workplace: The mediating role of psychological safety. *Creativity Research Journal*, 22 (3), 250-260.

◆Walumbwa, F. O., & Schaubroeck, J. (2009). Leader personality traits and employee voice behavior: mediating roles of ethical leadership and work group psychological safety. *Journal of Applied Psychology*, 94 (5), 1275-1286.

◆Javed, B., Naqvi, S. M. M. R., Khan, A. K., Arjoon, S., & Tayyeb, H. H. (2019). Impact of inclusive leadership on innovative work behavior: The role of psychological safety.

Journal of Management & Organization, 25（1), 117-136.
◆Kohlrieser, G., Goldsworthy, S., & Coombe, D.（2012). *Care to dare: Unleashing astonishing potential through secure base leadership*. John Wiley & Sons.（『セキュアベース・リーダーシップ―〈思いやり〉と〈挑戦〉で限界を超えさせる』, G. コーリーザー・S. ゴールズワージー・D. クーム（共著), 東方雅美（訳), プレジデント社, 2018年）
◆Greenleaf, R. K.（1977). *Servant leadership : A journey into the nature of legitimate power and greatness*. New York, NY and Mahwah.（『サーバントリーダーシップ』, R. K. グリーンリーフ（著), 金井壽宏（監修), 金井真弓（訳), 英知出版, 2008年）
◆Schein, E. H., & Schein, P. A.（2018). *Humble leadership: The power of relationships, openness, and trust*. Berrett-Koehler Publishers.（『謙虚なリーダーシップ―1人のリーダーに依存しない組織をつくる』, E. H. シャイン・P. A. シャイン（著), 野津智子（訳), 英知出版, 2020年）

6　心理的安全性が組織やチームにもたらすもの

多様な研究成果を統合的に分析した結果、心理的安全性が直接的に組織やチームにもたらすものは、一つには「情報の共有」であり、もう一つには「メンバー間の対人的葛藤の緩和と発生頻度低減」であることが示されている（Edmondson & Lei, 2014)。このことは、心理的安全性とは、比喩的に表現すれば、組織の風通しの良さ、あるいは自由闊達（かったつ）な組織風土、組織文化を意味するといえるだろう。そのため、心理的安全性の醸成は、居心地の良い組織、チームづくりを意味すると誤解されがちである。ところが、心理的安全性が備わる状態とは、互いに口角泡を飛ばして自説を主張し合うような緊張感がありながらも、決して人間関係を悪くしたり、不当に評価されたり批難されたりすることを心配する必要はないとメンバー同士が確信している状態を意味する。

その意味で、心理的安全性が組織やチームにもたらすものは、メンバー同士が信頼関係を確立していることについての共有された信念だといえる。この共有された信念が、活発な意見表明と議論を可能にするからである。ただし、活発な意見表明や議論と心理的安全性、すなわち信頼関係への共有された信念の醸成とは、因果が互いに入れ替わり得る、いわばどちらが卵でどちらが親鳥か議論が行ったり来たりする同意反復的な関係にある。活発な意見表明や議論がなされてこそ、信頼関係を互いに確信できるようになる一方で、互いに信頼関係を確認しているからこそ自由闊達な議論が可能になる。活発な意見表明や議論から出発して、心理的安全性の基盤になり、さらなる活発な意見表明や議論へとつながるループを描く仮説が合理的なモデルとして、精緻な実証的検討を行うことが研究課題となっている。

エドモンドソンの理論展開から分かるように、心理的安全性の構築は終着点ではない。終着点は「学習する組織」の実現である。急速かつ多様な変動に見舞われる経営環境に適応しつつ、発展的持続可能性を高めるべく、自律的に組織内に変革を創出していくのが「学習する組織」の特徴である。心理的安全性はそれを下支えする特性として位置づけられる。心理的安全性の醸成は、「学習する組織」の成就を導く源泉と考えることが、実際の組織マネジメントを検討する際に大切になる。

◆Edmondson, A. C., & Lei, Z. (2014). Psychological safety: The history, renaissance, and future of an interpersonal construct. *Annual Review of Organizational Psychology and Organizational Behavior*, 1 (1), 23-43.

7 心理的安全性の構築を脅かす「評価懸念」

心理的安全性の構築を図るには、活発な意見表明と議論の促進が大切な鍵を握っている。しかし、組織やチームの中で、自己の意見を表明しようとするとき、多くの人がほぼ必然的に感じるのが「評価懸念」である。組織やチームのメンバーたちは、仕事の成果によって評価を受けることはもちろん、会議や日々の人間関係の中で、さまざまな評価を受けながら日々を送っている。もちろん、ネガティブな評価を受けることは、待遇やキャリアアップに悪影響をもたらすことが多い。したがって、皆、強い評価懸念を抱きながら、別の表現をすれば、空気を敏感に読みながら、日々を送っている。

管理職から「積極的に自己の意見を表明するようにしよう」と言われても、その結果、自分に不利益が生じるような危険性があるのなら、なるべく発言は控えるという行動を選択するのが合理的帰結である。評価懸念は、活発な意見表明や議論の実現を難しくする最大の障壁であり、ひいては心理的安全性の醸成に立ちはだかる障壁といえる。

この障壁を克服するには、上述した管理者やリーダーの「開放的で話しやすく、いつでも話す機会を作れる」リーダーシップがキーポイントになる。ただ、その管理者やリーダーとて1人の人間であり、時に弱気になったり、忙しさのあまり部下への対応がおろそかになったりすることもあって、取り組みの成果にバラつきが出てしまうのが実情だろう。

そうした個人の能力発揮に依存した取り組みの脆弱(ぜいじゃく)性を補強するには、メンバーの自由で積極的な意見表明を尊重し、高く評価し、支援する仕組みを人事考課に組み込む制度的支援が大切になる。併せて、1 on 1ミーティングやチーム・ダイアローグ等、リーダーとメンバーのコミュニケーションの機会を多く確保する施策を導入する工夫が考えられる。こうしたチーム・コミュニケーションを活性化する取り組みの効果については、実証研究によっても確認され始めている（青島, 2019；山口, 2020）。

◈青島未佳（2019）．心理的安全性とチームパフォーマンスの関係性―社会心理学の研究成果と企業事例によるチームづくりのヒント　労政時報人事ポータル“Jin-Jour”, https://www.rosei.jp/jinjour/article.php?entry_no=74734&bk=list%2Fseries.php%3Fss%3D3152

◈山口裕幸（2020）．組織の「心理的安全性」構築への道筋　『医療の質・安全学会誌』,

15（4）, 366-371.

8 鍵を握るヴォイシング（voicing）への動機づけ

心理的安全性が組織やチームに備わっていることの証左は、メンバーが自己の考えを率直に声に出して表明する行動に表れる。メンバーが自己の考えや意見を言葉にして表明する行為は「ヴォイシング」と呼ばれ、心理的安全性の構築を促進し、持続発展させる基盤となるものである。メンバーたちが仕事に関してさまざまなアイデアを心に秘めていたとしても、それを他のメンバーに伝えることがなければ、せっかくの多様なアイデアは検討すらされないままに終わってしまう。メンバーのヴォイシングを動機づけることは、心理的安全性を構築し、自律的に組織内に変革を創出していく「学習する組織」を実現していく鍵を握っている。

しかしながら、ヴォインシングには、組織やチームでこれまで主流であった考え方に異を唱える発言と捉えられたり、場合によっては、既得権を脅かす挑戦的行為と捉えられたりするリスクが伴う。このような既存の構造を守ろうとする保守的な力は目に見えず無自覚のうちに組織やチームに働くものであり、この壁を打破するのは容易ではない（Newman, Donohue, & Eva, 2017）。

個々のメンバーに、この壁の打破を期待することは難しいと思っておくべきであろう。まずは、管理職やチームリーダーが率先して、この壁を取り払う働き掛けを行うことが期待される。エドモンドソンが示している心理的安全性の構築を促進するリーダー行動は、失敗やミスを1人で隠してしまうのではなく、他のメンバーと共有する活動を推進することに焦点づけられることが多い。ただ、失敗やミスのような気の重い話から始めなくとも、日々の職務生活の中で、メンバー各自が思ったこと、感じたことを率直に声にして伝えるヴォイシングを、評価を懸念することなく不安なく行えるように組織やチームの規範や風土を整えていくことが、求められるリーダー行動であるといえるだろう。

メンバー各自が自由に素朴に発するヴォイシングに含まれる多様なアイデアの中には荒唐無稽なものもあるだろう。だが、それを頭ごなしに否定するのではなく、「ほう、それで？」とリーダーや周囲のメンバーが関心を示してくれるのであれば、上述した評価懸念に悩まされることなく、率直に自己の考えを表明することが容易になる。

松波（2014）は、組織にイノベーションの種を生み出すコツを漫才に例えて論じている。すなわち、ボケ担当が常識外れで荒唐無稽な話をすると、普通はツッコミ担当がそれを面白おかしく否定する流れになる。漫才では、ボケ担当がさらにボケ続ける（ボケ倒す）から笑えるが、日常の職場では、一度始めた話を否定されてしまうと、そこからその話は広がらない。常識外れで荒唐無稽な話を「ほう、それで？」と聞いてやって、いわばボケに乗っかることができれば、話はさらに広がりを持つことができる **[図表6－5]**。常識や既存の枠組みを超えたところにイノベーションの種があると考えれば、その種を育てる環境として心理的安全性が大切な役割を果たすことが実感できるだろう。

◈Newman, A., Donohue, R., & Eva, N. (2017). Psychological safety: A systematic

[図表6－5] 組織にイノベーションの種を生み出すコツ

review of the literature. *Human Resource Management Review*, 27（3）, 521-535.
◆松波晴人（2014）.「イノベーション」とは､「マインドセット」を持って「リフレーム」することである.『サービソロジー』1（3）, 12-15.

9　チームの情報共有を難しくする認知バイアス

自分の発言が組織やチームの変革を指向したものであれば、叱責や批難の対象にはならないという信念をメンバーが共有している状態が心理的安全性である。ただ、困ったことに、近年の社会心理学研究は、組織やチームのメンバーたちが、信念はおろか単なる情報を共有することさえも難しいことを示してきた。その理由は、人間の認知システムが持っている癖にあるといえる。

個人の情報処理システムは、無自覚のうちに自動的に働くシステム1と、注意を払って意識を高めて情報を処理するシステム2から構成されているというモデルが提示され、それを支持する研究知見も膨大に蓄積されている（Kahneman, 2011）。システム1は絶えず稼働し続けていて、個人の情報処理の多くを担っているが、ときおり客観的には正しくない情報処理を導くことも分かっている。そうした情報処理の歪（ゆが）みは「認知バイアス」と呼ばれ、多種多様なものが見つかっている。

例えば、「心理的リアクタンス」は、理屈では分かっていても、ついつい感情的な反発を誘発して、正しい判断を歪めてしまうバイアスである。メンバーが､管理職やリーダーの指摘は正当なものだと頭では分かっていても、心理的には受け入れることを拒否してしまうことがある。個人は、自分が取る行動は自分で決定したいという自律性欲求を持っており、無自覚のうちに、その欲求に基づく反応をしてしまうことがある。

このほかにも、「ヒューリスティック」と呼ばれる直感的な判断において働く認知バイアスも複数存在する **［図表6－6］**。例えば、「係留と調整」と呼ばれるバイアスは、元々持っていた情報に拘泥して、新たに

［図表６－６］代表的な認知バイアスの例

認知バイアスの名称	概略
確証バイアス (Confirmation bias)	仮説や信念を検証する際に、それを支持する情報ばかりを集め、反証する情報を無視または集めようとしない傾向
後知恵バイアス (Hindsight bias)	出来事が起きた後に、それは予測可能だったと考える傾向
少数の法則 (Insensitivity to sample size)	少数のサンプルを調べただけで信念が形成される傾向
正常性バイアス (Normalcy bias)	自分にとって都合の悪い情報を無視したり、過小評価したりしてしまう傾向
信念バイアス (Belief bias)	論理的に正しいが信念に反する主張よりも、論理的に間違っているが信念に合致する主張を信じる傾向
専門偏向 (Professional deformation)	自分の得意な分野の視点でのみ観察し、他の視点では見ない傾向。「専門バカ偏向」
バーナム効果 (Barnum/Forer effect)	誰にでも該当するような曖昧で一般的な性格を表す記述を、自分だけに当てはまる正確なものだと捉えてしまう心理学の現象
心理的リアクタンス (Psychological reactance)	他人から選択を強制されたりすると、たとえそれが良い提案であっても反発する傾向

入ってきた情報を軽視、無視して、判断を誤る方向に導いてしまうものである。リーダーを集団で話し合った後、投票して選ぶ際に、話し合いの前にあらかじめ与えられた情報を重視する一方、話し合いで得られた新しい情報のほうは軽視してしまい、せっかく話し合いをして他のメンバーたちから有益な情報がもたらされても、それを各自が生かすことができなくて、情報の共有がおざなりになる「隠されたプロフィール(hidden profile)」と呼ばれる現象が発生することを示す実証研究も報告されている（Stasser & Titus, 1985, 1987）。

認知バイアスは非常に多様に存在しており、われわれの情報共有を難しくしている。情報や認識、さらには信頼を共有するには、その前段階として、メンバーが組織やチームの一体感を得られるような取り組みが大事になってくる。集団で活動することだけでも、個人は社会的アイデンティティーを集団から得て、集団の一員であることに愛着を覚える基本的な心理傾向を持っている。この傾向を大切に育てて、感情レベルで一体感、連帯感を得ることが、情報や認識、信頼の共有を実現していく円滑な流れとなるだろう。

◆Kahneman, D. (2011). *Thinking, fast and slow*. Macmillan. (『ファスト & スロー（上・下）』, D. カーネマン（著）, 村井章子（訳）, 早川書房, 2014年）

◆Stasser, G., & Titus, W. (1985). Pooling of unshared information in group decision making: Biased information sampling during discussion. *Journal of Personality and Social Psychology*, 48 (6), 1467-1478.

◆Stasser, G., & Titus, W. (1987). Effects of information load and percentage of shared information on the dissemination of unshared information during group discussion. *Journal of Personality and Social Psychology*, 53 (1), 81-93.

10 集団意思決定バイアスと心理的安全性の関係

メンバー間の情報共有は、われわれがさまざまに持っている認知バイアスの影響を受けて、思いのほか難しいものである一方、メンバー間の情報共有が円滑に進んでいる場合でも、気をつけなければならないことがある。その一つに、集団で話し合いを行うことで、極端に冒険的・挑戦的なリスキーな方向に決定がエスカレートしてしまう「リスキー・シフト現象」がある。これはストーナーの研究(Stoner, 1961)が端緒となって解明が進んだ後、モスイコヴィッチとザバロニによってリスキーな方向だけでなく、その逆のより慎重で用心深い方向へのエスカレート現象が生じる場合もあることも明らかになっており(Moscovici & Zavalloni, 1969)、現在では、両方向を併せて「集団成極化現象」と呼ばれるようになっている。

また、J. F. ケネディ大統領政権によるキューバ・ピッグス湾侵攻やジョンソン大統領政権によるベトナム戦争継続決定等、歴代のアメリカ政府の深刻な政策決定の失敗事例について分析したジャニスは、集団で話し合うことが極めて愚かな決定を導く危険性があることを指摘して、その現象を「グループシンク」(groupthink：集団浅慮あるいは集団思考と訳されることもある) と呼んだ (Janis, 1972)。

ジャニスが指摘したのは、社会的地位や専門的権威の高い集団ではメンバーたちが優越感を持つようになりがちで、自集団の能力を過大評価して、集団独自の道徳観や価値観を間違いないものとして他集団にも押しつけたり、外部の意見を軽んじたり、否定したりするようになることである。そして、集団内で主流となっている多数派意見に反するような意見は否定し、抑制するような圧力が働くようになり、メンバーも自主的にそんな否定的な意見を述べることは差し控えるようになってしまうことも指摘している。

こうした集団のダイナミクスの結果、集団は独善的な決定を下し、致命的といってもよい失敗を犯すことになる。組織やチームのように継続的に活動を行う集団は、時間の経過とともに、仕事の進め方を固定化してルーティン化し、考え方もステレオタイプ的になる硬直化現象に陥りがちである。集団成極化現象やグループシンクは、その硬直化を導く集団意思決定バイアスということができる。

社会環境が絶え間なく変化する中にあって、組織やチームは、その変化に適応していかねばならない。自律的に組織やチームに変化を生み出す創造的変革とイノベーションを追求するには、メンバーたちが自由闊達に率直に意見を交換し合える心理的安全性が調っていることが極めて重要な意味を持つことになる。上述したような集団意思決定バイアスを克服する戦略として、組織やチームに心理的安全性を構築する取り組みを捉えることができるだろう。

◈Stoner, J. A. F. (1961). A comparison of individual and group decisions involving risk (Doctoral dissertation, Massachusetts Institute of Technology).

◈Moscovici, S., & Zavalloni, M. (1969). The group as a polarizer of attitudes. *Journal of Personality and Social Psychology*, 12 (2), 125-135.

◈Janis, I. L. (1972). *Victims of Groupthink: A psychological study of foreign-policy decisions and fiascoes*. Houghton Mifflin.

11 心理的安全性を可視化するには

心理的安全性の構築を図るには、自分が所属する組織やチームに、現状でどの程度の心理的安全性が出来上がっているのかを知った上で、具体的な取り組みを企画するほうが合理的である。とはいえ、心理的安全性は、その存在を形や色、場所のような客観的な特性で捉えることが難しいものである。そのため、現状では、組織やチームのメンバーに心理的安全性の認知に関連する質問に答えてもらい、それを集計することで、当該組織やチームにどの程度の心理的安全性が構築されているかを把握するアプローチが主流になっている（Edmondson, 1999; Carmeli, Brueller, & Dutton, 2009）。

しかしながら、個々のメンバーの主観的評価を集計するアプローチでは、組織やチームに複雑系としてまとまりある形で存在する心理的安全性を可視化するのには十分とはいえない。メンバー同士の日常的なコミュニケーション行動を測定し、それが織りなすネットワーク形態をビッグデータとして収集し、分析する社会物理学的手法（Pentland, 2010, 2013; 矢野, 2018, etc.）は、有効なアプローチとして期待されている。むろん、このアプローチの場合、現象を記述することには長（た）けているが、なぜその現象が生じたのか、個々のメンバーの心理と相互作用過程で創発される規範や文化の特徴を明らかにするには限界がある。

心理的安全性をはじめとする組織やチームに備わる諸特性を的確に把握し可視化するためには、心理や行動のミクロ・レベルの測定と組織全体・チーム全体の特性のマクロ・レベルの測定を組み合わせて、かつそのミクロとマクロの相互作用の特徴を分析する多段階アプローチが有効であると考えられる。心理的安全性の客観的な測定に関しては、研究は緒に就いたばかりといえるだろう。

◈Edmondson, A. (1999). Psychological safety and learning behavior in work teams. *Administrative Science Quarterly*, 44 (2), 350-383.

◈Carmeli, A., Brueller, D., & Dutton, J. E. (2009). Learning behaviours in the workplace: The role of high-quality interpersonal relationships and psychological safety. *Systems Research and Behavioral Science: The Official Journal of the International Federation for Systems Research*, 26 (1), 81-98.

◈Pentland, A. (2010). *Honest signals: how they shape our world*. MIT press. (『正直シグナル』A. ペントランド，柴田裕之・安西祐一郎（訳），2013年）

◈Pentland, A. (2014). *Social physics: How good ideas spread-the lessons from a new science*. Penguin Press. (『ソーシャル物理学：「良いアイデアはいかに広がるか」の新しい科学』A. ペントランド（著），小林啓倫（訳），草思社，2015年）

◈矢野和男 (2018). データの見えざる手―ウエアラブルセンサが明かす人間・組織・社会の法則. 草思社.

巻末付録①：価値観リスト

□達成
Achievement

□進歩
Advancement

□冒険
Adventure

□リスクを取ること
Risk taking

□探求する
Explore

□卓越する
Be Excellent

□課題に挑戦すること
Challenging problems

□変化する
Change

□多様性
Diversity

□親密な人間関係
Close relationships

□コミュニティ
Community

□能力
Competence

□競争
Competition

□協力
Co-operation

□国
Country

□創造力
Creativity

□決断力
Decisiveness

□民主的
Democratic

□環境保護の認識
Ecological awareness

□経済的安定
Economic Security

□効果／有効性
Effectiveness

□仕事の質
Quality of work

□倫理的行動
Ethical Practice

□優秀さ
Excellence

□興奮させるもの／刺激
Excitement

□実験する
Experiment

□専門的知識
Expertise

□名声
Fame

□速いペースの仕事
Fast paced work

□金銭的利益
Financial gain

□独創性
Originality

□自由
Freedom

□友情
Friendships

□成長
Growth

□家族を持つこと
Having a family

□他人を支援すること
Helping others

□社会を支援すること
Helping society

□正直さ
Honesty

□独立・自立
Independence

□他人に影響を与えること
Influencing others

□発展
Development

□誠実さ
Integrity

□効率のよさ
Efficiency

□活気づける
Energize

□知的レベル
Intellectual status

□知識
Knowledge

□リーダーシップ
Leadership

□美しい
Beautiful

□所在
Location

□忠誠
Loyalty

□市場でのポジション
Market position

□意味のある仕事
Meaningful work

□学び
Learning

□利点
Merit

□時間の自由
Time freedom

□自然
Nature

□秩序
Order

□個人的な
Personal

□調和
Harmony

□肉体的な挑戦
Physical challenge

□楽しみ
Pleasure

□権力
Power and authority

□プライバシー
Privacy

□関与すること
Involvement

□純粋性
Purity

□社会とのつながり
Connection with the society

□人脈
Quantity relationships

□芸術
Arts

□情熱
Passion

□愛情
Affection (love and caring)

□評判
Reputation

□責任
Responsibility

□安全
Security

□自尊心
Self-respect

□育成
Development

□静穏
Serenity

□洗練
Sophistication

□安定
Stability

□地位
Status

□他人を監督すること
Supervising others

□お金
Money

□真実
Truth

□富
Wealth

□英知
Wisdom

□プレッシャーの下での仕事
Work under pressure

□他人と働くこと
Working with others

□優しい
Be kind

□遊び
Playing

巻末付録②：デビット・メリルの ソーシャルスタイル簡易テスト

1．質問

以下の14の質問において、A、どちらでもない、Bのいずれかを答えてください。1〜7の合計、8〜14の合計を記載してください。

質問			A	どちらでもない	B	合計
1	A：積極的に自分の意見を述べる	B：聞き役に回ることのほうが多い	1	2	3	
2	A：相手と対立しても妥協はしたくない	B：相手との衝突はできるだけ避けたい	1	2	3	
3	A：自分は大胆に物事を進めるタイプである	B：自分は慎重に物事を進めるタイプである	1	2	3	
4	A：どちらかといえば競争することを好む	B：どちらかといえば協力することを好む	1	2	3	
5	A：ストレートに自分の考えを言ってしまう	B：ソフトな言い回しをしてしまう	1	2	3	
6	A：考える前にまず試してみる	B：考えてから行動する	1	2	3	
7	A：何でも自分で決めてしまうほうだ	B：周囲と相談して決めるほうだ	1	2	3	

8	A：感情が表に出てしまうタイプである	B：あまり感情は表に出ないタイプである	1	2	3	
9	A：感情を込めて話をする	B：淡々と話をする	1	2	3	
10	A：人の気持ちや思いを重視するほうだ	B：客観的な事実を重視するほうだ	1	2	3	
11	A：アットホームでカジュアルな雰囲気だと思う	B：クールでビジネスライクな雰囲気だと思う	1	2	3	
12	A：普段、にぎやかに仕事をしている	B：普段は黙々と仕事をしている	1	2	3	
13	A：感情の起伏は大きいほうだ	B：いつも心は穏やかなほうだと思う	1	2	3	
14	A：ひらめきや直感を重視する	B：根拠や理由を明確にすることを重視する	1	2	3	

2. 判断方法

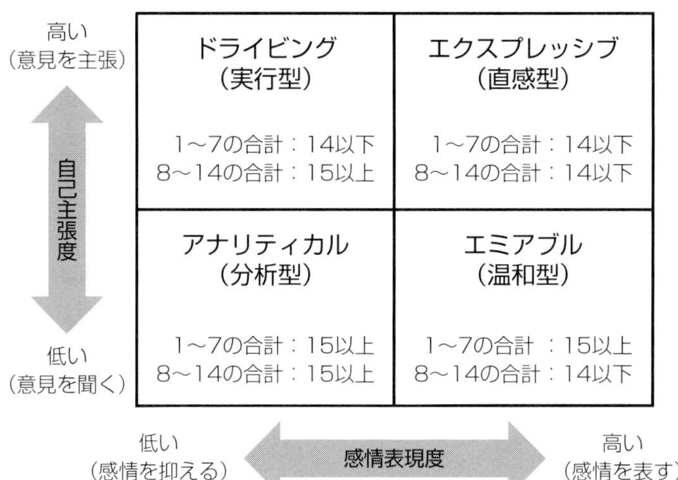

高い
（意見を主張）
自己主張度
低い
（意見を聞く）
ドライビング
（実行型）
1～7の合計：14以下
8～14の合計：15以上
エクスプレッシブ
（直感型）
1～7の合計：14以下
8～14の合計：14以下
アナリティカル
（分析型）
1～7の合計：15以上
8～14の合計：15以上
エミアブル
（温和型）
1～7の合計 ：15以上
8～14の合計：14以下
低い
（感情を抑える）
感情表現度
高い
（感情を表す）

巻末付録③：質問一覧

カテゴリ	質問リスト（例）
心の準備のための自分への問い	•部下と共有したいビジョンや目標は何だろうか？ •部下は自分に何を期待しているだろうか？ •部下が本当に話したいことは何だろうか？ •部下と話した後に、部下はどんな状態になっているとよいだろうか？ •上司である自分には、何が手に入っているとよいだろうか？ •ミーティングが終わったとき、部下との関係がどう変化しているとよいだろうか？ •部下のモチベーションを高めるために何ができるだろうか？ •部下が話しやすい環境を作るために、どんな工夫ができるだろうか？ •自分が主役になろうとしてしまう瞬間は、どのようなときだろうか？
部下を知るための問い	•仕事とプライベートのバランスは取れていますか？　100%でいうと、現状の割合は何対何ですか？ •理想のバランスは、何対何ですか？ •最近、育児・介護問題がよく話題になりますが、××さんも同じような不安や課題がありそうですか？ •最近、仕事で充実感・達成感があったのはどんなことですか？ •今の仕事の好きな面、やりがいはどんな点ですか？ •どんな仕事が向いていると思いますか？　それはどうしてだと思いますか？ •仕事でストレスを感じるときはどんなときですか？ •（価値観リストを見せて）この中で好きな言葉は何ですか？
目的確認の問い	•ミーティングを終えた後、どのような状態になっているとよいですか？ •この時間を使って、整理したいことは何ですか？ ※以下は、本当に話したいテーマではないと感じたとき •それはあなたが本当に話したいテーマとなっていますか？
現状把握の問い	•××（テーマ）について、現状はどうなっていますか？ •現状について、どのようなことがすっきりしていないと感じていますか？ •現状、既に整理できていること、整理されていないことは何ですか？ •○○の現状について、もう少し詳しく聞かせてもらえますか？
あるべき姿を確認する問い	•現状からどのような状態になるとよいと思っていますか？ •目標について、あなたはどうしたいと思っていますか？ •理想の状態になったとしたら、○○さんにはどんな良い影響がありますか？ •ゴールした瞬間、あなたの周りには誰がいますか？ •そのゴールの先に見えている、さらに大きなゴールはどのようなものですか？　また、それはいつごろ達成しますか？ •その目標を達成することは、あなたの人生においてどれくらい重要なことですか？

ギャップと課題を明らかにする問い	• 目標が達成できていない原因は何だと思いますか？　何が起こっていますか？ • もし理想の状態と現在の状況とのギャップをあなたが引き起こしているとしたら、どのような理由が考えられますか？ • どのような工夫をすれば、目標を達成できると思いますか？ • 目標を達成するために、一番重要なものは何ですか？ • その目標について、普段、どのくらいの時間を割いて考えていますか？ • その目標を達成するために、これまでどのような行動を取ってきましたか？ • 目標達成を助けてくれる人は誰ですか？ 必要な知識、スキル、ツール、サポートは何ですか？ • 新たに優先順位の付け方を変えるとしたら、どのような価値に基づけばよいと思いますか？ • あなたの気持ちや行動を重くさせているものがあるとすれば、それはどのようなことですか？
行動決定に向けた問い	• 今後、目標達成に向けてどのような挑戦をしていきますか？　(Try) • これから変えてみようと思ったことは何ですか？ (Change) • このままでよいと思ったことは何ですか？ (Keep) • 現在取り組んでいる仕事を半分にするとしたら、何を捨てますか？ • どのような基準で捨てるものと捨てないものを決めましたか？ • もしあなたが他のメンバーにそれを要望したら、何と言われると思いますか？ • このミーティングが終わってから、1時間以内にできそうな行動はありますか？ • 次のミーティングまでに、まずは何から取り組みますか？
思い込み・一般化を見直す問い	• みんな、あの部署が問題だと思っている ⇒「みんな」とは誰のことですか？ • いつも受け入れてもらえない ⇒ 今週は、何回受け入れてもらえなかったのですか？ • あの人は時間にルーズだ ⇒「時間にルーズ」とは具体的にどのような行動を指すのですか？ • 自分は能力がないと思われている ⇒ そう思われていると、なぜ分かったのですか？ • 自分は上司に嫌われている ⇒ 好かれているとは具体的にどういう状態ですか？　あなたの何がそう思わせているのですか？

巻末付録

巻末付録④：チーム力向上支援アプリ
TTRE（Team Tracking Relation）

TTREとは、一般社団法人チーム力開発研究所とHTSライズ株式会社で開発したチーム力向上を支援するアプリである。その日の気分の入力やメンバーへの呼び掛けが気軽にできるので、コミュニケーションの「きっかけ」を作ってくれ、また、チームリーダーにとって知りたい「メンバーの状態」や、さらには今の「チームそのものの状態」を“見える化”する機能もある。リモートワーク時代によって難しくなった「ちょっと休憩しよう」といったきっかけをTTREが作り出すことも可能だ。

■機能概要

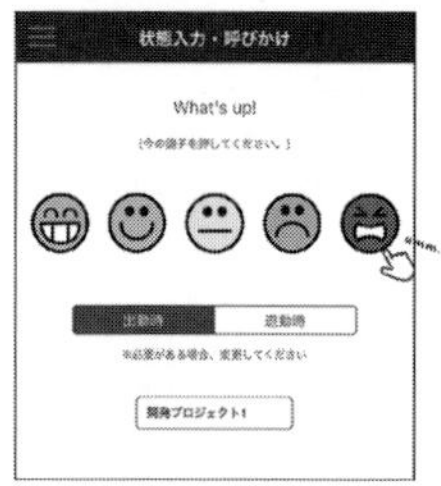

①毎日の状態を見える化

出退勤時の気分を5段階に分けて登録することで、日々の状態を管理することができる。今の状態に近い顔のアイコンを押すだけで、いつでも簡単に登録できる

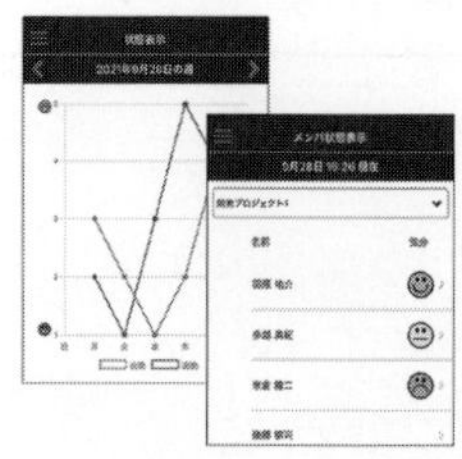

②状態変化を見える化

入力された状態のデータは自動的にグラフ化され、気分の変化を確認することができる。グラフはチームに共有されるため、メンバーの状態変化のフォローへつなげることができる

③呼び掛けを見える化

ホームのスタンプを押下するとチーム全員に呼び掛けを行える。メンバーには新着通知が届くので、確認応答が簡単に行えてコミュニケーションの活性化を促す

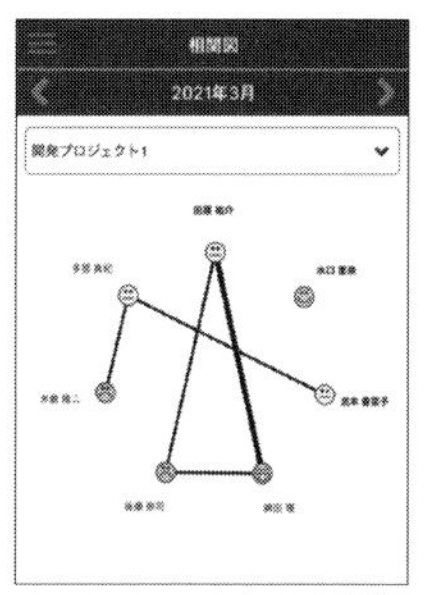

④関係性を見える化

交流データを基に、チームメンバーの相関図が自動で作成される。線の太さと本数が関係性を示しており、チームを支える「キーマン」を把握することができる

⑤ありがとうを見える化

宛先を押下するだけで感謝を伝えることができる。口では言えない気持ちを伝えることで信頼関係を築くきっかけとなり、同時にチーム全体の結束力も強くなる

⑥SOSを見える化

対面で相談できない上司やリーダーに主体性を備えた発言の場を持つことができる。上司も役割が明確化されることで、メンバーとの対話に時間を割くきっかけとなる

ご興味のある方はinfo@team-iq.co.jpまでお問い合わせください。

参考文献

第１章

- Edmondson, A.（1999）. Psychological safety and learning behavior in work teams. *Administrative science quarterly*, 44（2）, pp.350-383.
- エイミー・C・エドモンドソン著, 野津智子訳.（2014）.『チームが機能するとはどういうことか』, 英治出版.
- John Bowlby.（2005）. A Secure Base, Routledge.
- ジョン・ボウルビィ著, 二木 武訳.（1993）.『ボウルビィ 母と子のアタッチメント 心の安全基地』, 医歯薬出版.
- 山本七平.（1993）.『「空気」の研究』, 文芸春秋.
- 医療安全推進ネットワーク 医療判決紹介.
- エイミー・ワラス, エド・キャットムル著, 石原 薫訳.（2014）.『ピクサー流 創造するちから：小さな可能性から、大きな価値を生み出す方法』, ダイヤモンド社.
- 大坪庸介・島田康弘・森永今日子・三沢 良.（2003）.「医療機関における地位格差とコミュニケーションの問題―質問紙調査による検討―」,『実験社会心理学研究』, 43（1）, pp.85-91.
- 後藤凜子・池田 浩・縄田健悟・青島未佳・山口裕幸.（2018）.「上司―部下間の制御適合はワーク･エンゲイジメントを高めるか？」,『日本健康心理学会大会発表論文集』, 31, pp.68, 一般社団法人 日本健康心理学会.
- 中野信子.（2020）.『人は、なぜ他人を許せないのか？』, アスコム.
- 青島未佳・山口裕幸・縄田健悟.（2016）.『高業績チームはここが違う』, 労務行政.
- 縄田健悟・山口裕幸・波多野 徹・青島未佳.（2015）.「企業組織において高業績を導くチーム・プロセスの解明」,『心理学研究』, 85（6）, pp. 529-539.
- 山口裕幸・縄田健悟・池田 浩・青島未佳.（2019）.「組織におけるチーム・ダイアログ活性化活動が成員のプロアクティビティ育成にもたらす効果」, 日本グループ・ダイナミックス学会第66回大会発表論文集.
- Google re : Work（https//: rework.withgoogle.com）.
- 三隅二不二.（1966）.『新しいリーダーシップ：集団指導の行動科学』, ダイヤモンド社.
- ジョージ・コーリーザー, スーザン・ゴールズワージー, ダンカン・クーム著, 東方雅美訳.（2018）.『セキュアベース・リーダーシップ：〈思いやり〉と〈挑戦〉で限界を超えさせる』, プレジデント社.
- Coombe, D.（2010）. Secure Base Leadership: A Positive Theory of Leadership Incorporating Safety, Exploration and Positive Action, Electronic Theses or Dissertations Center.
- ピョートル・フェリクス・グジバチ.（2018）.『世界最高のチーム グーグル流「最少の人数」で「最大の成果」を生み出す方法』, 朝日新聞出版.
- 「私らしく生きる（Volume：11）大丈夫、私は間違っていない“自分らしい”のは前

参考文献

だけを見て頑張っている私 SHELLY氏」,『Learning Design』, 32（2）, 日本能率協会マネジメントセンター, pp. 4-7.

第2章

- 山口裕幸・縄田健悟・池田 浩・青島未佳.（2019).「組織におけるチーム・ダイアログ活性化活動が成員のプロアクティビティ育成にもたらす効果」, 日本グループ・ダイナミックス学会第66回大会発表論文集.
- 中村和彦.（2007).「組織開発（OD）とは何か？」,『人間関係研究』（南山大学人間関係研究センター紀要), 6, pp.1-29.
- 中村和彦.（2014).「対話型組織開発の特徴およびフューチャーサーチとAIの異同」,『人間関係研究』（南山大学人間関係研究センター紀要), 13, pp.20-40.
- Warrick, D. D.（2005). Organization development from the view of the experts: Summary results. In W. J. Rothwell & R. Sullivan（Eds.). *Practicing organization development: A guide for consultants. 2nd edition*. San Francisco, CA: Pfeiffer, pp.164-187.
- Latane, B., Williams, K., & Harkins, S.（1979). Many hands make light the work: The causes and consequences of social loafing. *Journal of Personality and Social Psychology*, 37（6), pp.822-832.
- エイミー・C・エドモンドソン著, 野津智子訳.（2014).『チームが機能するとはどういうことか』, 英治出版.

第3章

- 中村和彦.（2015).『入門 組織開発：活き活きと働ける職場をつくる』, 光文社.
- エイミー・C・エドモンドソン著, 野津智子訳.（2014).『チームが機能するとはどういうことか』, 英治出版.
- 青島未佳・山口裕幸・縄田健悟.（2016).『高業績チームはここが違う』, 労務行政.
- 新津春子.（2016).『清掃はやさしさ 世界一清潔な空港を支える職人の生き様』, ポプラ社.
- 山口絵里子.（2007).『裸でも生きる 25歳女性起業家の号泣戦記』, 講談社.
- サイモン・シネック著, 栗木さつき訳.（2012).『WHYから始めよ！ インスパイア型リーダーはここが違う』, 日本経済新聞出版.
- 深谷梨恵.（2020).「"心理的安全性が高い"チームのつくり方（4）ー心理的安全性を高める方法② ～OKR活用事例を基に～」,『労政時報』, 第3998号, 労務行政, pp. 102-108.
- 堀江真弘.（2021).「OKRの導入・運用に向けた実務ポイント」,『労政時報』, 第

4008号，労務行政，pp. 13-28.
- 中村和彦．（2019）．『マンガでやさしくわかる組織開発』，日本能率協会マネジメントセンター．
- 鈴木義幸著，伊藤 守監修．（2006）．『図解 コーチング流「タイプ分け™」を知ってアプローチするとうまくいく』，ディスカヴァー・トゥエンティワン．
- 池田 浩．（2021）．『モチベーションに火をつける働き方の心理学』，日本法令．

第４章

- ピーター・F・ドラッカー著，上田惇生編訳．（2001）．『[エッセンシャル版］マネジメント 基本と原則』，ダイヤモンド社．
- エイミー・C・エドモンドソン著，野津智子訳．（2014）．『チームが機能するとはどういうことか』，英治出版．
- ジョージ・コーリーザー，スーザン・ゴールズワージー，ダンカン・クーム著，東方雅美訳．（2018）．『セキュアベース・リーダーシップ：〈思いやり〉と〈挑戦〉で限界を超えさせる』，プレジデント社．
- McAllister, D. J.（1995）．Affect- and cognition-based trust as foundations for interpersonal cooperation in organizations. *Academy of Management Journal*, 38（1）, pp.24-59.
- Edmondson, A.（2018）．The Fearless Organization: Creating Psychological Safety in the Workplace for Learning, Innovation, and Growth, Wiley.
- エイミー・C・エドモンドソン著，野津智子訳．（2021）．『恐れのない組織—「心理的安全性」が学習・イノベーション・成長をもたらす』，英治出版．
- 映画『アポロ13』，1995年製作，配給：UIP.
- アダム・カヘン著，ヒューマンバリュー訳．（2008）．『手ごわい問題は、対話で解決する：アパルトヘイトを解決に導いたファシリテーターの物語』，ヒューマンバリュー．
- アダム·カヘン著，東出顕子訳．（2018）．『敵とのコラボレーション：賛同できない人、好きではない人、信頼できない人と協働する方法』，英治出版．

第５章

- 倉貫義人．（2015）．『リモートチームでうまくいく』，日本実業出版社．

※第６章の参考文献は、解説内に記載している。

＜著者紹介＞

青島未佳（あおしま みか） **第１～５章執筆**

KPMGコンサルティング ディレクター

一般社団法人チーム力開発研究所 理事

九州大学大学院 人間環境学研究院 学術研究員

慶應義塾大学環境情報学部卒業・早稲田大学社会科学研究科修士課程修了。日本電信電話㈱に入社。その後、アクセンチュア㈱、デロイト トーマツ コンサルティング㈱、㈱産学連携機構九州（九州大学TLO）、障害者福祉施設わごころの立ち上げ等を経て、2019年３月より現職。人事制度改革、人事業務プロセス改革、コーポレートユニバーシティの立ち上げ支援、グローバル人事戦略など組織・人事領域全般のマネジメントコンサルティングを手掛ける。九州大学ではチームワーク研究や組織づくりを主軸とした共同研究、コンサルティング、研修・講演などを実施。主な著書に、『高業績チームはここが違う：成果を上げるために必要な三つの要素と五つの仕掛け』（共著、労務行政）がある。

山口裕幸（やまぐち ひろゆき） **第６章執筆**

九州大学大学院人間環境学研究院教授。博士（教育心理学）。

専門は、社会心理学、集団力学、組織行動学。九州大学教育学部を1981年卒業後、アサヒビール㈱入社。1986年に同社退職後、九州大学大学院教育学研究科修士課程・博士課程、日本学術振興会特別研究員、岡山大学助教授、九州大学准教授を経て、現職。九州大学教育学部長、大学院人間環境学研究院長を歴任。研究の関心は、チームワーク、チーム力開発。著書に、『組織と職場の社会心理学』（ちとせプレス）、『高業績チームはここが違う：成果を上げるために必要な三つの要素と五つの仕掛け』（共著、労務行政）、『〈先取り志向〉の組織心理学―プロアクティブ行動と組織』（有斐閣）ほか多数。日本グループダイナミックス学会会長、日本社会心理学会常任理事、産業・組織心理学会副会長等を歴任。

カバー・本文デザイン／株式会社ライラック
印刷・製本／三美印刷株式会社

リーダーのための心理的安全性ガイドブック

2021年12月22日　初版発行
2023年　4月　6日　初版3刷発行

著　者　青島未佳
監　修　山口裕幸
発行所　株式会社 **労務行政**
〒141-0031　東京都品川区西五反田3-6-21
住友不動産西五反田ビル3階
TEL：03-3491-1231
FAX：03-3491-1299
https://www.rosei.jp/

ISBN978-4-8452-1484-6
定価はカバーに表示してあります。

訂正が出ました場合、下記URLでお知らせします。
https://www.rosei.jp/store/book/teisei